河北省职业教育教学改革研究与实践项目"河北省高职……与职教强省建设策略研究"（2024ZJJGGA11）基金资助

职业院校高质量建设方案与实践研究

马东霄　王学东　鲍东杰　李潘坡◎著

河海大学出版社
HOHAI UNIVERSITY PRESS
·南京·

图书在版编目(CIP)数据

职业院校高质量建设方案与实践研究 / 马东霄等著.
南京：河海大学出版社，2024.11. -- ISBN 978-7
-5630-9356-4

Ⅰ. G719.2

中国国家版本馆 CIP 数据核字第 2024GT2717 号

书　　名	职业院校高质量建设方案与实践研究
书　　号	ISBN 978-7-5630-9356-4
责任编辑	成　微
责任校对	徐梅芝
封面设计	徐娟娟
出版发行	河海大学出版社
地　　址	南京市西康路 1 号(邮编:210098)
电　　话	(025)83737852(总编室)　　(025)83787769(编辑室)
	(025)83722833(营销部)
经　　销	江苏省新华发行集团有限公司
排　　版	南京布克文化发展有限公司
印　　刷	广东虎彩云印刷有限公司
开　　本	718 毫米×1000 毫米　1/16
印　　张	18
字　　数	238 千字
版　　次	2024 年 11 月第 1 版
印　　次	2024 年 11 月第 1 次印刷
定　　价	76.00 元

前言

为推进高等职业教育高质量发展，2019年教育部、财政部联合启动实施中国特色高水平高职学校和专业建设计划（简称"双高计划"），旨在建设一批引领改革、支撑发展、中国特色、世界水平的高等职业学校和骨干专业（群）。《中国特色高水平高职学校和专业建设计划绩效管理暂行办法》要求立项高职学校要着重对接国家战略，响应改革任务部署，紧盯"引领"、强化"支撑"、凸显"高"、彰显"强"、体现"特"，展示在国家形成"一批有效的职业教育高质量发展政策、制度、标准"方面的贡献度。在此背景下，河北科技工程职业技术大学（原邢台职业技术学院）获批进入"双高计划"建设序列。如何蹚出一条秉承"邢台模式"经验、彰显河北职教特色的高水平高职院校建设道路，建设当地离不开、业内都认同、国际可交流的高水平高职学校，成为学校在"双高计划"建设期的重要课题。

早在2018年，学校就组织专班力量，集思广益、充分调研，擘画了"双高计划"的建设蓝图，定位建成区域特色鲜明、改革成效卓著、支撑发展强劲的高水平高职院校，建设达到世界先进水平的汽车检测与维修技术专业群。具体目标包括：创新一批可复制可推广的方案、标准与资源，成为中国职教改革的引领者；培养契合产业高质量发展的人力资本，成为技术技能人才培养高地；产出一批高精尖技术创新成果，成为技术技能积累与创新高地；供给一批军民两用技术和人才，成为军民融合产学研用示范高地。

2019年以来，以习近平新时代中国特色社会主义思想为指导，学校聚焦深化现代职业教育体系建设改革要求，紧随技术变革和产业优化升级的方向，聚力打造"育训一体人才培养、'一园三区'产教融合、'内坊外站'技术服务、产学研用军民融合、'守敬科坊'国际发展"等五个生态圈，创新发展"行动化党建领航""嵌入式校企融合""现代化院校治理"等三条机制链，重点培养军地两用高层次技术技能人才，增强服务经济发展适应性，促进区域教育链、人才链与产业链、创新链有效衔接。

在高水平高职院校建设路径的积极实践与探索中,学校深入推进育人方式、办学模式、管理机制等改革,不断深化职普融通、产教融合、科教融汇,高质量完成了"双高计划"建设目标与任务,新增国家级标志性成果378项,在国家在线精品课程、国家规划教材、国家教师教学创新团队、师生全国职业技能大赛奖项等方面成绩位居全国前列;作为公办职业技术大学教育的探索者,为推动形成国家层面职业本科系列政策提供了改革试验田;服务河北省建设产业转型升级试验区,打造了院校助力区域装备制造现代化样板。学校连续3年入选"中国职业教育质量年度报告"全榜单,在金平果2023年、2024年职业本科院校竞争力排行榜中均位居全国第2名,在2023年、2024年校友会中国职业技术大学排名中分别位居全国第4名和第3名。

学校基于五年来守正创新、躬耕改革的实践,凝练的高质量建设经验与创新做法主要如下:一是实施"3615"分流分类培养,提供了职业院校学生多路径发展范式;二是创新"五融五进"路径,贡献了高水平专业群建设范本;三是产教互融、科教互通,打造了职业本科关键办学能力提升样板;四是搭建市域产教融合新场景,支撑了特色产业集群提质升级;五是深耕"军教融合"特色,打造了服务军民融合高职标杆。所纳入的项目实践成果在《光明日报》《中国青年报》等国家媒体发声60余次,分享交流至省内外80余所职业院校,体现了示范引领、立己达人的职教改革先锋担当。

为进一步分享学校高质量建设的特色经验与做法,学校特组织编写了《职业院校高质量建设方案与实践研究》。本书是课题组团队围绕"双高计划"领域,在多年研究积累与实践探索的基础上形成的系列成果,并得到河北省教育科学"十四五"规划重点资助课题"高质量发展视域下职业本科教育适应性的实践探索与理论研究(2302001)"基金资助,也集合了"利益相关者视域下的公办职业技术大学内部治理现代化研究(HB21GL037)""本科层次职业教育视域下内部质量保证体系的构建与实施研究(SD2021004)"等教学改革研究课题的部分研究成果。本书遵循理论借鉴与方案设计、项目实践、成效检验、经验推广的研究脉络,阐述了高水平高职院校建设路径,分别从建设方案、项目实践与成效、评价研究等不同方面予以展示,基于"1个加强""4个打造""5个提升""1个特色"等11个"双高计划"一级建设任务,展现了河北科技工程职业技术大学在国家"双高计划"建设中的实践路径、创新模式以及成果经验,具有一定的示范性和可推广性。

本书由马东霄、王学东、鲍东杰、李潘坡等合著,分工如下:马东霄负责框架编制、统筹写作并编写前言、模块一;王学东编写模块二;鲍东杰编写模块三;李潘坡编写模块四;马东霄、王学东、李潘坡、鲍东杰联合编写模块五。

本书在撰写过程中参阅了有关著作和论文,借鉴了部分国家"双高计划"建设院校专家学者的研究成果,并经过省内外多位职业教育专家指导,获取了大量高质量的意见建议,在此一并表示感谢!

本书编写过程历时一年,课题组成员为此付出了极大的心血和努力,但由于编者自身水平有限,对一些问题的理论认知和实践研究可能还存在片面性,难免存在纰漏和不足之处,敬请同行专家和广大读者批评指正。

作者

2024年5月

目录

模块一 建设方案

一、建设基础 ·· 004
 （一）优势与特色 ·· 004
 （二）机遇与挑战 ·· 008
二、建设目标 ·· 011
 （一）建设思路 ·· 011
 （二）建设目标 ·· 012
三、重点建设任务及举措 ·· 013
 （一）实施"136"领航计划，全面加强党的建设 ············· 013
 （二）育训结合、分流分类培养复合型人才，支撑区域产业高端发展 ··· 015
 （三）政军校企共建"一园三区"产教融合综合体，支撑军地产业发展
  ·· 022
 （四）"三核双融"契合产业布局，集聚优势打造高水平专业群 ········· 029
 （五）创新引培模式和育训体系，打造高水平双师"四能"教师队伍 ··· 032
 （六）试点混合所有制产业学院，打造校企命运共同体 ··········· 035
 （七）生态布局打造技术服务高地，扎根区域经济助升级促发展 ······· 039
 （八）完善治理结构多元办学，体制创新实现治理现代化 ··········· 042
 （九）建设智慧邢职，促进管理服务和教学模式信息化变革 ········· 045
 （十）建"守敬科坊"、树邢职品牌，输出中国职教模式 ··········· 049
 （十一）探索军民产教贯通模式，打造军民融合特色职教范式 ········· 052

四、预期成效及标志性成果 ·· 055
 (一) 预期成效 ·· 055
 (二) 预期标志性成果 ·· 056
 (三) 成果推广 ·· 058
五、建设进度 ·· 058
 (一) 规划启动阶段(2019.4—2019.6) ························· 059
 (二) 全力建设阶段(2019.7—2023.8) ························· 059
 (三) 验收总结阶段(2023.9—2023.12) ······················· 059
 (四) 深化提升阶段(2024.1—2027.12) ······················· 059
六、经费预算 ·· 070
七、保障措施 ·· 070
 (一) 建立组织体系协同推进,增强"双高"建设执行力 ··· 070
 (二) 优化改革发展环境,增强"双高"建设政策实效 ······ 071
 (三) 建立制度体系,打通落实堵点,增强"双高"建设管控力 ··· 071
 (四) 建立监测评价和绩效管理机制,提高"双高"建设效益 ··· 071
 (五) 建立资源筹集与配置机制,提高"双高"建设保障能力 ··· 071
 (六) 强化宣传动员,提高"双高"建设使命感 ················ 072

模块二 建设任务书

一、建设总目标 ·· 075
二、建设任务与进度 ·· 076
三、项目总预算 ·· 103
四、项目支出绩效目标 ·· 108

模块三 治理成效评价

一、立德树人 ·· 119
 (一) 工作部署 ·· 119

（二）教育质量 ·· 121
　　（三）育人成效 ·· 123
　　（四）满意度 ··· 125
二、技术技能人才培养高地 ··· 125
　　（一）人才培养培训模式改革 ·· 126
　　（二）人才培养成效 ··· 130
　　（三）满意度 ··· 140
三、技术技能创新服务平台 ··· 148
　　（一）平台建设 ·· 149
　　（二）平台服务 ·· 150
　　（三）满意度 ··· 151
四、高水平专业群 ·· 151
　　（一）建设内容 ·· 152
　　（二）满意度 ··· 154
五、高水平双师队伍 ··· 154
　　（一）师德师风 ·· 156
　　（二）双师团队 ·· 159
　　（三）教师发展 ·· 161
　　（四）满意度 ··· 169
六、校企合作 ·· 173
　　（一）合作形式 ·· 174
　　（二）合作内容 ·· 175
　　（三）满意度 ··· 177
七、服务发展 ·· 178
　　（一）技术转化 ·· 179
　　（二）职业培训 ·· 179
　　（三）满意度 ··· 180
八、学校治理 ·· 182
　　（一）治理活动 ·· 183
　　（二）治理成效 ·· 184

（三）满意度 ·· 185
九、信息化 ·· 186
　　（一）信息化变革 ·· 187
　　（二）信息化素养 ·· 189
　　（三）满意度 ·· 189
十、国际化 ·· 190
　　（一）国际化项目 ·· 191
　　（二）满意度 ·· 192
十一、评价结论 ·· 193
　　（一）主要结论 ·· 193
　　（二）分项结论 ·· 197
　　（三）调研评价附表 ·· 203

模块四　建设成效

一、总体情况 ·· 207
　　（一）项目绩效目标达成和建设任务完成情况概述 ················ 207
　　（二）项目预算执行情况概述 ·· 209
　　（三）项目建设自评分和自评结论 ······································ 210
二、绩效目标达成情况 ·· 211
　　（一）产出指标超额达成，重点任务产出多绩效高 ················ 211
　　（二）社会效益指标高质效达成，项目建设贡献度高 ············· 211
　　（三）可持续影响指标优质达成，成果影响远辐射广 ············· 212
　　（四）满意度指标超预期达成，相关方认可度高 ··················· 214
三、建设任务完成情况 ·· 214
　　（一）创新"党建＋项目"模式，职业本科党建品牌效应持续深化 ··· 214
　　（二）创立分类多样成才模式，本科人才培养高地建设成效显著 ··· 215
　　（三）创建"产学研共生"模式，科教融汇技术创新高地成效突出 ··· 215
　　（四）构建"一体两翼"生态格局，高水平专业群集群效应显著增强 ··· 215
　　（五）深化高水平双师培养路径，师资队伍整体水平实现大幅跃升 ····· 216

（六）探索"双链融合"本科路径，校企命运共同体科工大品牌彰显 …… 216

　　（七）创新"内坊外站"共生态模式，服务产业转型技术升级效益显著 …… 216

　　（八）构建"五位一体"治理体系，职业本科现代化治理水平持续提高 …… 217

　　（九）打造科工大智慧教育生态，数智赋能信息化教学改革效用彰显 …… 217

　　（十）拓展"中文＋职业技能"发展路径，国际化办学影响力持续增强 …… 217

　　（十一）深耕"军教融合"办学特色，高职教育助力军民融合标杆树立 …… 217

四、项目建设采取的措施 …… 218

　　（一）项目推进机制建设与运行 …… 218

　　（二）项目资金管理与使用 …… 218

五、特色经验与做法 …… 219

　　（一）以人为本分类发展，提供职业院校学生多路径发展范式 …… 219

　　（二）创新"五融五进"路径，贡献高水平专业群建设范本 …… 220

　　（三）产教互融科教互通，打造职业本科关键办学能力提升样板 …… 222

　　（四）打造市域产教融合新场景，支撑特色产业集群提质升级 …… 223

　　（五）深化国际化开放办学，赋能"职教出海"行稳致远 …… 225

　　（六）深耕"军教融合"特色，打造服务军民融合高职标杆 …… 225

六、问题与改进措施 …… 227

模块五　典型案例

一、高标引领，围绕赋能和提升抓党建
　　——加强党的建设典型案例 …… 231

二、靶向发力　开新图强，构建"三重两化"职业本科学校人才培养体系
　　——打造技术技能人才培养高地案例 …… 234

三、推动"产学研共生"平台往"高"攀升,打造高职院校科教融汇范式
　　——打造技术技能创新服务平台案例 ………………………… 237

四、以融提质创新"五融五进"路径,贡献高水平专业群建设范本
　　——打造高水平专业群典型案例 …………………………… 241

五、构建"四五六"教师发展促进体系,培育高水平"双师型""金师"队伍
　　——打造高水平双师队伍项目案例 ………………………… 245

六、"四个共建"深化校企命运共同体,科教融汇推动服装产业高端转型
　　——提升校企合作水平典型案例 …………………………… 249

七、打造市域产教融合新场景,在服务地方产业链提质升级上担当有为
　　——提升服务发展水平典型案例 …………………………… 253

八、持续更新塑造学校治理新风貌,推进职业大学治理能力现代化
　　——提升学校治理水平典型案例 …………………………… 257

九、锚定个性化学习变革,打造智慧教育教学新生态
　　——提升信息化水平典型案例 ……………………………… 263

十、主动服务"职教出海"行稳致远　以改革创新打开职业教育国际化新天地
　　——提升国际化水平典型案例 ……………………………… 266

十一、标准嵌入　平台支撑　项目贯穿　军风育人:打造高职院校"军教融合"人才培养模式
　　——深耕军民融合发展项目案例 …………………………… 270

后记 ……………………………………………………………………… 273

模块一 建设方案

河北科技工程职业技术大学(原邢台职业技术学院)1979年建校,原隶属于中国人民解放军原总后勤部,1991年率先承担国家高职试点任务,探索出高等职业教育"邢台模式"。学校是全国第一所军地联办高职院校、首批国家示范性高等职业院校、国家优质专科高等职业院校,多年来形成了"技术立校,军风育人"的办学理念与特色。

依据《教育部 财政部关于公布中国特色高水平高职学校和专业建设计划建设单位名单的通知》(教职成函〔2019〕14号),邢台职业技术学院入选高水平专业群(A档)建设单位,汽车检测与维修技术国家级高水平专业群立项建设。学校以习近平新时代中国特色社会主义思想为指导,贯彻落实全国教育大会精神、《国家职业教育改革实施方案》等文件精神,以适应新时代经济高质量发展需求和促进更高质量更充分就业为导向,服务"中国制造2025"、京津冀协同发展、军民融合发展等国家战略和共建"一带一路"倡议,坚持立德树人根本任务,对接京津冀战略性新兴产业和河北支柱产业,在办学体制、育人机制、培养模式、服务发展等方面改革创新,特制定本建设方案。方案分建设基础、建设目标、重点建设任务及举措、预期成效及标志性成果、建设进度、经费预算、保障措施等七个部分,以及汽车检测与维修技术高水平专业群建设方案部分。

瞄准建设中国特色高水平高职学校的总体目标,学校将开展实施"一加强四打造五提升"10项重点任务、"深耕军民融合发展"1项特色任务和汽车检测与维修技术高水平专业群建设任务,打造高水平双师"四能"教师队伍,创建业内公认的育训结合、分流培养、分类成才培养体系,成为助推区域产业升级的技术技能人才供给高地;打造"一园三区"产教融合综合体,建成两个引领产业升级的技术研究院,成为服务区域产业高端发展的技术应用创新高地;打造军民两用高技能人才育训高地,建成军民融合产学研用示范高地,成为高职院校服务军民融合发展的典范。

项目建设周期为五年(2019—2023年),政府、行业企业和学校多元投入,项目建设总预算资金3.69亿元。其中各级财政投入1.91亿元,占比51.76%;行业企业支持0.72亿元,占比19.51%;学校自筹1.06亿元,占比28.73%。项目建设进度、绩效指标经科学制定、专家论证,任务举措可操作性强并有专门机构协同推进,保障了项目建设顺利实施。建设方案要求,2023年学校建成区域特色鲜明、改革成效卓著、支撑发展强劲的高水平高职院校,国际化办学水平达到新高度,汽车检测与维修技术专业群达到世界水平,学校综合实力稳居全国高职院校第一方阵前列。

一、建设基础

（一）优势与特色

1. 国家高职教育改革先锋

勇立潮头：探索中国高职"邢台模式"。1991年，学校在全国率先试办高职，基于德国双元制、加拿大以能力为基础（CBE）模式、澳大利亚职业技术教育学院（TAFE）探索出"入学双起点毕业双证书、理论实践1∶1、早实践多实践三年实践不断线"的中国高职教育"邢台模式"，并推广至全国。

办学理念：技术立校，军风育人。通过30年高职探索与创新、20年军队办学积淀，学校凝练出"技术立校、军风育人"的办学理念，丰富高职教育"邢台模式"新内涵，为高等职业教育培养"技术过硬、作风优良"技术技能人才提供理念范式。

办学定位：军地预备役，服务京津冀。学校立足河北，面向京津冀，根植军工，服务军地，着力培育"军人作风＋职业素养"高素质技术技能人才，助力"河北制造"转型升级，助力军民融合和军需产业发展。

2. 国家高职创新发展典范

永不止步：稳居国家高职改革发展第一方阵。学校先后成为2002年首批"全国重点建设职业技术学院"、2006年首批"国家示范性高职高专院校"、2016年首批"国家优质高等职业院校"项目建设院校；荣获全国高校就业50强、创新创业50强和全国职业院校教学管理50强、育人成效50强、教学资源50强、服务贡献50强荣誉称号，成为"全国深化创新创业教育示范高校"。

示范引领：高职教育教学改革创新的探索者。在世纪之交，学校"入学双起点、毕业双证书、实践教学体系构建、课程综合化"高职教育"邢台模式"全面推广，推动我国职业教育从"知识本位"向"能力本位"转变；国家示范校建设创新"三纵三横"工学结合人才培养方案系统设计法在全国高职教育会议、论坛上推广；国家优质校建设创新"分流分类、高端定制"技术技能人才培养模式、"企业研发进校，学校设站进区""共生态"产学研模式达到因材施教、产学融通新境界，累计800多所兄弟院校前来学习交流。

优质发展：办学实力雄厚，人才培养质量高。学校建成6个国家级、8个省级示范校专业,省级和国家精品在线课程15门、国家精品资源共享课12门,双师素质专任教师比例达86.25%,主持1个、参与8个国家级专业教学资源库;创新"思政学堂"体验式思政实践教学体系、"守敬科坊"创新创业育人模式、现代学徒制"悟—精—承"三阶育人模式,形成"军人作风+职业素质"特色人才培养体系,近3年用人单位对毕业生满意度在98%以上,毕业生就业现状满意度达95%。

3. 服务区域发展贡献突出

紧密对接:区域产业离不开。学校服务"中国制造2025"、京津冀协同发展、军民融合发展等国家重大战略,紧密对接京津冀战略性新兴产业和河北支柱产业,坚持专业链建在产业链上的专业设置理念,建立与经济社会发展相适应的专业动态调整机制,专业设置与区域重点产业匹配度超过90%,打造出服装、汽车、智能制造等6个对接京津冀主导产业和新兴产业的重点专业群,"国家级—省级—校级"重点专业梯队式发展,主动与高端产业和产业高端相关企业合作,成为区域产业离不开、企业离不开的人才培养和技术服务高地。

团队平台:科技研发能力强。建有河北省机电产品设计与智能检测应用技术中心、河北省高校汽车工程应用技术研发中心等"省-市-校"科研平台17个,拥有环保行业、现代服务业等方向科研创新团队13个,近3年横向、纵向科研课题344个,获省市级科技进步奖13项、省市级社科类成果奖93项,获专利数285项(发明专利11项),连续8年居全省高职院校专利产出排行榜第一名。

共生共融:科技服务贡献大。设站进区,引企入校,打造出"共生态"产学研一体化科技服务模式,近3年横向技术服务到款额达到4 500余万元,技术交易到款额1 000余万元。在任县、威县、雄安新区容城县等10个县区市成立技术服务工作站以现场服务企业,安排科研教师驻站以服务企业技术攻关和技术升级,其中吴胜强博士研发的低氮30/80燃气锅炉套机等产品技术达国内领先水平;设置企业驻校研发机构13个,100多位教师、学生直接参与驻校企业研发部门的兼职工作,提高了技术服务合作效率。

4. 军地协同育人独树一帜

深厚积淀:军民融合的"军地预备役"。军队办学时期即为军地提供人才支撑、技术研发和生产经营服务,形成军民融合传统。2008年开创高职院校批量输送技术士官先例,军学共建士官基地,在汶川地震救灾和抗击"非典"等国家、军队、企业急需时刻"拉得出、顶得上、打得赢"。2018年牵头成立"军民融合职业教育产学研协同发展联盟",开启高职领域军民融合深度发展新时代。

一以贯之:产教融合的卓越践行者。从军队办学开始就致力于和军队保障性企业深度合作,在国家高职教育改革引领下,陆续探索出"工学交替、双向互动"校企合作、"共建共管"企业冠名二级学院和现代学徒制学院、"任务驱动、实景教学"校内生产性实训工厂、"公司经营+教学车间"校外实训基地等产教融合模式,为发展中地区高职教育产教融合提供可借鉴范例。

育人特色:党建引领军风育人模式。发扬军队院校管理传统,结合新时代高校党建思想政治教育新使命,探索出党建引领、军风塑行、文化铸魂的"三三三"学生教育管理模式,用好党建思政教育的学生辅导员队伍、教工党员包班队伍和学生带班员队伍三支队伍,推行军风塑行的一日生活、学生带班员和5S精细化管理三项制度,融汇铸造人格的军队文化、企业文化和郭守敬科技文化等三种文化,实现党建引领学生政治方向、军人作风伴随学生成长、特色文化培养意志品质。

5. 打响品牌标志成果丰硕

学校办学跨越四十载,综合实力突出,办学成果丰硕,打造出邢职品牌。人才培养质量卓越,科技研发效能显著,社会服务贡献突出,国际影响日益彰显,成为京津冀区域技术技能人才的重要供给基地、冀中南地区中小微企业科技服务基地和社区教育的中坚力量,海外分校"守敬科坊"模式形成国际影响力。学校标志性成果如表1-1所示。

表1-1 学校标志性成果一览表(截至2020年3月)

领域	项目	影响力
综合实力	全国第一所正式以"职业技术学院"命名挂牌院校	全国高职第1所
	全国第一所与军地联办的高等院校	全国高职第1所
	全国第一批、省内首所"国家示范性高等职业院校"	全国首批、省内第1所
	全国深化创新创业教育改革示范高校	全省高职首批、3所之一
	全国毕业生就业典型经验高校50强	全省高职首批、第1所
	全国创新创业典型经验高校50强	全省高职首批、2所之一
	全国职业院校教学管理50强	全国首批
	全国创新创业典型示范基地	全省唯一
	全国普通高等学校毕业生就业工作先进集体	全国首批
	河北省首批普通高校示范性就业指导中心	全省首批

续表

领域	项目	影响力
综合实力	河北省国家优质校建设项目	全国首批
	全省党建工作示范高校培育创建单位 全省党建工作样板支部培育创建单位	全省首批
	河北省文明校园(文明单位)(2012—2018年度四次)	全省前列
	河北省志愿服务培训基地	全省首批
重大试点项目	教育部首批现代学徒制试点单位	全国首批、6所高职之一
	国家产教融合工程规划项目	全国首批、4所高职之一
	河北省应用型本科试点单位	全省首批、4所之一
	河北省自主确定年度招生计划改革试点学校	全省首批、3所之一
	大学生创业孵化示范园	全省首批
课程与资源建设	国家级精品课程15门	全国第3、全省第1
	国家精品资源共享课12门	全国第6、全省第1
	"十二五"国家规划教材32部	全国第14、全省第1
	国家专业教学资源库(主持1项)	全国首批
	河北省高校就业创业指导优质课程2门	全省首批
创业就业课程教学大赛	全国一等奖2项	全省唯一
	省特等奖1项、一等奖5项、二等奖3项、三等奖4项	全省第一
学生技能大赛	全国职业院校技能大赛一等奖4项、二等奖19项、三等奖29项	全省高职第1
	全国大学生数学建模大赛一等奖1项、二等奖3项	全省高职第2
	全国行业职业教育教学指导委员会大赛一等奖43项、二等奖72项	全省高职第2
	省职业院校技能大赛一等奖126项	全省高职第1
	世界技能大赛入围国家集训队4项	全省高职第1
	世界技能大赛(区域赛项)二等奖4项、三等奖5项	全省高职第1
教科研成果(奖)	国家教学成果奖4项、省部级教学成果奖16项	全省高职前列
	国家级教学研究课题8项	全省高职前列
	国家级课题1项、省级以上教科研课题393项	全省高职前列
	省级科研成果奖5个、军队科技进步奖5个	全省高职前列
应用研究与服务	专利745项(发明专利17项)	全省高职第1
	省级研发中心11个、市级研发中心8个	全省高职第1
	技术服务500余项、到款额5 100万元	全省高职第1

续表

领域	项目	影响力
师资队伍建设	教师教学能力大赛国赛一等奖1项、二等奖1项、三等奖5项省级一等奖8项、二等奖8项、三等奖3项	全省高职前列
	全国高校思想政治理论课教学展示活动一等奖1项、二等奖1项	全国前列、全省高职第1
	"国培"项目33个	全省高职第1
	教学团队(国家级1个、省级3个) 教学名师(国家级1个、省级3个)	全省高职前列
	全国师德先进个人1个、"三三三"工程人才9人 省管优秀专家、中青年骨干教师、优秀教师等13人	全省高职前列
国际合作	喀麦隆政府留学项目指定院校	全省高职唯一
	河北省高等职业院校学生国际交流基地	全省高职唯一
	开办海外分校(2个学院、2个中心、4个基地)	全省高职第1
	中德合作办学项目、留学生教育	全省高职前列
	中德汽车职业教育合作项目(SGAVE)	全省高职唯一
	国外高端人才引进——与德国戴姆勒股份公司(现已更名为梅赛德斯-奔驰集团股份公司)签署"戴姆勒铸星教育项目"	全省高职唯一
校企合作平台	军民融合职业教育产学研协同发展联盟	全省高职首家、牵头单位
	京津冀汽车职业教育联盟/河北省汽车职业教育集团	全省首家、牵头单位
	河北省纺织服装职业教育集团	全省首家、牵头单位
	河北省高职高专院校思想政治理论课建设联盟	全省首家、牵头单位
	河北省高等职业院校教学工作联盟	全省首家、牵头单位

(二)机遇与挑战

新时代赋予高职教育高质量发展新动能,"五大机遇"和"四项挑战"对学校高质量发展提出新要求。

1. 五大机遇

面向新时代,学校正迎来前所未有的重大发展机遇,主要体现在以下五个方面:

(1)国家战略和河北省经济发展形成战略叠加机遇

面临"中国制造2025"、互联网的迅猛发展、大众创业万众创新的浪潮和工业4.0的深刻变革等重大发展机遇,以及京津冀协同发展战略与雄安新区建设形成新一轮经济增长极,我国经济结构不断优化升级,创新要素快速集聚,这些都为学校发展注入了强大的动力,使其步入了重大机遇叠加期。《河北省战略性新兴产业发展三年行动计划(2018—2020)》《河北省服装产业转型升级行动方案(2018)》《河北雄安新区规划纲要》等政策为河北产业发展带来新动能,为学校服务新一代信息技术、新能源汽车与智能网联汽车、服装等产业发展带来新机遇。

(2) 京津与河北区位协同发展带来高质提速新机遇

《京津冀协同发展规划纲要》确定了河北省"三区一基地"的功能定位,即全国现代商贸物流重要基地、产业转型升级试验区、新型城镇化与城乡统筹示范区以及京津冀生态环境支撑区,此定位不仅为河北省在京津冀协同发展中承载人才、技术、资源、环境重任开辟了新路径,也为学校对接高端产业,挖掘技术技能人才潜力,攻克核心技术,实现高质量快速发展提供了新机遇。

(3) 河北省军民融合产业优势带来特色发展大机遇

河北省拥有27家军民融合产业示范园区、50家省级军民融合产学研用示范基地、750家军民融合型企业,是军民融合发展强省,亟须高水平高职学校提供人才、技术的强力支撑。作为省内唯一具有军队办学历史的高职学校,军民融合战略和河北省军民融合高质量发展需求为我校建设军民融合特色高水平高职学校提供了重大机遇。学校将高质量整合河北省军民融合和职教资源,开辟产教融合新路径,拓宽高质量发展新领域,致力于成为中国特色高水平高职学校的典范。

(4) 职业教育发展环境优化带来创新改革历史机遇

国家主导职业教育重大改革,《国家职业教育改革实施方案》《高职扩招专项工作实施方案》《职业技能提升行动方案(2019—2021年)》《建设产教融合型企业实施办法》《职业学校校企合作促进办法》等政策密集出台,旨在全面优化职业教育发展环境,为职教改革提供全方位支持。河北省是职教大省和人口大省,学校应勇担重任,成为河北职教改革的引领者,以民生幸福为导向,促就业重发展,提供高质量人才红利,打造可复制、可推广职教改革创新的标杆和示范,通过一级引领一级、一批带动一批的方式,有节奏地推动河北省向职教强省迈进,为国家职教改革发展战略贡献力量。

(5) 国际产能合作市场广阔带来国际化办学新机遇

近年来,企业"走出去"步伐明显加快,发展势头良好,企业境外投资规模不断扩大。河北省2019年发布新版《国际产能合作白皮书》,旨在全力打造国际产能合作新样板。"一带一路"作为当前最具潜力的国际合作平台,其沿线国家的发展激发了巨大市场需求,不仅为"走出去"企业培养技术技能、为本土人才提供了契机,更为其参与国际产能合作提供了广阔空间。

2. 四项挑战

面向新时代,学校发展还面临着一些矛盾和挑战,主要表现在以下四个方面:

(1) 适应新时代经济发展新需求的挑战

新时代,新技术新经济不断涌现,物联网、5G、人工智能等前沿科技引领生产模式向智能化飞跃,伴随而来的是新职业新技能快速更迭,企业面临着多层次高素质复合型人才缺口大、自主创新能力不足、关键核心技术存在短板等现实问题,亟须一批高水平高职学校积极对接高端产业和产业高端领域,挖掘技术技能人才红利,破解经济发展新需求下的难题。面对经济发展新需求的挑战,学校必须勇于担当,直面复合型高水平技术技能人才缺乏、关键核心技术受制于人等难题,迎难而上、开拓创新,培养高水平技术技能人才,同时提升服务能力与贡献度,为新时代经济转型升级提供坚实支撑。

(2) 应对稳就业迎扩招多重压力的挑战

加快发展职业教育是缓解就业压力和人才短缺的战略举措,"百万扩招"政策赋予高职教育新的时代使命,拉开了高职教育改革创新发展新的时代序幕。河北省是职教大省和人口大省,中职毕业生、农民工等群体就业压力大;与北京、天津相比,河北区位优势不足、发展差距大,产业升级导致的隐形失业压力大,迫切需要建设高水平高职学校,以民生幸福为导向,促就业重发展,创新机制,探索适应时代发展的模式,激发办学活力,以应对压力挑战。

(3) 引领河北职教走向高质量发展的挑战

国家倡导高职高质量发展,人民期待高质量职业教育。在此背景下,国家职教改革致力于建设职教强国,亟须一批高水平高职学校与专业群建设单位引领示范推动职教高质量发展。河北省是职教大省,拥有60多所高职院校,数量规模大,但发展水平弱,亟须一批高水平高职学校探索新模式,提升办学水平和质量,通过先行示范,有节奏引领带动河北省向职教强省迈进。邢台职业技术学院自建校以来,从高职试点到示范校优质校建设,一直站在第一方阵,引领职教改革方向,面对高职高质量发展新的历史节点,学校需要迎难而上,开拓创新,再次引领河北职教改革,共同应对高质量发展的挑战。

(4) 赓续使命响应军民融合发展的挑战

高职教育正成为推动军民融合发展的重要力量,退役军人就业创业、现役军人技能培训、军民两用技术转化迫切需要高水平高职学校在人才培养、科技创新方面发挥职教优势。作为河北省唯一拥有20年军队办学历史的高职院校,学校拥有"军民融合产学研用示范基地",牵头成立"军民融合职业教育协同发展联盟"并与多家涉军企业保持合作,建校40年来一直将服务军地作为办学使命,新时代学校面临着赓续军地办学使命、凸显特色、坚定服务军民融合发展方向的挑战。

二、建设目标

(一)建设思路

1. 指导思想

以习近平新时代中国特色社会主义思想为指导,深入贯彻全国教育大会精神,落实《国家职业教育改革实施方案》,以适应新时代经济高质量发展需求和促进更高质量更充分就业为导向,服务"中国制造2025"、京津冀协同发展、军民融合发展和共建"一带一路"。坚持立德树人根本任务,对接京津冀战略性新兴产业和河北支柱产业,构建专业集群发展新格局,在办学体制、育人机制、培养模式、服务发展等方面改革创新,率先实现职业教育现代化,做职业教育服务国家战略、支持区域发展、促进产业升级的引领者,为世界提供职业教育"中国方案"做出重要贡献。

2. 建设思路

中国特色、世界水平。坚持和加强党对高校的领导,坚持社会主义办学方向,扎根中国大地办学,放眼世界、面向未来,探索中国特色职业教育发展模式,打造世界水平中国职教方案。

改革引领、创新驱动。引领中国职业教育现代化治理、多元化办学、类型化转变,打造"院为实体"二级治理体系,建设智慧邢职,推进教育教学及管理服务的结构性变革,联合行业领先企业共建"八个一"产业学院,创建育训结合、分流分类的"个性发展、人人成才"教育教学模式,担当全国职业教育改革引领者。

提质升级、开放办学。以高水平专业群建设推动高水平学校建设,深化产教融合体制机制的创新性改革,引"智"引"新",分类发展打造具有家国情怀、国际视野的"四能"教师队伍,建设"守敬科坊",打造中国职教品牌,建设"内坊外站",打造区域技术创新与服务高地,成为服务京津冀雄现代化经济体系的重要力量。

军民融合、打造品牌。打造军民融合特色的"一园三区"产教融合综合体,建设跨教学实体的军民融合学院,助推京津冀军民融合产业高质量发展,打造军民两用人才高质量培养、高质量就业的高职军民融合教育标准和范式,成为服务军民融合国家战略的高职品牌。

(二)建设目标

1. 总体目标

聚焦中国特色高水平高职学校建设总目标,学校专业布局对接产业向集群升级,产教融合向深度多元发展,双师教师向"理-实-教-研""四能"教师转型,技术创新与服务向高端迈进,国际办学由资源引进向模式输出提升。

到 2023 年,建成区域特色鲜明、改革成效卓著、支撑发展强劲的高水平高职院校,国际化办学水平达到新高度,汽车检测与维修技术专业群发展达到世界水平,学校综合实力稳居全国高职院校第一方阵前列。打造与高水平专业群相适应的高水平双师"四能"教师队伍,创建业内公认的育训结合、分流培养、分类成才培养体系,成为助推区域产业升级的技术技能人才供给高地;打造"一园三区"产教融合综合体,建成两个引领产业升级的技术研究院,成为服务区域产业高端发展的技术应用创新高地;打造军民两用高技能人才育训高地,建成军民融合产学研用示范高地,成为高职院校服务军民融合发展的典范。

到 2035 年,实现职业教育现代化,学校办学声誉获得国际公认,综合实力位列世界一流职业院校行列,建成 5 个支撑发展、具有中国特色、世界水平的一流专业群,汽车检测与维修技术专业群进入世界同类院校前列,产业发展服务、产教融合经验、高职改革创新等产生国际影响力,为建设人力资源强国和人才强国做出重要贡献,成为职业教育"中国方案"的典型代表。

2. 具体目标

——高水平专业群发展。构建起紧密对接京津冀及雄安新区产业结构的专业群,建成 1 个中国特色高水平专业群。

——创新"分流培养、分类成才"育人模式。创建支撑个性发展的高职教育"分流分类"人才培养体系,建成国家水平精品在线开放课程 2～3 门,获得全国职业院校技能大赛奖项 20 项以上、国家级教学成果奖 1～2 项,学生的 X 证书获取率 90%以上,培养社会学历生 1 000 人以上。

——建设高水平产教融合平台。打造"一园三区"产教融合综合体,建成2个引领产业升级的技术研究院,完成重大科研项目10项以上,实现科研技术成果转化100项,服务地方骨干中小微企业比例25%,技术转移到款额达500万元,科技服务到款额达1亿元。

——建成服务终身学习的智慧培训平台。政校企共建退役军人就业创业培训基地、1个国家级高技能人才培训基地、3个以上放射型社区教育学院以及6个省级水平高技能人才培训基地,年均社会培训量不少于28万人天。

——打造高水平"理-实-教-研""四能"教师。集聚10~15名行业领军人物和技术技能大师,累计培养400名"四能"骨干教师,双师比达90%,企业一线兼职教师占比25%,打造1~2个国家级、2~3个省级结构化教师教学创新团队。

——院校治理现代化。完善"党委领导、校长治校、专家治学、民主管理、社会参与"的现代高职院校治理体系,完善"以群建院、院为实体"二级学院管理机制,全面形成多元主体共建共享的"治理共同体"以及"开放创新、军风铸魂"的特色治理生态。

——显著提升国际影响力。国际合作层次持续提高,中德合作办学专业达4个以上,参与制订职教国际标准3个,服务"走出去"企业境外项目达15个,打造职教"中国方案"输出体系,"守敬科坊"成为高水平职业教育中外合作办学典范。

——建设"军民融合"特色发展高地。打造军民融合产业技术技能人才供给高地和高水平军民两用技术创新平台,成立1个军民融合学院,创新"1+X"制度退役军人和现役军人培养模式。

三、重点建设任务及举措

(一) 实施"136"领航计划,全面加强党的建设

在新时代党的建设总要求指引下实干担当,夯实映射学校军风传统的"三部两线"党建工作格局,升级党建"136"领航计划为"四红"行动(如表1-2所示),"红雁"统领、"红心"引领、"红源"强基、"红网"肃纪,确保中央和省委的决策部署在学校落地生根,把政治优势转化为行动引领,集中力量办学校大事,以一流党建引领学校事业高质量发展,为"双高"建设提供坚强组织保证。

表1-2 "三部两线"、"136"领航计划与"四红"行动

"三部两线"		"136"领航计划	"四红"行动
党委司令部 总支指挥部 支部作战部	党员生命线 纪检高压线	完善1套制度 建好3个平台（党建信息化平台、校系两级党校平台、党建与思政研究会平台） 实施6大工程（政治统领、思想引领、组织带动、党员示范、正风肃纪、品牌创建）	"红雁"统领 "红心"引领 "红源"强基 "红网"肃纪

1. 实施"红雁"统领行动，强化党的政治核心作用

深入实施"党建'136'领航计划"，奋力推进河北省党建示范高校和中国特色高水平职业学校建设。以"红雁"统领行动为先导，加强党的全面领导，规范党政议事决策机制，健全党政分工合作、多方协调运行的工作机制，使学校的发展做到治理有方、管理到位、风清气正。坚持党委领导下的校长负责制，打造坚强有力的领导班子，发挥"领头雁"作用，把准高等职业教育办学方向和办学定位，制定中国特色高水平职业学校和高水平专业建设方案，编制学校中长期发展规划，依法治教办学。完善一套党的政治、思想、组织、作风、纪律、廉政等党建制度体系，并印刷成册下发执行。

以政治建设为统领，引导师生员工增强"四个意识"，坚定"四个自信"，做到"两个维护"，建设形成数量充足、素质过硬的专业化人才队伍和干部队伍，扎实推进理想信念教育、尊崇遵守维护党章等主题教育，把每一名领导干部和每一名党员都培养成所在部门的"红色头雁"，发挥示范带动作用，为创建中国特色高水平职业院校、推动学校事业发展提供强有力的政治保障。

2. 实施"红心"引领行动，把握社会主义办学方向这个根本

强力推进习近平新时代中国特色社会主义思想进教材进课堂进头脑，加强社会主义核心价值观教育；以创建"三全育人"综合改革试点校为主线，全力构建"三全育人"思想政治工作体系，完善"一主两辅"大思政育人体系，建成校级思政课名师工作室和校级精品在线思政课程，将思政课程和课程思政、"第二课堂"有机融合，切实把学生培养成德才兼备的高素质技术技能人才。

深化意识形态阵地管理，牢牢把握意识形态工作的领导权和主动权。建好"邢职易班"，创新运用网言网语、视频图像等开展学生思想政治教育。建好校系两级党校，整合入党积极分子、发展对象、预备党员、党员与党务工作者、领导干部的教育培训等工作；建好党建与思政工作研究平台，结合师生思政实际开展研究、推广应用优秀成果。

3. 实施"红源"强基行动,充分发挥党组织的战斗堡垒作用

以组织力提升为重点,高标准推进新时代党建示范校创建和质量创优工作。做强河北省党建示范校,依托不同教学组织形式探索组建临时党支部,有效带动工会、团委、学生会等群团组织建设,完善党建工作与学校事业发展同部署、同落实、同考评的目标评价标准化体系。

开展党建双创工作,推进教师党支部书记"双带头人"培育工程;建设5个高水平"双带头人"教师党支部书记工作室,选优配强党建思政工作者;培育、建设5个左右标杆院系、10个样板党支部,力争2年后建成1个省级样板党支部,建成省级党建示范高校。加强党建工作与信息技术的结合,建设完成智慧党建平台,实现党建工作在信息传播、党务工作、党员管理等领域的高效、便捷。

4. 实施"红网"肃纪行动,营造"双高"建设的良好生态环境

落实好"两个责任""一岗双责"。建立健全教育、制度、监督、惩治四位一体的反腐倡廉体系,打造廉洁邢职学习平台,营造廉洁自律、风清气正、干事创业的良好氛围。将党风廉政教育制度化,开展系列活动:组织观看廉政片、召开警示会、参观廉政基地、推送廉政短信等;推进惩防体系建设,建立校内巡察制度和干部廉政档案,完善工程项目委托有资质的造价公司编制预算制度;健全"1+N"全方位监督体系,加强对重点事项如项目建设、工程建设等的监管,通过一个被监督事项接受单位领导监督、群众监督、会议监督、纪检监督、审计监督、校内巡察监督等多维度监督增强监督实效;常态化开展纠"四风"和作风纪律专项整治,抓早抓小,依法依规加强责任追究和违纪处理。

(二)育训结合、分流分类培养复合型人才,支撑区域产业高端发展

探索灵活多样的"1+X"育训模式,创新"三路径九模块"分流培养、分类成才培养模式,全面推行"五化"教学模式,建成2~3门国家水平精品在线开放课程,获得20项以上全国职业院校技能大赛奖项,获得1~2项职业教育国家教学成果奖。到2023年,创建一个享誉国际、支持个性发展的、可复制可推广的高职教育人才培养标准与制度体系,X证书培训8 500人次以上,培养社会学历生1 000人以上,成为创新型、复合型、发展型技术技能人才培养高地。

1. 立德树人德能并蓄,培养高素质社会主义建设者

(1) 集聚资源共建共享,引领河北高职思政教育

合力打造河北省高职院校思政课名片。作为省思政课建设联盟牵头院校,联合联盟内兄弟院校,集聚全省高职优秀师资,共建共享高质量思政课课程标准、课程资源,对口帮扶民办院校思政课建设;联合高水平技术团队,利用 AR 技术,将西柏坡、冉庄地道等河北省著名红色资源数字化,刷新学生的思政体验;全面推进课程思政。将思政教育渗透于课程教学,潜移默化塑造学生价值观。一是系部整体推进,系部书记牵头,以骨干老师为主体,联合思政老师组建系部课程思政小组,挖掘专业层面的思政元素,搜集职场案例,编印《职业素养与课程思政案例集》;二是立项课程推进,将课程思政融合于课程建设之中,挖掘思政元素,在专业教育中渗透课程思政。校领导讲授思政课。建立校领导讲授思政课制度,学院领导每人每学期承担至少 2 个班的"形势与政策"课程教学任务,领航思政课教学改革。

(2) 传承公益劳动周制度,创新融于专业的劳动教育

传承创新公益劳动周实践课。创新"思想教育—意识培养—劳动体验"三段式课程内容,建设公益劳动教育基地,健全劳动教育考核标准,创新劳动教育保障机制。在思想教育阶段,邀请劳模、技能大师等进校园开展讲座,宣扬劳动光荣;在意识培养阶段,开展"技能服务社区"活动,让学生体验劳动的价值;在劳动体验阶段,安排学生在劳动教育基地进行劳动体验,将专业实习与劳动教育结合起来。创新志愿服务学分制,列入"第二课堂"成绩单,作为学生评先评优的重要考核标准。依托"志愿河北"网络平台,规范学生志愿服务申报、评审、实施、总结各环节,对志愿服务时长做到精准识别。

2. 分流分类匠心育英,促进个性发展人人成才

(1) "三定位、三路径"培养复合型高素质技术技能人才

瞄准京津冀雄高端产业和产业高端,将人才培养目标定位于满足未来社会需要、具备跨界能力的复合型高素质技术技能人才。结合学生文化基础,将人才培养定位细分为三类:高素质技能型人才、技术应用型人才、技术创新型人才,设计三条发展路径,建立"一体验两分析"路径选择机制。学生入学后第一学期就参与职业体验项目,深入了解将来要从事的职业,做出职业发展规划;学期末进行学习特点分析和兴趣分析,学生在学业导师和专业工具的指导下理性选择适合自己的发展路径。允许学生在不同路径之间的进入与退出,促进学生个性化

成才。

(2) 开发融入军工精神和精工标准的高质量教学标准

开发所有专业教学标准,全面修订课程标准。一是融入军工精神和精工标准,传承军队办学传统,将忠诚奉献、信念坚定、实干创新的军工精神和精湛技艺、精深知识、精进能力的精工标准嵌入培养目标,以国家颁布的专业教学标准为依据制订"高于"式特色化教学标准;二是分阶打造,将标准建设分为国际水平、国内一流水平、省内一流水平三个阶梯,汽车检测与维修技术专业群各专业教学标准瞄准国际水平,服装设计与工艺、智能制造专业群各专业瞄准国内一流水平,其他专业群各专业瞄准省内一流水平,以高质量标准引领专业建设和人才培养模式改革。

(3) 以产业学院为依托深化校企协同育人

各专业群携手区域行业领先企业建设产业学院,深化产教深度融合的校企协同育人机制,如图 1-1 所示。依托产业学院,对应三条发展路径,给予适合的培养模式:以"守敬科坊"工作室为载体培养技术创新型人才,以产业学院"高端定制"模式培养技术应用型人才,以共享型实践基地和学徒制学院为载体,工学交替培养高素质技能型人才。

人才类型	培养模式	机制制度	师资与条件保障	
技术创新型人才	守敬科坊	导师制	项目导师	创新工作室
技术应用型人才	高端定制	企业技术认证制度	企业认证教师	校企协同育人平台
	现代学徒制	员工制	校企双导师	区域知名企业
高素质技能型人才	工学结合	多学期制	双师型教师、企业兼职教师	校内外实训基地

图 1-1 校企协同育人模式

(4) 创新"三九式"课程体系,打造学生自选"课程超市"

构建"三路径九模块"(简称"三九式")课程体系(如图 1-2 所示),打造有较大选择空间的"课程超市"。分为必修区和自选区,必修区包括公共基础模块、专业基础模块、专业核心模块和专长发展模块四个模块,自选区包括人文素养、能力拓展、X 证书、国际交流项目、升学深造等五类模块。专业平台课模块和专业核心课模块都按"层级化、小模块"思路开发,形成由基础到提高的小模块,按学时赋予不同学分;专长发展模块体现不同路径的特色,高素质技能型人才培养路径突出技能训练,技术应用型人才培养路径突出技术应用实践,技术创新型人才培养路径突出技术创新项目;自选区主体是复合能力拓展模块,以新一代信息技术、现代商务专业群为主,开出大量信息技术类、管理营销类选修课,拓展学生的复合能力;此外,鼓励学生参加科技创新项目、创新创业项目、各级各类技能大赛、社区服务项目等,给予学分认定和转换;各模块课程按发展路径组群,形成学生可自由选择的"课程超市"。

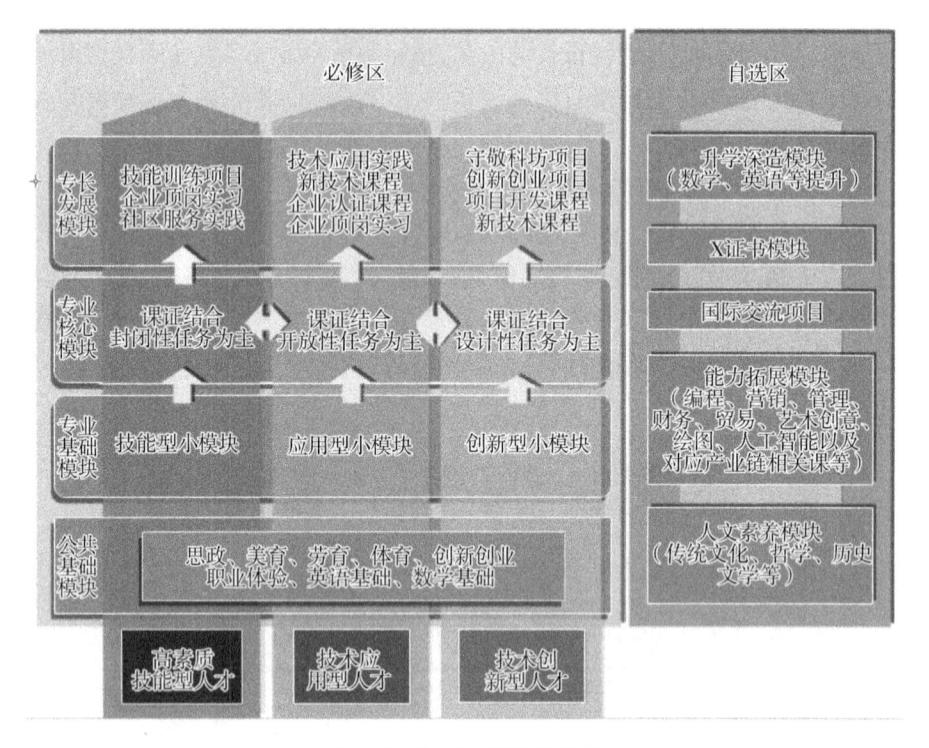

图1-2 "三九式"课程体系

（5）实施"未来课堂"工程,打造"五化"教学模式

每年打造一批高质量课程,开展"五化"教学改革。任务化改革:大力推广校本特色"任务链小步快进"教学模式,每门核心课程都联合企业技术人员合作开发任务化理实一体课程,以学生为中心开展小组合作学习,培养学生的综合职业能力。信息化改革:推广混合式教学,校企合作开发高质量数字资源,突破"看不见、进不去、摸不着"等重难点问题,课下以自学为主,课堂时间更多用来小组讨论、展示与操作,培养学生的学习能力、合作能力和解决问题能力。立体化改革:依托校企协同育人平台,与行业领先企业技术人员合作开发活页式教材,紧跟技

术前沿,定期更新课程内容,建设立体化教学资源。智慧化改革:建设"互联网+"智慧化专业教室,营造交互性好、理实一体学习场所,为专业课信息化教学提供保障。小班化改革:控制选课规模,优化资源配置,对教室实施探究学习环境改造,实施小班化教学,提高课堂教学质量。

到 2023 年,校企合作共建 100 门精品在线开放课程、150 部立体化教材,完成全校所有理实一体教室、多媒体教室等学习空间的结构化、智能式改造,全面支撑"五化"教学模式改革。

(6)探索系统开展 X 证书培训路径,培养跨界复合能力

各专业群已引入、待引入职业技能等级认证证书如表 1-3 所示。

表 1-3　各专业群已引入、待引入职业技能等级认证证书一览表

专业群	已引入职业技能等级认证证书	待引入职业技能等级认证证书
汽车检测与维修	戴姆勒 POCC-MT 认证; 捷豹路虎一级、二级认证; 一汽大众 DEP 一级、二级助理技师认证; 上汽通用汽车售后维修入门级认证; 博世见习工程师认证; 中德 SGAVE 汽车机电维修师认证	汽车动力与驱动系统综合分析技术 汽车转向悬挂与制动安全系统技术 汽车电子电气与空调舒适系统技术 汽车全车网关控制与娱乐系统技术 汽车 I/M 检测与排放控制治理技术 汽车维修企业运营与项目管理技术 汽车营销评估与金融保险服务技术 汽车美容装饰与加装改装服务技术 汽车车身漆面养护与涂装喷漆技术 汽车车身钣金修护与车架调校技术 新能源汽车动力驱动电机电池技术 新能源汽车悬挂转向制动安全技术 新能源汽车电子电气空调舒适技术 新能源汽车网关控制娱乐系统技术 新能源汽车多种能源高新系统技术
服装设计与工艺	服装定制工、服装设计人员、形象管理师认证	服装制版师、服装设计师、色彩搭配师
智能制造	钳工、车工、加工中心认证	增材制造技术工程师、智能制造系统工程师、工业机器人应用工程师、工业物联网管理师、人工智能工程师、Auto-CAD 机械设计、Pro/E 等三维设计
新一代信息技术	红帽、甲骨文、思科认证	华为 ICT 工程师、WEB 前端开发工程师
现代商务	人力资源管理师、物流师、营销师认证	阿里巴巴电子商务师

一是设立专门岗位,开展 X 证书的研究与对接,统筹各系部证书培训与考核工作,积极申报 X 证书试点院校,组织各系部与第三方培训机构合作开展 X 证书标准开发,证书培训与考核、证书认定等工作。二是积极引入国家职业技

能等级证书及华为、奔驰、路虎等世界一流企业技术等级认证,构建"X+"证书库。三是积极申请 X 证书试点,跟进教育部 X 证书工作进程,推出一批就申报一批,力争专业 100% 覆盖。四是发挥省级 X 证书管理中心引领作用,工业机器人等省级 X 证书管理中心做好校内外证书培训与考评工作,探索课证融合与"1+X"育训结合培养模式;四是常态化开展各类证书培训,年均培训 2 000 人次。组织全校学生在教育部"学分银行信息平台"激活个人学习账户,对学习成果进行积累;允许 X 证书兑换课程学分,吸引获取 X 证书的社会人员入学接受学历教育。

(7) 创新 6 项配套制度,保障分流分类培养模式改革出实效

为保障"三九式"课程体系、"五化"教学模式改革举措取得实效,创新学分制、弹性学制、专业与方向的进入与转出机制等 6 项配套制度(如图 1-3 所示),实施更加灵活高效的教学管理,打造技术技能人才培养高地。

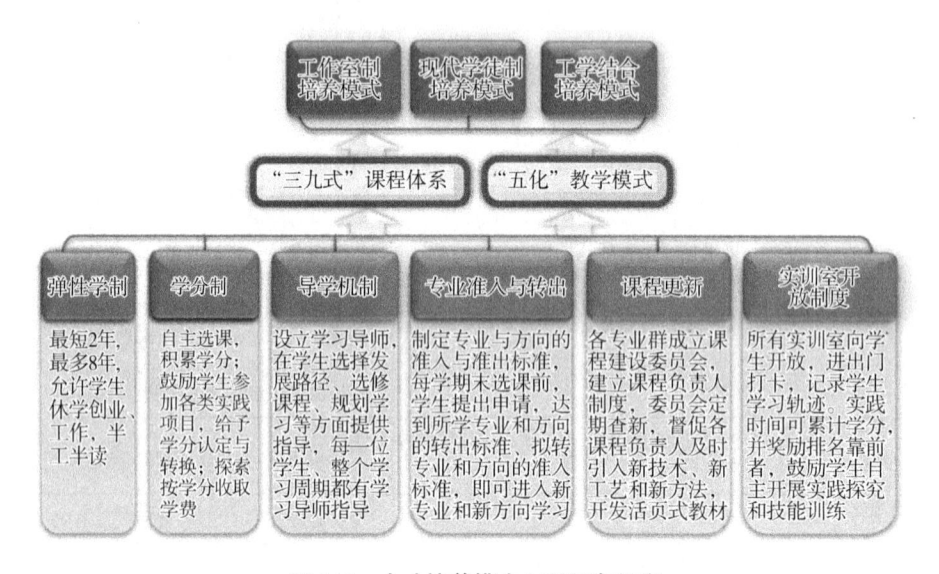

图 1-3 人才培养模式六项配套制度

3. 创新"1+X"育训结合培养模式,吸引新增劳动力接受高职学历教育

创新半工半读、选课制、证书培训制等灵活多样的学历教育模式,吸引新增劳动力接受高职学历教育,2019 年面向退役军人,2020 年起推广至下岗职工、农民工等其他新增劳动力。至 2023 年,帮助 1 000 名以上社会人员完成高职学历

教育,并顺利就业。

(1) 探索适应新增劳动力的招工招生一体化制度,使其"进得来"

创新针对新增劳动力的招生宣传方式,"引水上山"。与驻地军队、区域拥军企业合作,每年在即将退役的军人中进行招生和招工宣传,经部队推荐、学校与企业联合面试,通过考核者组建企业订单班;与区域规模企业合作,企业先招工,学校后招生,组建企业订单班,退役军人班和企业冠名学历班学员都有企业员工和学校学生双重身份。

(2) 探索三种灵活适用的培养模式,使其"能学好、能就业"

针对社会新增劳动力学习特点及学习需求,将学历教育与 X 证书培训灵活组合,探索三种融合的培养模式,促进社会人员完成学历教育和技术技能培训。三种模式及具体做法如表1-4所示。

表1-4 社会新增劳动力培养模式一览表

培养模式		具体做法	入学方式
先1后X	先入学,再培训 X 证书	1. 全日制学习,组建行政班; 2. 现代学徒制,半工半读; 3. X 证书培训; 4. 学分积累,按学年收费	招工入学
先X后1	先培训 X 证书,再接受学历教育	1. 入学前:X 证书培训、学分积累、吸引入学; 2. 入学后:非全日制学习、选课制、学分收费	由培训学员到注册入学
X 后认定1	X 证书累计达标,直接认定学历证书	1. 自选 X 证书培训; 2. 学分积累,认定学历	培训学员、社会学习者

4. 打造创新创业教育升级版,亮出创新创业教育新名片

构建"两育两化"双创全链条育人模式,打造集"课程、平台、机制、服务、环境"为一体的创新创业教育生态系统。建设10门左右创新创业教育线上线下混合式"金课",建设30门左右"专创融合"特色课程,办好"卓越班",切实将创新创业教育贯穿人才培养全过程;夯实双创实践平台,重点推进2~3个系级众创空间建设,校级孵化园实现入驻项目100%工商注册,95%以上与专业学习相结合,培育30个具有较强市场竞争力的创业项目;完善双创服务体系,设立创新创业导师岗,打造"百人双创"师资团队,聘请企业家等担任创新创业导师,打造国家级双创导师2~3名;安排导师"一对一"跟踪指导,与社会孵化器开展合作,为成熟项目提供成长空间;营造双创浓郁氛围,着力培育"红色筑梦之旅"创业项目,鼓励学生赴革命老区、贫困地区开展创新创业实践,力争打造2~3个邢职品

牌创新创业实践活动；举办各类双创大赛，以赛促教，以赛促学，以赛促改，以赛促创。

（三）政军校企共建"一园三区"产教融合综合体，支撑军地产业发展

由政府支持，学校与军民融合型企业、科研院校、产业园区等共建"一园三区"产教融合综合体，内外联动、协作互补，推进"政-军-产-学-研-用"六层面深度融合，达成四个"一批"：培育一批军民两用技术技能人才、研发创新一批军民两用技术、转化一批军民融合技术项目、培训一批退役军人再就业创业，建成具有鲜明军民融合特色的产教融合平台。

1. "一园三区"、两院引领，打造军民融合特色产教融合综合体

"一园三区"。"一个产教园"：在省市两级政府的支持下、省军民融合发展委员会的指导下，建设校内军民融合产教园，建成高水平军民融合产学研用示范基地。"三个产业区"：在任县、雄县、邢台经济开发区政府分别主导下，深度参与任县邢湾工业区发展，助推其装备制造产业转型升级；深度参与雄县高新技术产业园区建设，建设国家级高新电子产业重镇；深度参与邢台经济开发区发展，协助其打造区域军民融合产业基地。"一园三区"内外联动、同频共振，共享协同育人、应用技术创新、技术成果转化、创业项目孵化等资源，延伸军民融合产业链条。如图1-4所示。

两院引领。在军民融合产教园内，依托全国高职首家省级军民融合产学研用示范基地，面向军工特种车辆、军警特种服装、应急救援装备、军民两用技术转化平台等4个产业领域，建设3个技术研究所，打造军民融合技术研究院，引领河北省军民融合"产学研用"。依托三大省级技术研发中心、协同创新中心以及知名科研院校技术力量，联合区域装备制造行业领先企业，建设高新技术研究院，重点攻关汽车产业、智能制造产业、服装产业等升级的应用技术难题，引领区域技术创新、助推区域产业转型升级。两大技术研究院资源共享、优势互补、协作互动，共同致力于区域技术创新与服务产业发展。在形成军民融合技术创新与技能积累优势的同时，面向区域主导产业、战略性新兴产业，骨干专业群建设区域开放性产教融合实训基地，培养一批军民两用技术技能人才，示范引领区域同类院校专业人才培养，创新、开放高技能人才培训及创业服务，扶助高新技术企业、"民参军"企业成长，契合军地产业发展需求，推进产教深度融合。

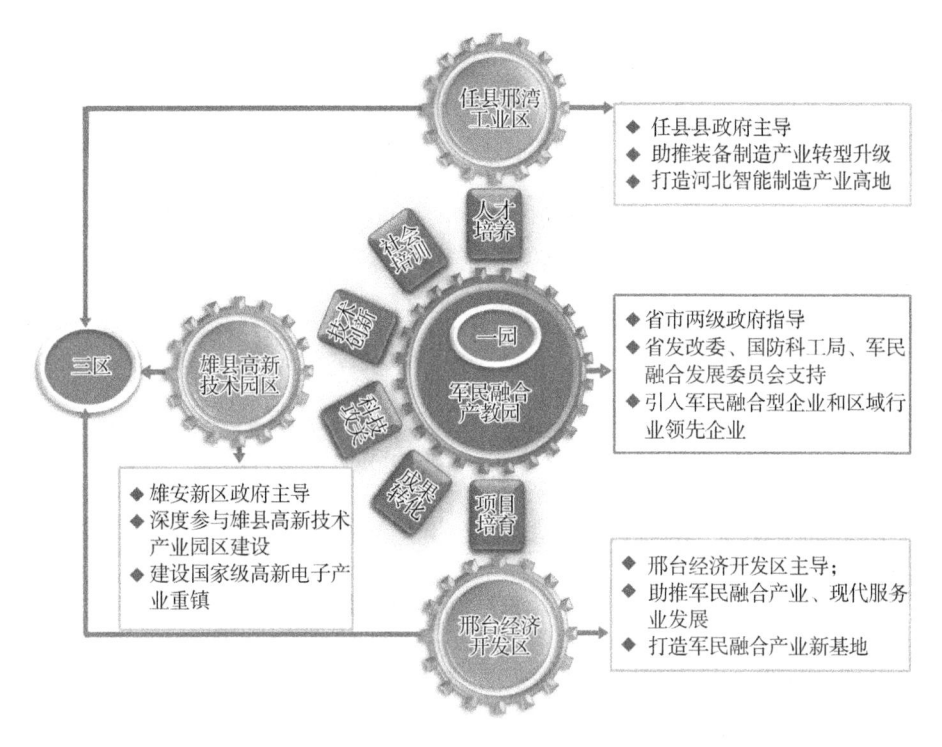

图 1-4 "一园三区"产教融合综合体框架图

2. 政军校企共建军民融合产教园,驱动区域产业向高端发展

在省政府支持下,市政府、学校联合投资,际华集团、长城汽车、华为等企业参与共建军民融合产教园。实施三级管理模式(如图 1-5 所示),第一级是监督指导层,成立由河北省发展改革委、教育厅、国防科工局领导组成的产教园工作指导委员会,负责指导产教园战略和规划,协调解决有关重大问题;第二级是经营决策层,由学校、市政府有关领导组成产教园工作领导小组,负责产教园运营情况的监督检查,协调解决运营中的问题;第三级是经营管理层,组建产教园运营管理中心,探索运营公司模式的管理,负责技术服务、企业孵化、日常运营、政策咨询等事宜。运营管理中心设在学校科技楼,设立校企合作办公室并配备专职人员,以及科技发展中心、继续教育部、招生就业处等部门兼职人员,可实现退伍军人创业培训、项目孵化、创业办公等"一条龙"服务。

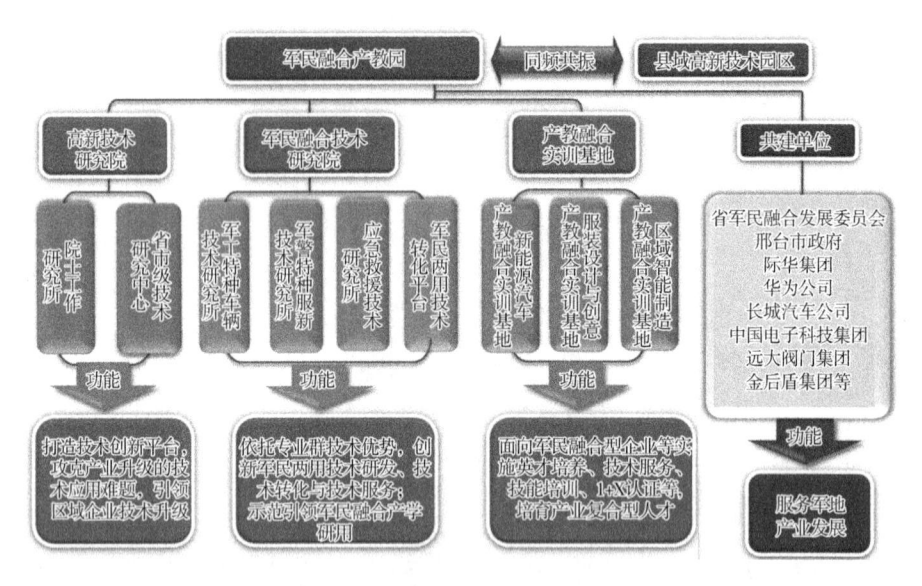

图 1-5　军民融合产教园布局图

（1）军民融合技术研究院服务军地，担当高职军民融合典范

在学校牵头的军民融合职教产学研协同发展联盟指导下，依托全国高职首家省级军民融合产学研用示范基地，深度对接军工单位、军民融合型企业，面向军工特种车辆、军警特种服装、应急救援装备、军民两用技术转化平台等4个产业领域，整合省内外军民融合产业高端技术力量，建立军工特种车辆技术研究所等3个技术研究所，以及军民两用技术转化平台，打造京津冀区域有影响力的军民融合技术研究院。

军工特种车辆技术研究所：针对军工行业的特种车辆技术需求，在河北省高校汽车工程应用技术研发中心内，与金后盾专用装备制造集团有限公司（拥有中国驰名商标）、中安军信科技有限公司等企业及科研院所共建军工特种车辆技术研究所，下设军工特种车辆技术创新工作室、汽车改装技能大师工作室等，开展北方战区指定军用方舱、军用装备箱组等特种车辆装备的设计研发、产品升级等。依托邢台市智能网联汽车技术创新中心，携手长城汽车股份有限公司等企业转化特种车辆智能化技术，研发军民两用车辆高端产品，到2023年打造区域特种车辆应用技术创新中心。

军警特种服技术研究所：对接新兴际华职业装研究所等军队保障性企业、科研院所，联合东华大学等高校，基于河北彰慧防护服饰研发中心、邢台市服饰产业技术中心等平台基础，军企校三方共建军警特种服技术研究所。柔性引进名校、名企技术成立三个技术研发团队，瞄准特种服、功能服等产业领域，携手思迈(青岛)防护科技有限公司、河北彰慧服装科技有限公司等军民融合型企业开展防弹衣、救援服、防火服、防化服等军民两用服装产品的技术创新、产品研发及工艺升级。到2023年打造区域军警特种服技术创新中心以及特种服研发邢职品牌。

应急救援装备技术研究所：联合润泰救援装备科技河北有限公司等企业及科研院所，成立应急救援装备技术研究所。下设应急救援装备技术创新工作室、消防安防技术创新工作室等，面向应急救援装备、消防安防等产业领域，协同河北润泰、邢台信产等军民融合型企业开展应急救援设备、消防安防设备等方面的技术攻关、培训，促成一批"军转民"技改项目。面向环境监测、农业生产、传输线和铁路线检查等领域，服务国土资源局、国网河北省电力公司等政府部门、企业；面向固安航天产业园及其航空航天产业集群，服务军民两用无人机、智能无人应急救援装备的生产工艺升级、维修技术革新等，并向泰国等"一带一路"共建国家的合作职业院校分享研究创新成果。到2023年打造区域应急救援技术协同创新中心。

军民两用技术转化平台：联合河北省军民两用技术交易中心、省市科技主管部门等，搭建区域军民两用技术转化平台，引进"民参军"企业研发机构，助推军民两用技术的转化与孵化。依托军民融合职教产学研协同发展联盟，在联盟内企业转化、推广军民两用技术，推进军工科研成果向军民融合型企业转移。汽车、服装、智能制造等专业群分别面向军工特种车辆、军警特种服、军民两用无人机以及应急救援装备等领域建立技术咨询服务站，面向"民参军"企业开展军民两用技术咨询与培训服务，服务冀中南区域产业园区军工企业、军民融合型企业等。

到2023年，辐射3～4个军民两用产业领域，成立并运行6～8个军民两用技术专家工作室、技能大师工作室，服务支持"军转民""民参军"，年度承担政府、企业等科研项目20项，完成军民两用技术成果转化10～15项，共研5项军民两用技术标准。为"校企""军企"等军民两用技术合作搭建服务平台，校企合作科研成果转化率达到30%。

(2) 高新技术研究院创新引领，强力助推河北产业技术升级

依托省级、市级技术研发中心，协同创新中心以及知名科研院校技术力量，联合行业领先企业，建设高新技术研究院，完善各级研发中心管理机制，围绕骨干专业群建设培育技术创新服务团队，重点解决智能制造、汽车、服装、信息技术等产业升级的技术应用瓶颈难题，引领学校技术创新和区域产业转型技术升级。

建2个院士工作研究所，引领产业技术前沿。面向新能源汽车、特种服等领域，柔性引进院士等领军人才，建设2个前沿技术研究所，引进一批高精尖科技

项目,及时掌握前沿智能技术动态,培育技术创新团队,实现应用技术研究的突破并引领区域技术创新。

建智能制造装备工程研究中心,支撑区域产业技术升级。地方政府、学校与正业玖坤信息技术有限公司、远大阀门集团有限公司等行业领先企业共建阀门智能制造装备工程研究中心,助推区域装备制造产业转型升级。依托河北省高校机电产品设计与智能测控应用技术研发中心,校企多方共建远大阀门智能制造示范生产线,可实现全流程智能生产及管理;共建河北省高端装备智能制造高水平实训基地,打造集示范生产、实践教学、技能培训、技术研发等于一体的开放性公共服务平台。特聘5名左右智能制造领域专家及企业技术专家,引入多家装备制造企业研发机构,承接政府、产业园区、行业协会相关课题,开发阀门等设备成熟配套的技术、工艺等,服务冀中南制造型企业智能制造升级所需技术改革等。

强化省市两级技术研究中心建设,重点攻关产业升级技术瓶颈难题。汽车专业群、服装专业群、智能控制技术专业群等分别依托汽车工程应用技术研发中心、智能网联汽车技术创新中心、汽车内饰技术创新中心、服装个性化定制技术创新中心、服饰产业技术中心、工业机器人应用技术协同创新中心等技术创新中心,建设科研实验室,打造3个省级产业应用技术研究中心以及"先进热工及新能源技术研究中心";信息技术专业群、现代商务专业群分别依托物联网应用技术创新中心、先进生产性服务业协同创新中心,建设2个市级产业应用技术研究中心。创新技术服务平台管理机制,实行项目负责人制度,鼓励跨组织研发团队创新,主持、参与制定行业技术标准;以横向技术课题研发为主,研究行业企业技术改革解决方案,重点攻克汽车、服装、信息技术等产业升级中技术应用瓶颈难题,打造区域行业技术积累与创新的中坚力量。

开展区域试点,推动行业集群以点带面升级。以中国机械制造之乡——任县邢湾工业区为升级试点区域,支撑推动冀中南区域装备制造产业升级;以红星长征汽车公司、领途(新能源)汽车有限公司等为升级试点企业,推进区域汽摩配件产业集群整体升级;以邢台经济开发区合作共建为试点项目,助推新一代信息技术、现代商贸物流等产业项目技术改革与升级。到2023年,针对3个特色产业集群开展智能制造升级项目技术服务;年均授权专利100项、专利转让数10~12个;年均完成技术创新研发项目10项以上,服务企业研发和技术升级攻关任务达15个,服务30个区域产业高成长型中小企业。

(3)高水平产教融合实训基地开放共享,打造区域协同育人平台

面向新能源汽车、现代服装、人工智能等产业,联合行业领先企业、军民融合型企业等共建高水平产教融合基地,创新产教融合实训基地管理运营模式,开展英才

培养、真实生产、技能培训、技术服务,打造京津冀汽车后市场、服装设计、人工智能等产业领域复合型人才供给、高技能培训的高地,助推产业向高端转型发展。

携手10大顶尖汽车品牌,建设华北区共享的新能源汽车产教融合实训基地。联合戴姆勒-奔驰、捷豹路虎、特斯拉等知名车企建设10个品牌实训基地,实施高端定制培养、校企"双元"育人;建设新能源汽车、智能网联汽车实训工坊;面向冀中南区域职业院校开放共享,服务区域汽车企业员工培训。其中捷豹路虎、北京汽车、长城汽车、大众汽车品牌实训基地建设成为华北区培训中心,覆盖京津冀汽车后市场高端技能人才培训。承办省级以上职业院校技能大赛,打造世界技能大赛京津冀区域选拔基地,培养技能卓越、具有国际视野的工匠人才。建设汽车创客空间,引入企业二手车评估、汽车租赁、汽车保险与金融等后市场服务,开展真实业务经营。基地每年面向5 000余名校内外学生开展实践教学,培训退役军人、车企高技能人才2 000余人次,专业群学生京津冀就业率达85%。

依托"十三五"产教融合发展工程规划项目,建设服装设计与创意产教融合实训基地。在政府支持下,联合际华集团、河北省服装行业协会等共建服装设计与创意产教融合实训基地,引入全智能化服装生产企业,升级吊挂生产线、裁剪车间,建设服装模板智能制造车间等;依托河北省服装个性化定制技术创新中心、河北省学生装研发中心,建设服装服饰智能穿戴研究等10个创新工作室;承办省级以上职业院校技能大赛,建设世界技能大赛河北省选拔基地,培育世赛全国十强拔尖人才。建设环境艺术设计虚拟仿真实训中心,打造涵盖企业品牌设计、营销、信息咨询等方面的中小微企业品牌服务平台,以及包括5个技能大师工作室或创新工作室的设计文化传承与创新平台。面向100余家省内现代服装、创意设计行业企业以及80余所同类职业院校开放,共享行业最新设计技术、生产工艺、营销方案等,每年培训5 000余人次校内外学生、退役军人、企业员工等;为现代服装、创意设计产业培养一批急需的复合型、创新型技术技能人才。

依托河北省工业机器人应用技术协同创新中心、华为ICT产业学院等校企合作及创新服务平台,由政府支持,学校携手华为、百度、腾讯等人工智能领域名企,共建区域人工智能产教融合实训基地。对接人工智能战略性新兴产业,围绕人工智能技术服务、智能控制技术、大数据技术与应用等新兴专业,建设智能控制虚拟仿真实训中心、工业物联网技术守敬创新工作室,以及大数据技术与应用工作室、人工智能技术服务工作室等。校企协同育人、协同研发、协同培训,开发数字化教学资源以及线上行业企业技术培训包;面向区域内100余家人工智能类企业以及同类职业院校开放,共享人工智能应用技术最新成果、项目技术解决方案、先进实训资源等。建成省级工业机器人"1+X"证书培训认证中心,实施

"1+X"技能证书培训与认证,每年培训 6 000 余人次校内外学生、退役军人、企业员工等。为合作企业培养急需的新一代信息技术、智能控制领域复合型、创新型技术技能人才,专业群学生京津冀就业率达 85%。

3. 政校园企共建"三个园区",助推县域产业转型升级

为深化区域产教融合,服务区域产业发展,学校对接国家级产城融合示范区建设,深度参与邢台经济开发区发展,助推其现代装备制造产业、新能源产业、现代服务业发展,打造军民融合产业新基地,助力省级"新区"战略发展平台建设。对接省级高新技术开发区建设,深度参与任县邢湾工业区发展,助推其装备制造产业转型升级,打造河北智能制造产业高地,助力邢台高新区打造国家级高新区。鼎力支持雄安新区建设,学校深度参与雄县高新技术产业园区建设,协同发展先进电子材料、信息安全等军民融合产业,建设国家级高新电子产业重镇,助力雄安新区打造高端高新产业发展核心区。

学校与任县邢湾工业区、邢台经济开发区、雄县高新技术产业园区开展战略合作,签订共建产业园区合作协议,完善共建园区的联动合作机制,开展协同育人、协同培训、协同研发、协同技改等 4 个"协同"。搭建基于校企对接的园区服务平台,将军民融合产教园技术成果等面向"三个园区"开放,举办技术交流对接大会;开展系列高新应用技术科研项目,支撑园区产业技术升级,进一步提升校企合作科研成果转化率。

在"三个园区"骨干型企业建设协同育人基地,实施县域急需人才订单班和专项培训班,"送智育智"。校企联合开展现代学徒培养,实现随岗就业,并建立高技能人才储备库。拓展当地高职扩招生源,打造稳定的产业技能人才生源地,缓解工业园区技能人才不足的问题。面向园区企业员工、退役军人、农村新增劳动力等,开展企业急需岗位的技能培训。在学校、园区企业同时实施"1+X"证书培训,满足园区产业从业人员继续教育的需求和技能提升的需求。

在"三个园区"设立科技服务站,开展产业发展趋势研究,依县情、企情设立"专家库""成果库""企业技术需求库",面向现代装备制造、军民两用技术等产业前沿,研究技术发展趋势、升级方案、企业经营管理等问题。针对任县邢湾工业区、邢台经济开发区智能制造、军民融合等产业需求,成立行业企业专家顾问团,为产业企业技术升级等问题策划指导。面向雄县产业园区开展高新应用技术科研项目,支撑其产业技术升级,成立技术服务团队,攻关产业技术难题。与园区内知名企业深度合作,组建技术研发团队,开展深度的现场技术服务、生产咨询,破解智能制造小微企业转型升级过程中的技术难题。将校内产教园的研发成果

等面向县域产业园区开放,举办技术交流对接大会,搭建校企对接的服务支持平台,实现技术创新、转化等信息资源共享。

到2023年,有力支撑100余家中小微企业技术需求与转型发展,服务地方高成长型骨干中小企业比例达25%,提升合作园区的高新技术活力;"三个园区"育人基地面向在校学生、企业员工等开展高技能培训1万人次;助推"三个园区"产值逐年增加,创造逾1亿元的经济效益。

(四)"三核双融"契合产业布局,集聚优势打造高水平专业群

对接"745"河北省现代化工业体系,构建"三核双融"专业群;健全专业动态调整机制,到2023年,专业集群紧密契合京津冀及雄安新区产业结构,专业产业匹配度达95%以上,建成1个中国特色高水平专业群。

1. 对接现代化工业体系,构建"三核双融"专业群

依据"七大战略新兴产业+四大传统优势产业+五个现代生产性服务产业"这一河北省现代化工业体系①,结合学校专业基础,对接战略新兴产业和传统产业高端,专业结构向集群升级,打造汽车检测与维修技术、智能制造、新一代信息技术、服装设计与工艺、现代商务五大主体专业群,构建绿色建筑、现代会计、数字传媒三大特色专业群,如图1-6所示。到2023年,培育智能网联汽车、大数据应用等专业,淘汰材料工程技术、计算机应用等专业。

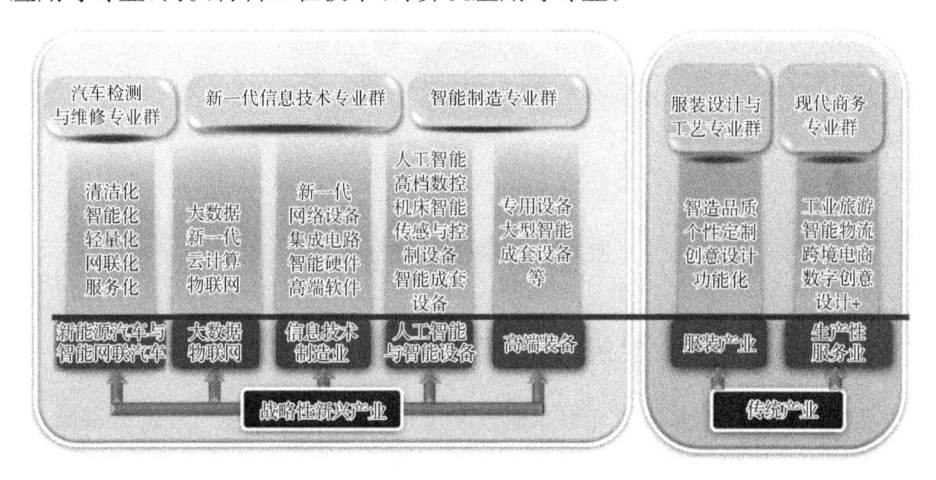

图1-6 高端产业、产业高端与学校专业映射图

---

① 依据《河北省战略性新兴产业发展三年行动计划(2018—2020年)》《河北省关于加快推进工业转型升级建设现代化工业体系的指导意见》等政策文件。

对接汽车制造产业高端,以汽车检测与维修技术专业为主,构建以"智能服务"为特色的汽车检测与维修技术专业群;对接纺织服装产业链后端,向"智造"品质、个性定制、功能化转型升级,以服装设计与工艺专业为主,构建以"创意设计"为特色的服装设计与工艺专业群;对接高端装备、智能制造控制执行端,以机械制造与自动化、电气自动化技术专业为主,共同组建以"智能集成"为特色的智能制造专业群;对接"云物移大智"新一代信息技术产业,以计算机网络技术专业为主,构建以"智能应用"为特色的新一代信息技术专业群;对接生产性服务业的商务领域,向现代化、智能化、综合化发展,以电子商务为主,构建以"综合商务"为特色的现代商务专业群。

形成以汽车检测与维修技术专业群、服装设计与工艺专业群、智能制造专业群为核心,以新一代信息技术专业群和现代商务专业群双向联合、复合支撑的"三核双融"专业集群,如图1-7所示,分别对应以高端装备产业为代表的战略性新兴产业、以纺织服装为代表的优势传统产业和以电子商务为代表的现代生产性服务业,合力服务河北省现代化工业体系。

图1-7 "三核双融"专业群

2. 契合区域产业发展前沿,打造国家级高水平专业群

汽车检测与维修技术专业群以服务军工特种装备、汽车全产业链为基础,迈向高质量内涵建设,转向高端车型和新兴汽车技术,以汽车检测与维修技术专业为龙头带动汽车电子技术、新能源汽车技术、汽车制造与装配技术、汽车营销与服务专业,组成汽车检测与维修技术专业群。

联合长城汽车股份有限公司组建长城汽车产业学院,对接汽车制造产业链高端,建设"三路径、四阶段"分流分类人才育训体系,打造"钻石"结构与品质的国家级教师教学创新团队,创新四轮驱动模块教学模式,建设"模块化、递升型"课程超市,引发"处方式"课堂革命,依托多元培养实践载体,构建"校企协同、高端定制"育人模式,培养掌握新能源汽车和智能网联汽车核心技术、多元拓展技术的高素质技术技能人才。

围绕汽车产业技术发展前沿,依托学校产教融合平台,建设院士领衔的智能网联汽车应用集成、多功能特种车辆改装技术等3个中心,打造汽车技术创新高地,开展战略咨询、标准制定、技术指导、关键技术攻关、技术成果转化及创新领军人才培育;引进龙头企业的名师名匠建设汽车诊断、汽车改装等5个大师工作室,传承汽车专项绝技绝活;依托"河北省汽车内饰技术创新中心"建设3个汽车创客空间,培育未来汽车创意、新媒体运营等方向的创客。建设期内,建成国家技术技能创新平台,实现汽车先进技术技能的传承创新,助推京津冀雄汽车产业向高端发展。

在学校"一园三区"产教融合平台下,升级汽车十大品牌共建实训基地,打造区域共享型产教融合国家级实训基地,开展汽车高技术新业态社会培训和服务;对接长城汽车企业"百万计划"、北京汽车企业"海外计划",实施"一带一路""万海计划",服务汽车企业"走出去";与泰国敏布利技术学院等职业院校合作建立泰国守敬汽车分院,开展跨境汽车人才联合培养项目,输出新能源汽车技术人才培养标准,为"一带一路"共建国家培养汽车技术技能人才。

到2023年,专业群形成示范引领,成为国内汽车产业人才供给领军者,综合实力进入世界同类院校前列。培养输送3 500名军风作风鲜明、职业素质过硬的汽车产业高素质技术技能人才,40%以上毕业生成为技术创新人才;承办智能网联汽车全国技能大赛,培养高质量汽车技术技能人才3 500人,X证书试点专业覆盖率100%;完成科技服务到款额2 000万元,社会培训4万人天,持续扩大专业群国际影响力,开展海外技术服务3项。

3. 强化专业诊改与评价机制,保证专业群可持续发展

建立学校-专业群-专业三层级专业诊改机制,如图1-8所示。一是学校层面搭建组织机构、制度机制、信息数据三位一体多方协同的机制体系,以高职研究所为主的研究机构和以产业学院为主的管理机构,建立年度产业分析报告发布制度,健全专业群规划、建设、评价、动态调整制度,长期对专业实力水平和发展潜力监测,对专业评价和动态调整提供条件与保障。二是在专业群层面组建专业群共建委员会,实行五年一规划,研发专业群先进技术标准、高水平管理标

准和一流资源标准。三是专业层面从专业实力水平和发展潜力两个维度建构专业评价指标体系,基于智慧校园、教学诊断与改进数据平台实施常态数据监测,按品牌类、新兴类、问题类、夕阳类专业,确定专业群内新建、停建、转向、整合改造的专业,实施分类建设。

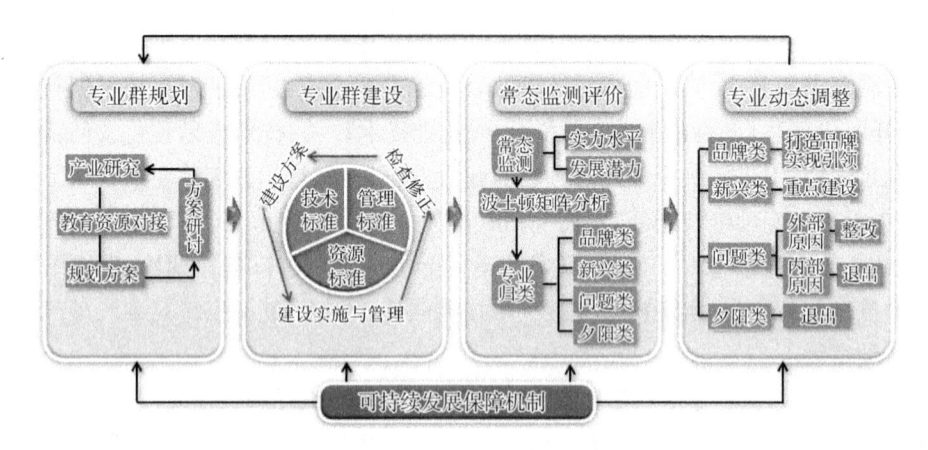

图1-8 专业群建设与调整机制体系

（五）创新引培模式和育训体系,打造高水平双师"四能"教师队伍

实施"引智聚优""融通精进"两大师资计划以及教师"红烛荣光"行动,引培10名有行业影响力、有国际视野的专业（群）带头人、专业领军人物,校企共育10～15名行业技术技能大师、省级教学名师等,累计培养400名兼具教学改革和技术创新能力的骨干教师,建设1～2个国家级、2～3个省级结构化教师教学创新团队,倾力打造专业带头人领衔、技术技能大师带动、骨干教师与"职教未来教师"支撑的具有家国情怀、校企融通的、拥有国际视野的高水平双师队伍。

1. 实施"红烛荣光"行动,建构军魂师德体系

实施师德"红烛"行动。坚持立德树人根本任务,加强师德师风建设,建立教师师德档案,加大师德师风教育与考核力度;评选"红烛系部""红烛教研室""李保国式教师"。弘扬作为原军队院校的优良传统,与省内外军队院校开展师资交流活动,举办"师德师风军风"活动月、"扬师德、铸师魂"践行周活动,定期赴红色教育示范基地开展军风素质拓展活动,促进师风军风有机融合,内化

于心,外化于行。

实施教师"荣光"行动。每年9月举办新教师入职宣誓仪式,开展教师节评优评先和"从教三十年教师"表彰等活动;年底举行老教师荣退仪式和关怀慰问活动;不定期组织优秀教师休养休假;不断增强教师职业使命感、荣誉感、获得感。

到2023年,一批教师获评省级师德先进个人、师德标兵、模范教师等荣誉。

2. 实施"引智聚优"计划,优化高水平人才师资结构

实施"引智"工程。制定《特聘高层次人才引进与培养管理办法》,出台高层次技术型、技能型教师标准,设置技能教授、课程教授等特聘岗位,建立协议工资制、年薪制等薪酬制度;实施思想政治素质和道德考核评价,在优化学校高层次人才师资结构的同时加强高层次人才师德建设。制定学院《高层次人才引进计划(2020—2023年)》,着力引进培育5名行业有影响力的高水平专业(群)带头人,聘请10~12名国内外行业企业领军人才、技能大师。支持引培的专业(群)带头人、专业领军人物等在教学指导委员会、职业教育学会以及行业学术组织中任职,推进校企师资融通,提升学校的业内影响力。

实施"聚优"工程。柔性引进北京理工大学、北京航空航天大学等科研院校若干知名专家;设立博士工作室和博士科研岗,公开招聘一批国内外优秀博士研究生来校工作,集聚科技攻关高端人才与技术力量;同时鼓励优秀教师在职攻读博士学位。聘请德国、美国等国家合作高等院校、跨国企业的高水平双师教师、技术技能人才来学校兼职授课,提升学校国际化师资水平。依托合作的高校知名专家、行业协会专家等,组建专家咨询委员会,指导学校高水平师资开发、项目建设等。

创新"引培"模式。与际华集团、长城汽车等企业共同引培名校研究生。联合培养的应届研究生新教师在合作企业下厂锻炼一年,参与校企科研项目、技术服务等;其入学校正式编制,满一年后担当专任教师授课,同时兼职受聘于原先企业。新教师"引培"模式将一定程度解决校企技术技能师资不足的难题以及兼职兼薪的管理瓶颈。

3. 实施"融通精进"计划,打造高水平"四能"教师队伍

实施师资"融通"工程,培养"理-实-教-研""四能"教师。执行"双带头人"制度。学校和企业面向共建专业(群)各指定1个带头人,研究解决行业企业前沿技术问题,积极参加国际交流等活动,建好结构化教师教学创新团队,引领专业

群高质量发展。落实"一企一师不断线"制度。建立稳定的骨干教师企业实践基地,实现专任教师5年一轮1年以上企业实践锻炼,要求其在企业锻炼期间为企业解决技术难题。推进"一课一兼职"制度。骨干专业群实行每门专业核心课聘请一位企业技术能手或能工巧匠做兼职教师参与授课,推进技术技能与教学教研融合互补。与名企或行业协会共建10个高水平技能大师工作室,合力培育具有绝技绝艺的技术技能大师,以大师工作室为平台实施高技能人才培育、技术研发与技术服务。

实施师资"精进"工程(如表1-5所示),打造省内高水平教师发展中心。将已建的河北省高职院校首家教师发展中心设置为独立运行机构。完善"126"师资研修体系(1个教师发展中心、2类教师培养基地、6类教师人员),推进教师分类进阶培育;搭建从新教师、"双师型"教师、骨干教师到专业带头人的金字塔式职业生涯发展路径,畅通专业领军人物、技术技能大师跨界双路径成长通道;探索建立与国际标准接轨的新进教师培训与管理机制。重点开展"未来职教教师"专项。契合复合型人才培养、育训,结合教学改革等需求,做好面向未来职教的课程开发、教学设计与实施等工作,培养400名掌握国际最新教学理念、具备良好信息化素养以及较强工程实践能力的高职教师。教师发展中心广泛开展职教教师线上、线下混合式培训,培育3~5个高水平师资培训团队,实施20个高水平特色培训项目,在满足本校培训需求的同时,更多面向河北省乃至全国开展师资培训工作,打造若干全国、行业知名或有影响力的教学名师、师资培训团队以及品牌培训项目。

表1-5 学校6类教师人员培训精进一览表

序号	培训班名称	培养目标	期数	学员人数
1	卓越教师成长工作坊	高峰	4	40
2	专业带头人培训班、科研带头人培训班	高峰	4	80
3	骨干教师培训班	高原	5	200
4	青年教师成长工作坊	造山力量	5	240
5	培训师、兼职教师培训班	支脉	5	240
6	学生管理人员培训班	支撑	5	80

建设结构化教师教学创新团队,保障复合型人才培养。组建由专业带头人、骨干教师、技能大师、课程教授等名师名匠组成的高水平、结构化教师教学创新团队。汽车、服装、智能制造等专业群共建立15个跨组织教师教学创新团队,由

学校、技术型企业、制造型企业等多方技术力量组建,成员具备不同专业背景、不同技术专长;实施跨组织团队管理,合力开展技术研发、产品升级、项目咨询;实施课程负责人制,深化教法改革,全方位支撑模块化教学,着力培养学生成为复合型、创新型技术技能人才。设立专项经费,每年选拔结构化教师教学创新团队参加各级教师教学能力比赛,并获取国家级、省级奖项。支持结构化教师教学创新团队参与"走出去"企业技能人才培养培训、技术创新与服务项目,提升其服务"一带一路"共建的技术技能水平。

4. 完善教师分类评价体系,搭建高层次人才校企流动平台

完善教师岗位动态管理。出台学校《岗位聘任周期考核实施办法》《目标绩效考核改革实施方案》,建立"岗位能上能下、人员能进能出、待遇能高能低"的岗位动态管理机制;针对专任教师实行聘期管理,聘期考核连续不合格的,予以低聘、转岗等;加强教师目标绩效管理,建立绩效工资动态调整机制,健全"多劳多得、优劳优酬"分配激励机制。

实施职教教师分类评价。出台学院《专任教师与兼职教师分类评价实施办法》,将专任教师分为教学型(专业课、公共课)、科研型(科学研究型、技术创新型、成果推广型)、教学科研型以及辅导员等4类,根据不同类型岗位特点制定有效的准入条件、评价标准和发展通道。将兼职教师分为教学科研型、技术研发型、技能工匠型、国际交流型等4类,依据兼职教师岗位说明书分类考核、分类评价。

建立高层次人才校企双向流动机制。完善适应信息化、智能化新技术需要的"双师型"教师认证标准,制定校企互通互认教师和技术岗位任职资格标准;落实"双师型"教师权益保障和激励机制。校企签订师资人才互兼互聘合作协议,建立校企合作互聘、从高层次人才到兼课教师分类管理的兼职教师库;每年支持15~20名骨干教师到企业、吸纳20名企业技术骨干到学校兼职兼薪;加强教师下厂锻炼,提升专任教师教学、科研与实践能力,推动高层次人才合理的双向流动,实现校企师资共享。

(六)试点混合所有制产业学院,打造校企命运共同体

通过打造高水平特色产业学院、建设现代学徒制学院、创新职教集团公司制运营模式,构建校企命运共同体,形成"八个一"产业学院标准和现代学徒制培养框架。到2023年,建成5个产业学院,建设现代学徒制学院,力争将河北省汽车、服装职教集团建成国家示范性职教集团。

1. 以不低于"八个一"的标准建设5个产业学院

以五大专业群为主体,对接区域支柱产业、战略新兴产业和特色产业链,与行业领先企业共建5个产业学院(如表1-6所示),探索混合所有制改革。通过企业支持办学建设、企业参与办学过程、企业检验办学成效,构建校企深度融合、协同育人的办学模式。

探索混合所有制改革。际华服装学院实施"不变更产权属性、注重资源有效利用"的资产与要素配置原则,建设股份制混合所有制产业学院,形成紧密合作的利益共同体。实行理事会领导下的院长负责制,建立校、企成员共同组成的理事会,制订理事会章程、管理细则;学校层面以"正面清单"或"负面清单"方式,向理事会、院长下放用人权、财权和事权,真正激发办学活力;产业学院采取更加灵活的教学管理模式,实施小学期制、双轨运行制等,更好适应企业生产需要;创新人事聘用、资产采购、产学研合作管理、人才培养质量评价方式等,实现科学治理。

表1-6 专业群产业学院建设一览表

专业群名称	行业领先企业	企业性质	产业学院名称	合作形式
汽车检测与维修技术专业群	长城汽车	民营	长城汽车产业学院	深度产教融合
服装设计与工艺专业群	际华集团(世界500强)	央企,原军队保障性企业	际华服装学院	股份制
智能制造专业群	大连机床、正业玖坤	国企、民企	智能制造产业学院	深度产教融合
新一代信息技术专业群	华为集团、百度荣创	民营	人工智能产业学院	深度产教融合
现代商务专业群	京东集团	民营	现代商务学院	深度产教融合

每个产业学院按不低于"八个一"标准进行建设。一个多元主体的理事会:签署校企合作协议,制订理事会章程,明确成员工作机制,按章程开展工作。一个创新研发基地:与高水平院所合作,校企共建;组建5人以上校企研发团队,团队教师享受科研岗待遇;以企业技术攻关项目为基地研发内容;建立研发基地工作机制。一个共享型实训基地:校企共建,聘请企业能工巧匠为基地指导教师;建立实训基地管理机制;开展X证书培训、技术培训等,年培训1000人次以上。一个以上技能大师:签署柔性引进协议,落实薪酬待遇,柔性引进1名以上技能

大师;建设大师工作室,每个工作室至少 2 名骨干教师、6 名学生;制订工作室工作(培训)计划;建立大师工作室工作制度。一支双向流通的教学与服务团队:签署柔性引进协议,落实薪酬待遇,建设混编教学与服务团队;建立"柔性引进、线上指导、阶段工作"运行机制;开设兼职教师线上直播课堂;专业教师轮流到合作企业顶岗实践。一个以上高水平的专业教学标准:完成专业教学标准规范文档;专业课程与合作企业技术等级认证相对接。一个数字化专业教学资源库:签署校企合作协议;参照国家级教学资源库标准,覆盖专业群所有核心课;学生用户及企业用户达 10 000 人以上。一个专业群特色文化:有明确的专业群特色文化内涵,在学习和实训场所营造文化氛围。

2. 做强现代学徒制学院,打造中国特色现代学徒制标杆专业

(1) 携手区域行业领先企业,共建现代学徒制学院

扩大学徒培养规模。抓住河北产业转型升级提供更多学徒岗位的关键机遇期,重点面向新能源汽车、智能制造装备、新一代信息技术、现代生产性服务业等区域主导产业,兼顾合作意愿强、资源丰厚、用人需求多的传统行业,布局实施现代学徒制专业,将教育部首批现代学徒制试点专业经验推广至 15 个专业。与旭阳焦化等区域规模企业达成战略合作,基于二级学院成立现代学徒制学院;依托学校产教融合平台,打造学校+园区+企业、学校+职教集团+企业等多种现代学徒制合作模式。

(2) 完善现代学徒制培养框架,把好入口出口关

进一步完善现代学徒制的专业教学标准及质量评价标准,形成可借鉴可推广的经验和标准。与企业联合"先招工后招生"。建立合作企业准入标准,谨慎选择具备现代学徒制培养必要条件的企业开展合作,改变以往"先招生后招工"的流程,企业人力部门根据岗位需求先面向社会新增劳动力完成招工,确定学徒身份,然后学院针对企业学徒组织专场"文化素质+技能考核"考试,通过考核即确认企业员工和学校学生双身份,从入口关把控学徒质量。完善学徒出师标准,探索加强师徒关系的柔性管理方式,提高技艺授受成效。加强质量监控,通过学徒质量的标准化,保障学徒的技术技能水平。

(3) 实施"三二制"培养模式,校企共育高质量现代学徒

校企双方共同开发人才培养方案、专业课程,共建教学团队,充分考虑行业用工及劳动特点,实施"三天企业工作、两天学校学习"的工学交替模式,约定学校与企业的合作与分工,保证学徒制学生每周三天工作时间,或先工后学,或先学后工。企业深度参与人才培养的全过程,在学徒管理、教学过程实

施、考核评价、质量监控等方面发挥主体作用。到2023年,学徒在合作企业就业比例达90%。

3. 创新职教集团运作机制,构建政行企校利益共同体

(1)政府发挥主导和管理职能,为集团运行提供政策和经费保障

政府明确高职学校牵头的汽车、服装职教集团非营利、公益性团体地位;职教集团定期评选产教融合优秀企业,并积极申报产教融合型企业,政府给予优秀企业减税特惠政策(如表1-7所示),将校企合作费用记入企业生产成本;给予小微企业特殊关注,积极吸纳小微企业加入集团,使其共享集团技术与培训红利,促进小微企业转型升级。

表1-7 河北省政府部门对职教集团的政策支持

上级部门	承诺内容
河北省发展改革委 河北省教育厅 河北省财政厅	鼓励集团内中高职院校开展贯通培养合作; 产教融合型企业评选向集团内优秀合作企业倾斜; 对产教融合型企业落实减税、土地、信用等政策,对集团内优秀合作企业参照产教融合型企业实施减税政策; 对运行良好、效益突出的职教集团予以奖励。

(2)完善运行机制,打造有影响力的职教集团

在汽车产业和服装产业转型升级的关键时期,汽车职教集团、服装职教集团联合长城汽车、际华集团等大型龙头企业及区域内中小微企业,在招生就业、培养方案制订、师资队伍建设、专业建设、实习实训基地建设、教学改革、质量评价、科学研究、技术服务、科研成果转化等十个方面建立四大机制。

一是招生就业机制。包括:校企招工招生一体化制度,集团内校企联合招工招生,对企业员工实施学历教育,提升在岗职工的技术技能水平;校校衔接贯通制度,集团内中高职院校实施"3+2"培养,构建贯通递进的培养方案,合力培养高素质技术技能人才。

二是校企协同育人机制。包括:专业教学标准化制度,集团内企业提供人才需求,提出专业设置建议,参与培养方案研讨,拟定并在集团内院校推广专业教学标准;实训基地共建共享制度,集团内企业与学校共建共享实训基地,共同开展学生实习、教师实践与员工培训等;企业参与质量评价制度,集团内企业广泛参与院校人才培养质量评价并在集团内公开评价结果,包括实习实践质量评价、毕业当年质量评价、毕业三年质量评价等,推动院校教学改革;企业参与组织技能大赛制度,每年定期组织企业职工技能大赛和学生技能大赛,促进员工和学生

提高技术技能水平。

三是"互兼互聘"师资队伍建设机制。集团内院校教师可在集团内企业兼职获得报酬，企业经营管理和技术人员经过教学能力培训可担任院校兼职教师，企业技术技能大师可以在院校建立工作室，担任专兼职教师。

四是"即时响应"技术服务机制。集团内企业提出员工培训、技术攻关等需求，院校即时响应，面向企业开展员工培训、证书考评、技术服务，技术创新成果优先在集团内企业推广转化。

（七）生态布局打造技术服务高地，扎根区域经济助升级促发展

探索"联合研发、本地转化、区域制造"的技术服务模式，形成"两院引领、内坊外站"技术服务模式，成为区域离不开、国内一流的产业升级服务示范区、创新试验田和成果集散地；建设高技能人才培训中心、"放射型"社区教育网络，推动终身学习型社会发展。到2023年，产出系列高质量可转化的技术和成果，实现科技服务到款额累计1亿元，技术转移到款额累计500万元；学校参与制订行业技术标准和职业技能标准等20项以上；非学历培训服务到款额达到1 200万元，年均非学历培训达到28万人天。

1. 育创新应用型人才，服务产业走向全球中高端

实现产教深度融合育人。对接产业发展趋势，打造"三核双融"专业集群，构建产业学院、现代学徒制学院等校企命运共同体，共同研发专业标准、课程标准和人才质量标准，构建"1+X"书证融通体系，依托"一园三区"产教融合综合体协同育人，与产业先进技术同频共振，实现人才培养全过程浸润产业活动，与产业发展同步。

实现理实科教融合育人。依托大师工作坊、"守敬科坊"、双创卓越班，混编教师团队指导学生参与技术创新项目，实现理论与实践融合、科研与教学融合，培养技术创新拔尖人才；依托开放创新实验中心，为学生提供开放式创新空间；鼓励学生参与国际交流项目，培育国际视野和全球胜任力，推动产业向全球中高端水平升级。

到2023年，实现20%的学生深度参与技术创新项目，科研育人显现成效，学生实用创新专利达到200项；实现100%的学生全过程浸润产业活动，就业率保持99%以上，用人单位满意度在95%以上；培养一批高质量复合型技术技能人才，实现10%左右的毕业生进入五百强企业就业。

2. 创"两院引领、内坊外站"模式，推动区域产业转型升级

依托两大技术研究院，创新转化关键技术，助力产业升级。发挥军民融合技术研究院和高新技术研究院的技术积累与创新优势，聚焦区域高端装备制造产业、信息技术产业等新兴战略性产业，以电缆、玻璃、汽车配件等区域特色产业集群为重点服务对象，发挥优势专业的技术优势资源，攻关产业升级关键技术，以技术应用转化为目标，鼎力助推区域产业升级发展。

建20个大师工作坊，助力攻关技术难题。会同区域高成长型企业，吸引聚集汽车、服装、智能制造、新一代信息技术行业技术技能大师，建成20个技术技能大师工作坊，服务数百家地方企业技术转型、产品升级；开展汽车空调技术、车身修复技术、服装个性定制技术、中小微企业管理咨询等技术服务项目，助力中小微企业高质量成长。

建一批"守敬科坊"，师生协同主攻一线难题。跟踪汽车、服装、文化创意、智能制造、新一代信息技术、工业机器人等产业技术趋势，结合专业教师专长，以专业教师为核心，联合企业技术能手和学生，组建汽车智能技术创新工作室、妤兰德高级服装定制工作室、燕赵非遗服饰创新工作室、无人机创新工作室等一批集人才培养和技术服务为一体的"守敬科坊"，以中小企业实际技术难题为研究项目，支持师生共同参与，注重培养学生创新意识，着力培养技术创新人才、孵化新技术，主攻企业生产一线技术难题。

升级10个县域科技服务工作站，精准对接企业难题。深化与县域政府、工业园区、行业企业的合作，重点布局雄安新区、清河等10个县域科技服务工作站，对接县域特色产业集群，互联互通形成网状合作与服务布局，促进与周边企业全方位对接。

构建团队驻巡工作机制，切实深入企业服务。建设10个梯队合理、创新能力强、综合素质高、合作影响力大的技术服务团队，采用"政校协调""驻巡结合""站站互通"的工作机制，切实做到定期驻站服务、不定期巡站走访，切实深入企业生产一线，攻关解决一批中小微企业技术难题，着力解决科技服务"最后一公里"问题。

到2023年，年均完成技术创新研发项目不少于10项，服务企业研发和技术升级攻关任务不少于15个，实现科技服务到款额累计1亿元，创造逾1.5亿元的经济效益。

3. 建公共检测与知识产权交易平台，助推县域科技创新发展

建区域公共检测服务中心。依托学校在交通运输、服装生产、环境检测等行业内检测技术领先的优势，对接行业技术标准，建设区域公共检测服务中心，开展交通运输企业安全生产标准化评价、服装质量与安全检验检测、环境检测等服务；联合机械工业、汽车工业等行业机构、职业评价培训机构，参与行业技术标准和职业技能等级标准制订和建设。

创新技术经理人运营方式。依托河北省技术交易中心搭建知识产权交易平台，建设一支10人组成的成果转化技术经理人团队，涵盖学院专业群，覆盖区域、联结京津冀，促进研发成果和尖端技术与市场有效对接，推动更多创新成果在本地转化，服务技术成果转化与应用。

到2023年，面向区域每年提供公共检测服务20项以上，实现技术成果转化100项，技术转移到款额达500万元。

4. 搭智慧化交互型培训平台，领跑区域职业培训市场

建社会培训智慧园区。基于学校智慧校园和信息化教学平台，实施"智慧＋大平台"培训战略，以满足社会学习者工学结合灵活学习、技能学历双提升需求为目标，建设现场与虚拟融合培训平台及校企融合开放链接空间，打造以大数据、智能化为引领的智慧培训系统，建成社会培训智慧园区，实现网络注册入学、时时处处可学、海量资源可选、虚拟实训技能交互、学分银行支持、学分互认智慧组合、"nX＝1"书证融通的全流程智慧集成培训服务，领跑区域职业培训市场。

建高技能人才培训中心。发挥我校承接历年人社部专业技术人才知识更新工程培训项目的经验和优势，依托"三核双融"专业群课程、师资、实训资源，在汽车高端装备制造业、现代服务业、新一代信息技术行业等技能人才急需紧缺领域，整合汽车行业华北区培训中心等培训资源，建高技能人才培训中心。建成汽车类等2个国家级"双师型"教师培养培训基地，成为区域职教师资培养培训高地。

创新高交互型培训模式，开展"一站式"培训服务。吸引大国工匠、能工巧匠成立远程直播工作室，构建线上实时交互、线下培训送教进企、育训后跟踪到岗、后续继续教育再规划的系统化"一站式"紧缺人才培训服务体系。到2023年，社会培训智慧园区实现突破年均万人在线学习；面向校内外学生和社会人员，开展急需紧缺领域技能人才培训达6 000人次以上，实现非学历培训服务到款额1 200万元。

5. 构建"放射型"社区教育服务网络，服务社区与乡村振兴

建特色社区教育学院。探索广义社区教育服务理念，借助邢台市教育局的大力支持，以雄安新区为切入点，与雄安新区、广宗县、临西县等职教中心合作共建4所特色社区教育学院，形成县域社区教育"放射型"服务网络。

实施美好生活教育工程。抓需求重特色，依托服装艺术类优势专业教育资源和社会培训智慧园的线上教育培训资源，搭建传统文化传播平台、品质生活平台、老年乐享交互平台等，开设蔚县剪纸、邢州白瓷等非物质文化体验，模特表演、插花、茶艺、美术等特色课程，满足社区居民日益增长的对美好生活的需求。

实施农村劳动力再培训工程。联合中国农业大学、河北省农林科学院、邢台现代职业学校，对接乡村振兴战略规划，针对农村农业发展和劳动力再就业、"扶智、扶志"需要，拓展面向农业农村的职业教育培训，设置政策形势、生态环保、农业技术、电子商务、新媒体营销、农机操作等内容课程，建构本土化农村农业发展的课程体系，服务农村农民终身学习，服务乡村振兴战略。

到2023年，形成并推广农副产品电商培训＋创业模式，辐射全县域开展农村劳动力培训，服务农村农业发展，服务农民个人技能发展需求；建成特色鲜明的社区培训项目体系，与政府共同搭建社区居民终身学习网络，辐射全市社区，年均培训量2万人次以上。

（八）完善治理结构多元办学，体制创新实现治理现代化

围绕高校办学立德树人根本任务，响应国家推进治理体系和治理能力现代化新要求，秉承"技术立校、军风育人"发展理念，坚持党委领导下的校长负责制，以学院章程为统领，完善现代高等职业院校治理体系，创新"多元化、国际化"合作共建共治模式，营造"开放创新、军风铸魂"的特色治理生态。到2023年，各方面制度更加完善，依法治校更加深入，建成"党委领导、院长治校、专家治学、民主管理、社会参与"的现代高职院校治理体系，全面形成多元主体共建共享的"治理共同体"，打造成"中国特色、世界水平"高职院校治理典范。

1. 坚持党委领导，完善现代职业院校治理体系[①]

（1）坚持党的领导核心地位，完善现代职业院校治理制度体系

坚持党委领导下的校长负责制。坚持党的领导核心，完善"党委领导、院长

---

① 该部分的预算经费统筹包含了"加强党的建设"专项预算。

治校、专家治学、民主管理、社会参与"的内部治理结构,建立健全自主管理、自我约束的体制机制和制度体系。

健全党委统一领导、校长独立行政、党政分工合作、协调运行的工作机制,完善《党委议事规则》《院长办公会议事规则》,确保政治权力与行政权力界限清晰、责权统一。

完善章程保障监督机制。按照既定程序结合学校发展推动章程持续建设,围绕章程持续推进全校制度体系、标准体系建设,确保章程在学校建设和治理中落地。设立章程监督委员会,监督学院党委行政班子、各级职能部门和教学机构落实章程,确保学院章程在办学中的"宪章"地位。

健全"民主管理"6项制度。建立和完善党委"三重一大"决策制度、校务委员会制度、教职工代表大会制度、工会代表大会制度、师生员工权益校内救济制度,创新学生代表校级会议参与制度(有关学生事宜参与党委扩大会、院长办公会、年度工作会、教代会,拥有建议权和部分表决权)。

(2) 优化内部治理结构,扩大二级学院办学自主权

优化学校内部管理体系。完善组织机构和岗位设置,切实做到分事行权、分岗设权、分级授权、定期轮岗;深化"分类管理、分级考核"人事分配制度改革,探索职称"评聘分离、能上能下"制度改革,营造人才"引得进、留得住、用得好"的用人环境;完善内控制度和校务公开制度,建设"透明邢职";构建"智慧+"大数据、物联化管理体系,打造"智慧邢职"。

完善"专家治学"4个组织。健全学术委员会、专业建设委员会、教学指导委员会、教材选用委员会等学术组织(如表1-8所示),完善各个委员会章程,确保学术权力与行政权力界限清晰,开好委员会工作会议,发挥专家治学功能。

表1-8　学术组织机构一览表

治学组织	机构性质	成员构成	治学权限
学术委员会	最高学术审议机构	正高、副高级专业职务人员(校级领导不参与)	1. 职称、科研、学术荣誉的学术审议 2. 专业与教科研改革决策审议 3. 审议学术不端与学术权利保护
专业建设委员会	咨询指导智囊机构	企业行业专家 专业带头人 专业教师	1. 协助制定专业群发展规划、培养规格 2. 审定专业建设方案、专业教学计划 3. 规划专业课程设置和课程资源建设
教学指导委员会	咨询指导智囊机构	企业行业专家 教育教学专家 专业公共课教师	1. 研究课程教学模式与方法 2. 指导教师的课程教学工作 3. 为课程建设提供咨询服务

续表

治学组织	机构性质	成员构成	治学权限
教材选用委员会	咨询指导智囊机构	企业行业专家 专业带头人 专业教师 公共课教师	1. 教材选用委员会下设专业组,提出专业课程教材方案 2. 教材选用委员会全体会议审议、调整、通过专业课程教材方案。

加强二级学院决策自主。修订《邢台职业技术学院两级管理规定》,制定"院为实体"建设方案,促进管理重心下移,在教育教学、人事分配、科研管理和财务资产等方面进一步扩大二级学院办学自主权。成立"二级院系联席会"跨专业教学协调组织,推动跨专业协同建设、实训基地共建共享,如表1-9所示。

表1-9　二级学院办学自主权一览表

权力事项	现有权力事项	扩大权力事项
教育教学权	1. 自主筹建专业和教学委员会 2. 自主规划招生规模和专业建设 3. 自主设计教学方案和培养计划	1. 参与招生部门招生,享有招生选择权 2. 经学校授权开展校企合作、联合办学 3. 自行聘任企业人才兼职实践教学
人事分配权	1. 自主设置院内机构岗位、职责 2. 自主分配绩效工资 3. 自主制订师资规划报校批准实施	1. 调整院内组织机构报备学校 2. 扩大绩效工资自主分配量 3. 扩大教师职工引进、考核、辞退权限
科研管理权	1. 自行制订科研和服务发展计划 2. 自行管理企业和社会机构的科研合作 3. 自行开展横向科研课题与服务	1. 自行组建院级科研团队和学术梯队 2. 自行分配横向科研课题与服务收入 3. 教职工社会兼职和创业管理
财务资产权	1. 自主编制学院预决算报学校审批 2. 自主使用学院提供资产 3. 自主使用划拨各类经费	1. 学校规定限额下的采购、招标权 2. 社会筹集捐款、企业投资实用自主权 3. 跨院系资产共享共用协商权

健全内部质量保证体系。以诊断与改进制度建设为抓手,依托"智慧邢职"校园信息化平台,持续完善教学诊改和教学质量保证体系。围绕"中国特色、世界水平"技术技能人才培养标准,健全人才培养、专业课程、师资队伍、学生发展等治理标准体系,实现管理过程精细化、决策支持科学化,实现由制度规制向文化自觉转化,形成具有邢职特色的内部质量保证体系。

2. 创新治理路径,探索多元主体共建共治机制

(1) 发挥理事会社会参与作用。在河北省教育厅的指导下,成立非法人资格议事机构"邢台职业技术学院理事会",由政府、行业、企业、院校等多方参与组成,发挥学校建设和发展决策的咨询、协商、议事和监督等外部治理作用,打造促进产学研紧密结合、共商合作发展建设事项的机构和平台。

（2）按照"公办主导、市场参与、主体多元、国际合作"的思路，探索建立公有股份制、混合所有制的产教融合办学机制和产教融合平台，创新校企合作、国际合作协同育人机制。契合产业转型升级需求，际华服装学院等产业学院探索校企共建的股份制改革，现代学徒制学院则探索混合所有制改革。

到2023年，引入政校企或社会多方资本建设产教多元共建办学实体，根据实际投入的资本、知识、技术、管理的比例确认清晰的产权结构，成立董事会或理事会共建共管，推动产教融合深度发展。

3. 赓续邢职精神，营造"开放创新、军风铸魂"的治理文化

（1）融合郭守敬文化与产业文化精髓，营造开放创新的院校治理环境

弘扬我国古代科学家郭守敬的科技创新精神和大国工匠精神，依托郭守敬科技文化艺术节、郭守敬创新工作室、丝路国家"守敬科坊"办学体系三大载体，联合行业领先企业共建"八个一"标准的产业学院，主动对接企业文化，系统建立全面对外开放、对师生开放的思想、制度、机制和平台体系，开放引入企业和社会资源推动产教融合深度发展，开放拥抱世界，引进国际先进教育资源，输出职教"中国方案"，满足新时代创新驱动经济发展模式、中国制造2025对创新型杰出技术技能人才的需求；同时，建立"邢职在线学习体系"和社会培训智慧园区，对外开放校内资源服务企业和社区民众；对师生建立"开放包容、鼓励创新"的总体制度和激励机制，形成科研基地和科研创新项目向学生开放的师生协同创新机制，搭建开放式创新实验室和学生创新创业孵化平台。通过营造深厚的创新文化氛围，促进学院创新发展。

（2）融合太行革命文化与军队文化精髓，发扬军风铸魂的管理传统

融合以邢台县中国人民抗日军政大学纪念馆、冀南革命纪念馆为代表的革命文化，强化思想政治教育；坚持"技术立校，军风育人"理念，持续发扬原军队院校时期管理文化的优势，打造一支"雷厉风行、勇于担当、乐于奉献"的干部师资队伍，朝着建设"中国特色、世界水平"的高职院校奋勇前进；围绕立德树人根本任务，遵循学生成长规律，打造"党建引领、军风塑行、文化铸魂"三位一体管理育人模式，为新时代中国伟大复兴培养"有理想、有信念、有能力、有担当"的"德能并蓄、敏行担当"的高素质技术技能人才。

（九）建设智慧邢职，促进管理服务和教学模式信息化变革

基于数字化校园和智慧校园一期建设，打造智慧邢职2.0。以促进学生个性化成长和教师专业化发展为根本，以提升内部质量和科学管理决策水平

为重点,以"大、智、移、云"为主要建设和升级要素,进一步完善管理、教学和生活一体的智能化校园,为广大师生提供综合信息服务平台,实现更加便利、高效的校园学习、生活和教学体验,形成智慧化校园环境和智慧教育生态。到2023年,按照《教育信息化2.0行动计划》的要求,实现信息技术与教育教学的深度融合。

1. 建设智慧校园,提升院校治理的现代化水平

实施"智慧邢职"计划,利用4年时间完成。构建工作、学习和生活一体化智慧校园平台,整合学校行政办公、教务教学管理、教师管理、学生管理、资产管理、校园一卡通等业务,实现人、信息、数据和业务流程的连接和随时随地的信息传递,形成智慧校园生态圈,逐步推进院校治理现代化。

（1）构建全方位的智慧校园平台,提升数据驱动的信息化管理服务能力

遵循全面规划、分步实施原则,建设智慧校园平台。加强智慧校园信息化基础设施和数据设施建设,优化无线网络及网络基础改造,推进现有网络向下一代互联网迁移,安全体系达到国家信息系统安全等级保护二级认证要求；完善大数据中心建设,建立完善的数据标准,消除信息孤岛,为全校应用提供计算资源和存储服务。以智慧校园平台为框架,无缝集成学校已建和今后新建业务应用系统,融合用户管理、业务数据整合、信息资源展示等,实现数据驱动管理服务。

（2）建设一体化的智能管理支持体系,提升信息化驱动的院校治理能力

在智慧校园平台上,建设一套基于多智能终端的智能管理支持体系(如表1-10所示),建立全面覆盖学校管理的大数据库,实现数据互连、管理贯通,构建信息化管理新模式。围绕学校行政、教学、科研、学生管理和资源分配,升级构建智慧行政体系、智能教学管理系统、学生管理易班智慧平台,实现教科研、学生管理、就业、生活等多方面智能化决策管理；智慧校园平台根据角色权限及业务范围,处理各种待办审批事项、日程查看、会议安排及各种数据报表,提供用户关注重点内容的显示,进行跨部门的业务管理,面向全校用户提供精准的信息服务,实现了应用系统从以管理为核心向以服务为核心的转变,为学校智能治理打下良好基础。整合全校业务系统,实现办公系统涵盖学院100%主要业务流；一站式服务大厅替代线下办事更加方便快捷,用户体验满意度高于80%。到2023年,学校建设管理进入智慧时代,卓越服务成为学校管理的方向。

表 1-10 智慧管理支持体系主要构成与功能

建设分项	建设内容	功能
智慧行政体系	协同门户与集成，协同大数据，协同业务随需定制平台，移动协同管理平台	以全智能工作场景实现个体与组织的协同，提高工作效率和资源综合利用率
智能教学管理系统	教育管理公共服务平台 教学资源公共服务平台	形成互助互利的数据流动模式，实施智能化教学管理
学生管理易班智慧平台	智慧学工系统 学生一站式网络应用和服务 学工系统信息化流程改造	融合综合测评、成长档案、奖助补贷、征兵入伍、考勤管理等功能，实现在校生全程信息化管理

2. 打造智慧教育生态，提升教学信息化水平

实施"智慧教育创新示范行动计划"，推动教育信息化向智慧教育迈进。持续提升师生信息素养，建设数字化教育资源、智能化教学支撑平台和学习平台，构建线上线下相结合、教育教学空间可分离的新型学习环境，推动高职教育教学方式向智慧教育变革。

（1）多途径提升师生信息素养，奠定智慧教育之基

实施师生信息素养提升计划，推进信息技术与课程教学的有机整合，潜移默化地提升师生信息意识和信息能力；伴随式诊断分析师生不同阶段的信息素养，分层次、分批次组织系列培训和活动，加强网络道德教育和信息安全教育。通过5年建设，实现全校80%以上的专任教师和40%的校外兼职教师系统性接受信息化教学培训，参与在线课程开发和教学实施。

（2）升级泛在化教学系统，提升信息化教学水平

构建全域"邢职在线学习体系"，联通线上线下。在校内，汽车、服装、智能制造、信息等专业群，系统化构建由专业核心课、平台课、通识课和自选课形成的"在线课程模块"，基于虚拟现实和仿真建模等技术开发"虚拟工厂"，建成5个专业群资源库，形成以资源库为平台的"邢职在线学习体系"。升级在线学习平台，全面推进学校线上线下混合教学改革，通过4年建设，100%的专业核心课程、80%的专业群平台课程、80%的通识课程、60%的自选课程上线开展混合教学。

建设资源公共服务平台，有效实现优质职教资源共享。面向校外，各专业群以资源库为载体，全面深化军民融合职教产学研协同发展联盟、河北省纺织服装职业教育集团、河北省汽车职业教育集团等职教团体的协同合作，推进教育培训资源、优秀师资、仿真实训基地的共建共享，进一步拓宽"邢职在线学习体系"服务领域，推动优质资源线上线下对接，形成不断出新的优质数字职教资源共建共

享局面，为社会提供广覆盖、多层次、高品质的教育公共服务，为全民学习、终身学习提供强有力支撑。

探索智慧教育教学新模式，形成示范。通过智慧校园开放平台连接内外部优质资源，逐步实现学校教育与信息技术的深度融合，重点利用"邢职在线学习体系"的教育资源，探索对学习者实施差异化、针对性教学的具体方式。面向在校生和中职毕业生、退役军人、农民工、下岗职工等新入学主体，实践翻转教学、校园在线课程、项目式学习等新教学模式；面向社会人员的教育与培训，通过社会培训智慧园区，实践远程专递课堂、网络空间教学、异地同步教学等教学模式。建设自适应学习系统，基于参与者群体的状态数据和教育教学过程数据，为每个学生动态推介最适合的学习路径和内容，促进自主性、自适应性和个性化学习。

3. 系统推进诊改工作，提升教学管理信息化水平

实施基于智慧校园的"11211"计划。完善内部质量保证体系"五纵五横一平台"架构，加强学校关于"五深向"理念的探索实践，在"智慧邢职"大平台上，建立学校、系部、教师和各职能部门联动机制，切实履行人才培养工作质量保证主体责任，重点推进6大专业群的诊断与改进工作，提升教学的信息化管理能力，如图1-9所示。

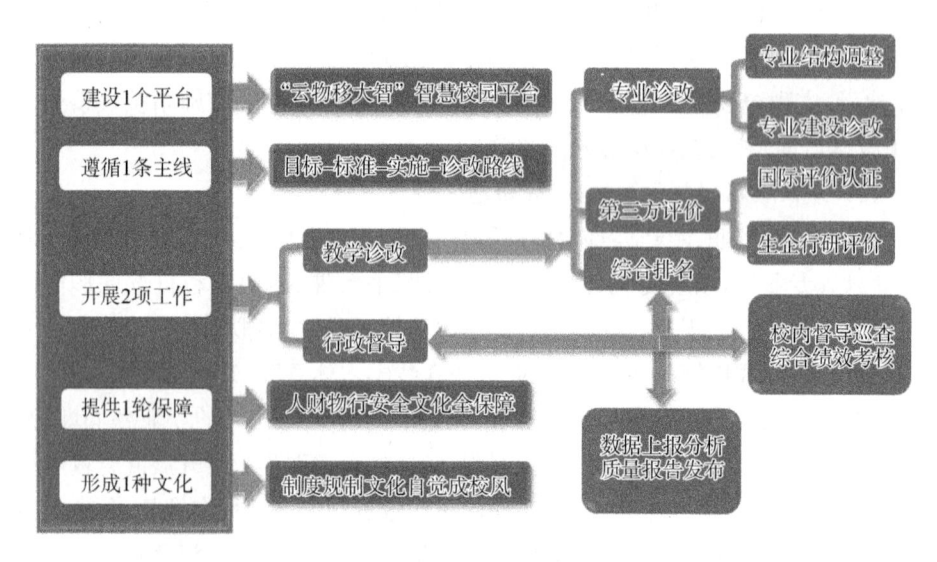

图1-9 教诊改体系实施计划

实施"信息技术＋专业升级计划"。建立常态化周期性的教学工作诊断与改进制度，融合智慧校园平台的招生就业信息、学习和评教等数据，通过大数据分

析实现专业与课程建设、传统专业升级、增设新型专业的智能决策。未来4年，聚焦计算机网络技术（智能网联）、数控技术（智能精密加工）、通信技术（5G应用）、应用电子技术（智能传感）、建筑工程技术（BIM），对传统优势专业开展信息化、智能化升级改造，增设适合数字经济和人工智能发展需求的智能网联汽车技术等新专业。持续完善专业建设目标和质量标准，动态监督控制，形成PDCA（Plan计划、Do执行、Check检查、Action改进）循环，实现专业连续螺旋的质量升级。

（十）建"守敬科坊"、树邢职品牌，输出中国职教模式

服务"一带一路"共建和区域企业"走出去"战略，强化中德职教合作，建"守敬科坊"支援服务"一带一路"沿线国家建设。到2023年，中外合作办学专业4个以上，国际交流项目10个，新增3个以上丝路国家"守敬科坊"，开发服务"走出去"企业合作项目23个，实现"走出去"企业员工培训量达10 000人次。

1. 强化中外职教合作，提升职教强国交流互鉴

依托国家中德交流合作项目、中德友好交流城市、河北高校中德合作办学项目，积极参与推动教育部中德先进职业教育（SGAVE）汽车合作项目、河北省教育厅与德国国际合作机构（GIZ）的职业教育中德合作项目、中德汽车校企合作项目等国家级、省级中德职业教育合作项目，深化中德职教合作，打造中德政校企国际教育合作平台，拓展国际合作办学、校企合作领域，引进德方优质教育资源，研制"中国特色、世界水平"职教标准。中德职教合作建设项目如表1-11所示。

表1-11 强化中德职教合作建设一览表

建设基础	合作主体	建设内容
1. 邢台-勃兰登堡州友好城市 2. 河北省高职学生海外实习基地 3. 邢台职业技术学院中德合作办学项目	德国方： 1. 施马卡尔登市高校 2. 勃兰登堡州双元制教育署 3. 勃兰登堡州工商会 4. 德国宝马等跨国企业	1. 举办先进制造国际论坛 2. 举办"双元制"专科办学项目 3. 引进德国优质职教资源 4. 研制中国特色、世界水平职教标准
	中国方： 1. 河北省教育厅 2. 邢台职业技术学院 3. 京津冀高职院校 4. 京津冀先进制造企业	

强化中德国际合作项目。加强与施马卡尔登应用技术大学合作的专科合作项目,开设机械制造与自动化、机电一体化、汽车电子技术、电气自动化等4个中德合作办学专科专业。实现与德国施马卡尔登应用技术大学、萨克森职业学院学生相互交流项目,年均交流1年以上学生达30人。

标准互鉴与引入资源。中德校企合作建设国际认可、多语种、模块化、标准化专业标准和课程标准,构建"中国特色、世界水平"职教专业课程标准体系。借鉴"德国职业教育4.0"体系,建设专业课程、双师师资、实训基地、教学管理等"智慧嵌入"式教育资源,打造国际认可、多语种、标准化、智慧化在线教学平台和VR虚拟课堂。

开拓先进职教中外交流项目。围绕"三核双融"核心专业群,为提升核心专业群的国际竞争力,提升师生国际视野和专业发展水平,面向先进制造业、新一代信息技术、现代商务等领域,开拓与新加坡、英、法等国职业院校的国际职业教育合作交流项目,每年新增2项,到2023年实现国际交流项目10项以上。

2. 建设"守敬科坊"丝路体系,树立邢职教育品牌

全面实施"'守敬科坊'国际行动计划",国内举办国际留学生学历教育、国际职教师资培训、国际学生短期培训,国外创办语言与技术中心、"守敬创新工场"、境外中企培训基地,打造"守敬科坊"职教模式和体系,服务"一带一路"共建。

(1) 推进留学教育与国际培训,打造"守敬科坊"职教模式

拓展留学生学历教育。招收培养"一带一路"沿线国家留学生,开发8个国际化品牌专业,建设专业课程及数字化教学资源,嵌入"守敬创新工场"高端人才培养模式,订单式培养高水平来华留学复合型人才。

拓展国际职教师资培训。持续推进泰国等东盟国家职教师资来华培训项目,开展"四元"教学设计方法、职教管理等教学培训和华为网络管理、电子商务等专业培训。

拓展国际学生短期培训。依托优势专业群、校内实训基地和"守敬创新工场",与"一带一路"共建国家高校、本土企业、中资企业开展合作,开展境外学生"培训+就业"短期技能培训和应用创新项目,打造"一带一路"实践创新基地。

(2) 深化中泰办学,辐射"一带一路"共建,形成"守敬科坊"办学体系

制订"一带一路"教育行动计划,以中泰合作办学为基础,逐步辐射东盟、西亚、南美发展中国家,服务京津冀"一带一路""走出去"企业。搭建"一带一路"国际教育合作平台,打造职教"中国方案"教育"走出去"体系,如表1-12所示。

表 1-12 "一带一路"国际教育合作平台建设一览表

建设基础	合作主体	建设内容
中国-东盟： 1. 中国-东盟高职院校特色合作项目单位 2. 中国-东盟职教合作联盟单位 3. 泰国全境教育输出布局 中国-非洲： 1. 中国-南非职业教育联盟理事单位 2. 喀麦隆来华留学生政府协议合作单位	丝路国家： 1. 丝路国家教育部门 2. 丝路国家高校、教育机构 3. 丝路国家留学服务机构 4. 丝路国家本地企业 中国： 1. 河北省教育厅 2. 邢台职业技术学院 3. 京津冀高职院校 4. 京津冀"一带一路""走出去"企业	1. 接收丝路国家留学生、职教师资 2. 校内境外学生实践创新基地 3. 丝路国家"守敬科坊"体系 4. 京津冀-东盟职业技能交流大赛 5. 丝路国家高校、企业技术合作

深入推进泰国"守敬科坊"建设。在已建敏布利技术学院"守敬科坊"（各地高校根据不同需要，单独选择或组合选择语言与技术中心、"守敬创新工场"、境外中企培训基地等合作办学类型）基础上，共建机械制造、电气自动化、电子商务等 7 个专业。深度开展"3＋1＋1"中高职贯通跨境人才培养项目，即 3 年泰国中专课程（嵌入汉语教学），1 年泰国大专课程（嵌入部分中国课程），1 年中国大专课程（半年实习，半年课程）。与泰国职业教育委员会共建泰国无人机专业，培训泰国院校无人机教师队伍，开展"1＋1"联合培养泰国学生项目。学校泰国"守敬科坊"布局规划如图 1-10 所示。

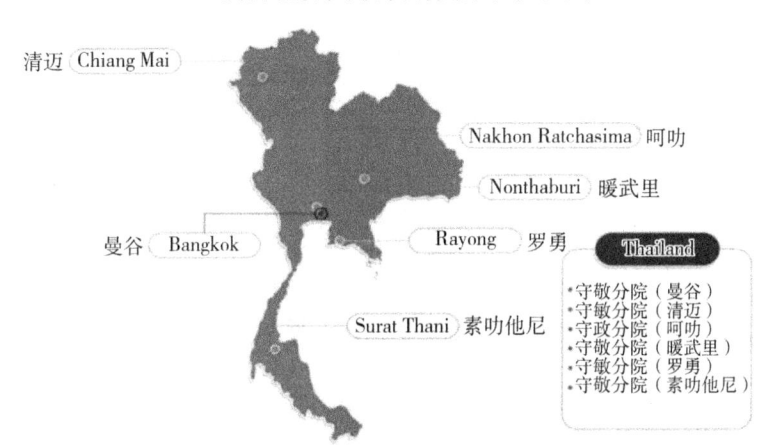

图 1-10 邢台职业技术学院泰国"守敬科坊"布局规划

"守敬科坊"辐射"一带一路"共建国家。以泰国"守敬科坊"为基础，拓展东盟、非洲职业教育合作办学,逐步辐射东欧、南亚、西亚、南美等地的发展中国家,打造中国职教"守敬科坊"丝路体系。与泰国、缅甸等东盟国家教育主管部门和院校联合举办京津冀-东盟职业技能交流大赛,组织电子商务、网页设计、服装设计与工艺等项目国际技能大赛。

3. 实施"海外培训与服务工程",助力区域企业"走出去"

紧密结合河北省十大产能和邢台市十大产能"走出去"规划,通过境内、境外两种渠道、线上线下两个方式、学历教育与职业技能两个维度、人力资源与技术服务两种支撑,围绕核心专业群优势资源,积极开拓"走出去"企业合作项目,实施海外培训与服务工程项目,如表1-13所示。实施与行业龙头企业合作,积极推进与华为、长城汽车、今麦郎集团等"走出去"企业建立海外人才培训与技术服务合作;实施与县域政府或行业协会合作,针对清河南宫羊绒、平乡自行车、宁晋电缆等冀中南地区县域特色产业集群,调整产品结构,积极开拓海外市场,助力县域产业集群转型升级。

表1-13　海外培训与服务工程项目开发路径

两种路径	项目合作单位	项目拟服务内容
行业龙头企业	华为 长城汽车 今麦郎集团等	联合建立技术服务工作站,为企业发展提供海外员工人才培养、应用研发、技术转移、售后服务、本土员工培养等全链条支持; 为企业海外员工培训项目开发培训方案,培训海外本土员工
县域特色产业集群	县域政府或行业协会	为特色产业集群产能升级提供国际市场的产品研发与开拓业务的战略咨询与服务; 订单培养海外经营需要的管理人才,在分厂建立海外工作站,开展当地员工职业语言和职业技能培训,服务企业发展

到2023年,学院服务"走出去"企业15个以上,开发海外培训与服务工程项目23个,实现"走出去"企业员工培训量达10 000人次,助推企业国际成长与转型,服务国际产能合作,提升国际影响力。

(十一)探索军民产教贯通模式,打造军民融合特色职教范式

根植军工,服务军地,精准对接京津冀和雄安新区军民融合产业,统筹军民两用人才培养与培训,创新退役军人"1+X"育训结合模式;统筹军民两用技术研发与服务,依托河北省军民融合产学研用示范基地,打造军民两用技术平台。到2023年,对接军民融合产业的专业(方向)达8个,军民两用在校生500人,军民融合成果100项。

1. 培养军民两用人才，打造军地人力资源高地

（1）共建军民融合学院，打造两用人才培养的"司令部"

军政校企共建军民融合学院。在河北省军民融合发展委员会和退役军人事务部门的指导下，成立跨专业教学管理组织——军民融合学院，统筹军民两用人才培养，与军民融合型企业共建军民融合专业、人才培养方案、实训基地和企业学堂，推动军民融合专业设置、人才培养、创新创业、文化建设全面开花。

建立理事会治理结构。制订军民融合学院章程，成立共建多方参与的理事会；公开招聘专职院长；成立军民校企合作办公室、军民两用人才培养教研部、军民融合专业教学委员会；建立军民融合教学院系联席会议制度。

构建"军融学院统筹＋教学院系培养＋军融企业学堂"运行机制。以军民融合学院为统领，全面统筹军民融合专业建设与人才培养，开展政军校企对接与合作工作，推动军民融合产学研发展联盟实体化运行。教学院系作为军民两用人才的培养单位，落实军民融合专业建设、两用人才教学培养、教师教材教法改革等具体工作。企业学堂作为军民两用人才的实践培养单位，实行现代学徒制，实施"双导师制"，开展实景教学，顶岗培养。

（2）加大军民产教双向对接，深植军民两用人才的"阵地"

对接京津冀军民两用装备、军旅服装、军用民用无人机等军民融合产业，在机电一体化技术、汽车制造与装备技术、服装设计与工艺、应用电子技术基础上，做优做强军工设备维护维修、特种车辆改装、军旅户外设备、智能传感器等4个军民融合专业，到2023年军民融合专业（方向）发展到8个，在校生人数达500人。军民融合学院学历教育专业主要招收退役军人、高考生源和全日制在校生三种类别学生。非学历教育主要招收现役军人、退役军人。

（3）构建军民融合"1＋X"育训体系，适配军民两用人才培养的"沃土"

将学历教育与X证书培训灵活组合，构建三种育训结合培养模式：一是先1后X，即先入学，再培训X证书，按入学方式不同，采取从军队到军企的现代学徒制和非全日制选课制两种培养途径；二是先X后1，先接受X证书培训，学校利用学分认定政策吸引他们入学，入学后采用非全日制选课制学习方式；三是X后认定1，先自选X证书培训，进入学分银行积累学分，实行弹性学制累计学分获取毕业证书。借助信息技术手段，开发线上线下特色专业课程和教学资源，形成军民融合"1＋X"育训体系。

2. 瞄准两用技术创新与服务，打造军地产学研用示范高地

在河北省批准建设军民融合产学研用示范基地的基础上，统筹军民融合技术研发服务，打造军民融合特色的科技创新、成果转化与技术服务综合平台，助推军民双向技术进步和产业升级，研发转化一批军民两用技术，带动一批高职院校积极参与军民融合发展。

（1）深入开展区域军民融合产业的军民两用技术研究

对接京津冀区域军民融合产业，依托军民融合产业技术研究院和河北省军民融合产学研用示范基地，开展军用汽车、军用微器件、军民两用特种服、军民两用无人机等军民两用技术研究，后续逐步拓展其他方向研究领域，年均承担政府、企业及其他机构和社会团体的专项课题与科研项目20项。

（2）扎实推进军民融合产学研用联盟深度发展

完善学院牵头组建的"军民融合产学研用联盟"运行机制，对接京津冀协同发展和雄安新区军民融合产业高端和高端产业，深入打造军民融合人才培养、技术研发、产业服务的军校企"命运共同体"。到2023年，在京津冀扩展200多家军民融合企业，开展军民融合项目50项，协作产出转化军民两用技术50项。

3. 聚焦退役军人社会培训，打造服务军地品牌基地

（1）建设精准服务退役军人的一站式集成化培训基地

依托"军民融合职业教育产学研协同发展联盟"，军民融合学院与邢台市退役军人事务局共建"退役军人就业创业培训基地"，开展成人学历＋职业技能培训、就业创业指导、职业生涯规划、就业推荐、创业孵化、训后跟踪的人本化"一站式"培训服务。实施"菜单式"培训，提供现成的多种培训方案以供选择；根据参训者就业岗位或创业项目等需要进行个性化"定制式"培训；对接企业先推荐就业，再根据岗位需要开展校企合作"对接式"培训，年均培训量达1 000人次。

（2）创新配套制度，支撑退役军人再社会化

针对退役军人的特征，创新改革培养模式和制度，探索6种配套制度，支撑退役军人获得高质量职业教育。"先招工后招生"选拔制。经河北省教育考试院批准，军民融合型企业招聘高中文化程度退伍军人签订三方培养协议，定向就业。"1∶1"双元培养制度。即学校和军民融合型企业共同培养、管理和考核，在校内培养和企业学堂顶岗实习各1.5年。企业学堂"双导师"制。驻企业导师结合企业实际进行专业教学、顶岗实践指导和学生管理；企业导师在生产任务或各

类真实项目中"师傅带徒弟"。军民融合专业"灵活学制"。设置2～6年灵活学制。退役军人学员和军民融合定向统招学员工学交替分阶段灵活完成学业,最快2年、最晚6年毕业。退役军人"学分银行"制度。退役军人学员课程学习和技能证书考核结果纳入学分银行管理,在部队获得的技能证书可以置换课程学分。"在线学习＋线下考核"学历认证制度。退役军人线上学习的学历课程,经过线下考核合格,即可颁发学历证书。

四、预期成效及标志性成果

(一) 预期成效

到2023年,学校整体办学水平、核心竞争力和国际影响力显著提高,支撑区域产业高质量发展的贡献度大幅提升,人才培养质量得到社会、行业企业广泛认可和充分肯定,成为当地离不开、业内都认同、国际可交流的中国特色高水平高职学校。

1. 创新一批可复制可推广的方案、标准与资源,成为中国职教改革的引领者

探索出有效培养复合型技术技能人才的育训结合、分流培养分类成才人才培养体系;建设高水平产业学院,形成"八个一"产业学院标准、现代学徒制培养制度与标准框架;建成1个国家级、3个省级专业教学资源库,以及100门精品在线课和一批立体化教材;建成1个中国特色高水平专业群,形成专业群整套教学标准和制度体系。

2. 培养契合产业高质量发展的人力资本,成为技术技能人才培养高地

建成相互支撑、协同发展的高水平专业集群,与京津冀雄产业结构契合度达95%以上;毕业生军风作风鲜明,职业素质过硬,在区域领先企业就业比例达60%;培养社会学历生1 000人,年均社会培训达28万人次。学校成为支撑区域重点行业和支柱产业发展的技术技能人才培养高地。

3. 产出一大批高精尖技术创新成果,成为技术技能积累高地

建成院士研究所领衔、省级研发中心扛鼎、校级技术创新中心支撑的技术创新

服务体系,成为国内一流的产业升级服务示范区、创新试验田和成果集散地。完成重大科技项目10项以上,实现科研成果转化100项,服务地方骨干中小微企业比例25%以上,技术转移到款额达500万元,科技服务到款额累计达1亿元。

4. 提供一大批军民两用技术和人才,成为支撑军民融合产学研用示范高地

军民融合产教园成为支撑区域军地产业发展的技术创新源和成果集散地,军民融合技术研究院引领特种车辆、特种服等军民两用技术创新,产出、转化军民融合技术60余项;军民融合学院开设特色专业(方向)达8个,办学规模500人,形成军民两用人才高质量培养、现退役军人高质量培训的军民融合教育标准和范式。

5. 培养一大批具有全球胜任力的国际化人才,成为引进走出国际办学的典范

国际合作层次稳步提高,拥有一批稳定的海外一流职业教育合作伙伴,中德合作办学专业达4个以上,教育教学标准得到国际认可,"守敬科坊"成为高水平职业教育中外合作办学典范,服务"走出去"企业境外项目达15个。

(二)预期标志性成果

建设期满,学校取得25项国家级、17项省级标志性成果,如表1-14所示。

表1-14 高水平高职学校预期标志性成果一览表

序号	成果名称	级别	目标
1	国家级样板党支部	国家级	1
2	国家级教学成果奖	国家级	1~2
3	参与国家专业教学标准制定	国家级	4
4	国家水平精品在线开放课程	国家级	2~3
5	国家水平规划教材	国家级	20
6	全国职业院校技能大赛获奖	国家级	20
7	中国"互联网+"创新创业大赛获奖	国家级	3
8	教师教学能力大赛获奖	国家级	10
9	承办全国职业院校技能大赛	国家级	1

续表

序号	成果名称	级别	目标
10	国家级专业教学资源库	国家级	1
11	参与 X 证书开发	国家级	4
12	国家级高水平产教融合实训基地	国家级	1
13	院士工作研究所	国家级	1~2
14	国家级教师教学创新团队	国家级	2
15	"双师型"教师培养培训基地	国家级	2
16	国家级示范职教集团	国家级	1~2
17	国家级高技能人才培训基地	国家级	1
18	军民融合职教产学研协同发展联盟	国家级	1
19	境外办学教育机构	国家级	3
20	军民两用技术标准	国家级	5
21	开发境外推广的专业标准数	国家级	5
22	开发境外推广的课程标准数	国家级	30
23	发明专利	国家级	30
24	全国教育科学规划课题	国家级	1
25	教育部人文社科项目	国家级	1
26	河北省党建示范高校	省级	1
27	河北省职业院校技能大赛教学能力比赛获奖	省级	20
28	河北省教学成果奖	省级	3~4
29	河北省专业教学资源库	省级	3
30	河北省在线开放课程	省级	30
31	省级以上技术技能平台	省级	10
32	技能大师工作室	省级	4
33	退役军人培训基地	省级	1
34	军民融合产学研用示范基地	省级	1
35	军民融合产教园	省级	1
36	河北省教师教学创新团队	省级	2
37	河北省教学名师	省级	1~2

续表

序号	成果名称	级别	目标
38	河北省师德先进个人/模范教师	省级	3～5
39	产业学院	—	5
40	现代学徒制学院	—	1
41	社区教育学院	—	3
42	军民融合学院	—	1

（三）成果推广

1. 会议交流推广

一是通过学校牵头的河北省教学工作联盟推广。组织联盟会议和培训，开展专题研讨和交流，在联盟成员单位推广分流分类人才培养体系和教学标准、制度等。二是通过会议推广。积极参加各类研讨学术会议，争取发言机会，推广教育教学改革成果。三是主动开展院校间交流。走出去或请进来，与兄弟院校交流经验，互通有无。

2. 固化成果推广

一是将建设期形成的各类标准、制度等编印成册，整体推广；二是将课程建设成果固化为教材、课例集等，编印成册进行推广；三是鼓励老师、职能部门将教改经验和建设成果总结成论文或专著，便于兄弟院校借鉴。

3. 数字化在线推广

一是积极推广在线课、资源库等数字化网络资源，使更多校外用户能享受到优质教学资源；二是录制微课，总结"双高"建设、"1增强4打造5提升"以及"深耕军民融合发展"等各项目建设成功经验，制作成形象直观的微课，主动联系国内知名学习和培训平台，开展在线培训，方便兄弟院校学习。

五、建设进度

邢台职业技术学院中国特色高水平高职学校项目建设周期为五年（2019—2023年），其中2019年为项目规划、启动期，2020—2023年为建设期。根据《教

育部 财政部关于实施中国特色高水平高职学校和专业建设计划的意见》(教职成〔2019〕5号)等文件精神,结合学校实际情况,项目各阶段建设进度如下:

(一) 规划启动阶段(2019.4—2019.6)

成立学校"双高"建设工作领导小组,启动"邢职奋进计划";依据《教育部 财政部关于实施中国特色高水平高职学校和专业建设计划的意见》(教职成〔2019〕5号)等文件规划建设方案,做好顶层设计;不断优化建设方案,编制建设任务书,分解任务,责任到人。

(二) 全力建设阶段(2019.7—2023.8)

根据建设方案和任务书,全力建设11个项目:实施"136"领航计划,加强党的建设;构建"三核双融"专业集群,创新培养模式,打造复合型技术技能人才高地;构建"一园三区"产教综合体,打造技术技能创新服务平台;彰显军民融合特色,打造高水平专业群;"引智聚优"、实施"未来师资计划",打造高水平双师"四能"队伍;创新产教融合机制,提升校企合作水平;创建"内坊外站"和智慧大平台,提升服务发展水平;应对变革创新治理路径,提升学校治理水平;建设智慧邢职,提升信息化水平;建"守敬科坊",提升国际化水平;赓续传统,打造军民融合特色高职。

构建组织、制度、管理、经费保障体系,成立外联-校内-专业群三层建设机构,形成组织保障;制定联动工作、质量控制、经费管理、绩效考核等多项制度,形成制度保障;实行建设任务专人负责、专项管理,形成管理保障;落实经费多元投入,形成经费保障;加强多方协调,形成信息保障,高效协同推进项目建设。

(三) 验收总结阶段(2023.9—2023.12)

梳理项目建设阶段性成果,组织阶段性检查、评价,根据检查情况进行整改提升;根据任务建设进度,做好项目验收各项准备工作,迎接教育部、财政部验收;全面整理建设期取得的主要标志性成果,总结建设经验,辐射带动全国高职院校高质量发展。

(四) 深化提升阶段(2024.1—2027.12)

实施"中国特色高水平高职院校"第二个建设期计划,服务产业发展、产教融合经验、高职改革创新产生国际影响力,国际化合作办学水平与交流达到新高度,为建设人力资源强国和人才强国做出重要贡献。学校高水平建设核心指标与分年度进度安排如表1-15所示。

表 1-15 学校核心建设指标①与分年度进度安排表

重点建设任务	建设分项	核心指标	预期目标	建设进展及分年度预期成效			
				2020年（含2019年）	2021年	2022年	2023年
加强党的建设	"红雁"统领行动	政治建设制度	完善	完善	完善	—	—
		干部人事制度改革	形成专业化人才和干部队伍	制定干部队伍建设规划	完善党管人才机制	推进干部培养选拔使用	形成专业化人才和干部队伍
		"三进"	持续推进	持续推进	持续推进	持续推进	持续推进
	"红心"引领行动	"三全育人"	省"三全育人"综合改革试点高校	实施综合改革建设方案	初见成效	育人评价体系运行	省"三全育人"综合改革试点高校
		精神文明建设	省文明校园	实施文明校园建设	省文明校园	省文明校园	省文明校园
		党建双创	建成省级示范高校	取得阶段性进展	建成省级党建示范高校	—	—
	"红源"强基行动	基层党组织建设	再建1个省级及以上样板党支部	培育10个样板党支部	培育省级样板党支部1个	再建5个校级样板党支部	再建1个省级或省级以上样板党支部
		党员教育管理	形成一院系一品牌	建成"党员包班"品牌	打造学生党员班长品牌	培树党员志愿服务品牌	形成一院系一品牌
	"红网"肃纪行动	党风廉政教育培训	廉政警示教育基地达3~4个	建成体系	廉洁邪职学习平台运行	优化党风廉政教育内容	廉政警示教育基地达3~4个
		监督管理	群众对领导班子、干部廉洁自律满意度≥90%	建成"1+N"监督机制，完成对学校40%的单位的巡察任务	再完成对学校30%的单位的巡察任务	完成对学校剩余30%的单位的巡察任务	群众对领导班子、干部廉洁自律满意度≥95%

① 该表核心指标包含含汽车检测与维修技术专业群建设核心指标；任务书中高水平高职学校"项目支出绩效目标"含汽车检测与维修技术专业群"项目支出绩效指标"。

续表

重点建设任务	建设分项	核心指标	预期目标	建设进展及分年度预期成效			
				2020年(含2019年)	2021年	2022年	2023年
重点建设任务	立德树人	河北省思政课建课联盟	发挥引领作用	发挥引领作用			
		开出选修课数量(门)	150	70	90	120	150
		校级在线课(门)	150	30	40	40	40
		省级水平精品在线开放课数量(门)	20	5	5	5	5
		国家水平精品在线开放课数量(门)①	3	1	—	1	1
打造技术技能人才培养高地	"分流分类"培养模式改革	国家水平规划教材(部)②	20	10	5	5	—
		活页式、立体化教材(间)	150	30	40	40	40
		智慧教室(间)	60	5	35	10	10
		X+证书培训数量(人次)	8 500	1 000	2 000	2 500	3 000
	"1+X"育训结合	社会劳动力接受学历教育人数(人)	1 000	200	200	300	300
		社会新增劳动力就业率(%)	90	—	80	90	90
		"专创融合"课程(门)	30	6	8	8	8
	创新创业	"混合式"双创金课(门)	10	2	3	3	2
		国家级众创空间(个)	1	建设	完善	完善	获批
		国家级双创赛事奖项(项)	10	3	3	3	2

① 国家水平精品在线课指达到以下标准的课程:一是在"爱课程"和"智慧职教"平台(国家职业教育智慧教育平台)等官方高水平学习平台上线,二是使用单位超过20家学校和企业,三是开课4期以上。

② 国家水平规划教材包括教育部主导的五年规划教材,行业主导的规划教材等。

061

续表

重点建设任务	建设分项	核心指标	预期目标	2020年（含2019年）	2021年	2022年	2023年
打造技术技能创新服务平台	两大技术研究院	省级及以上技术创新中心（个）	2	1	—	1	—
		授权专利数量（件）	600	200	130	130	140
		年均专利转让数（个）	15	10	10	12	15
		军民两用技术标准（项）	5	—	1	2	2
	产教融合实训基地	省级及以上产教融合实训基地（累计）（个）	3	3	3	3	3
		生均教科研仪器设备值（万元）	2	1.5	1.6	1.8	2
	共建"三个园区"	面向"三个园区"的高技能培训（万人次）	1	0.2	0.2	0.3	0.3
		开展科研项目数量（个）	300	80	70	70	80
		校企合作科研成果转化率（%）	30	18	22	26	30
		服务地方高成长骨干中小企业比例（%）	25	10	15	20	25
打造高水平专业群	专业群规划	国家级高水平专业群（个）	1	—	—	—	1
		省级高水平（骨干）专业群（个）	3	—	—	3	—
		专业与产业结构匹配度（%）	95%	90%	92%	94%	95%

续表

重点建设任务	建设分项	核心指标	预期目标	建设进展及分年度预期成效			
				2020年(含2019年)	2021年	2022年	2023年
打造高水平专业群	汽车检测与维修技术专业群	毕业生满意度(%)	95	92	93	94	95
		学生技能大赛国家级获奖(项)	8	2	2	2	2
		学生技能大赛省级赛事获奖(项)	20	5	5	5	5
		初次就业率(%)	99.6	99.2	99.4	99.5	99.6
		X证书试点专业覆盖率(%)	100	40	60	80	100
		科技服务到账款额(万元)	2 000	400	500	500	600
		省级以上科研项目(项)	24	4	6	6	8
		技术成果转化(项)	15	—	2	6	7
		孵化军民融合型创业项目(个)	4	—	1	2	1
		国家级技术技能平台(个)	1	—	—	—	1
		国家水平精品在线开放课程数(门)	2	—	1	—	1
		升级国家级专业教学资源库(个)	1	1	—	—	—
		开发专业教学标准和课程标准数(个)	45	15	10	10	10
		开发书证融通课程(门)	20	5	5	5	5
		开发活页式立体化教材(部)	40	10	10	10	10

续表

重点建设任务	建设分项	核心指标	预期目标	2020年(含2019年)	2021年	2022年	2023年
打造高水平专业群	汽车检测与维修技术专业群	开发国家级规划教材（部）	3	—	—	—	3
		省级以上教学成果获奖（项）	2	—	1	—	1
		双师比例（%）	95	90	91	93	95
		国家级教师荣誉称号（人）	1	—	—	—	1
		汽车行业名师名匠（人）	15	—	5	5	5
		国家教师教学创新团队（个）	1	—	1	—	—
		国家级样板党支部（个）	1	—	—	—	1
		教师教学能力大赛国家一等奖（项）	1	—	—	—	1
		生均校内实践教学工位数（个）	1.8	1.5	1.6	1.7	1.8
		社会培训年均培训量（万人天）	4	3.5	4	4	4.5
		智慧教室（个）	32	2	10	10	10
		社会劳动力接受学历教育人数（人）	600	60	160	160	220
		海外技术服务（项）	3	—	1	1	1
		教学标准、教学模式得到认可推广国家数（境外国家或地区）	2	—	1	—	1
		中外合作办学生规模（人）	80	40	50	60	80
		教师国际交流与培训（人天）	500	100	100	150	150

续表

重点建设任务	建设分项	核心指标	预期目标	2020年(含2019年)	2021年	2022年	2023年
打造高水平双师队伍	"红烛""荣光"行动	李保国式教师(名)	10	—	5	—	5
		教师获省级以上荣誉称号(人)	10	3	3	2	2
	"引智聚优"计划	专业群带头人、专业领军人物(名)	5	1	1	2	1
		行业企业领军人才、技术技能大师(名)	10	2	2	3	3
		新增博士硕士研究生(名)	200	50	50	50	50
		(累计)专任教师数(名)	810	650	700	750	810
	师资"融通"工程	双师比(%)	90	87	88	89	90
		培养骨干教师数(名)	400	100	100	100	100
		企业一线兼职教师比例(%)	25	20	22	24	25
		教师发展中心(个)	1	1	—	—	—
		教师培训研修基地(个)	20	5	5	5	5
	师资"精进"工程	高水平职教教师资培训团队	4	1	1	1	1
		开发特色培训项目(个)	20	5	5	5	5
		专业教师参与培训人数占比(%)	100	100	100	100	100
	结构化教学创新团队	校级教师教学创新团队(个)	15	6	—	5	4
		省级教师教学创新团队(个)	2	1	—	1	—
		国家级教师教学创新团队(个)	2	1	—	1	—

续表

重点建设任务	建设分项	核心指标	预期目标	2020年(含2019年)	2021年	2022年	2023年
打造高水平双师队伍	结构化教学创新团队	河北省职业院校技能大赛教学能力比赛获奖（项）	20	8	4	4	4
		全国职业院校技能大赛教学能力比赛获奖（项）	10	4	2	2	2
	高层次人才双向流动	校企兼职兼薪人数（名）	150	30	30	40	50
		共建创新研发基地（个）	5	1	1	2	1
		共建高水平实训基地（个）	5	2	1	1	1
		引进行业技能大师（人）	5	1	2	1	1
		引进专业带头人（人）	5	1	1	2	1
		聘请企业技术能手、能工巧匠（人）	10	2	3	3	2
提升校企合作水平	产业学院建设	开发专业教学标准（个）	15	3	4	4	4
		开发专业教学资源库（个）	5	1	2	1	1
		共建现代学徒制学院（个）	1	初建	完善	完善	完善
	推广现代学徒制培养模式	实施现代学徒制专业数量（个）	15	5	8	12	15
		现代学徒制培养框架	1	初建	完善	完善	完善
	职教集团办学	集团内产教融合型企业数量（个）	20	3	6	6	5
		建设示范性职教集团（个）	2	1	—	1	—

续表

重点建设任务	建设分项	核心指标	预期目标	建设进展及分年度预期成效			
				2020年(含2019年)	2021年	2022年	2023年
提升服务发展水平	"内外站"技术服务	"守敬科坊"(个)	20	5	5	5	5
		技术服务团队(个)	10	3	2	2	3
		县域科技服务工作站(个)	10	3	3	2	2
		技术服务到款总额(万元)	11 000	3 800	2 000	2 100	2 200
	技术转化与标准革新	公共检测服务中心(个)	1	—	1	—	—
		技术成果转化(项)	100	—	25	25	50
		技术经理人团队(个)	1	—	1	—	—
	社会培训智慧园区	社会培训智慧平台(个)	1	—	—	1	—
	高技能人才培训	国家水平高技能人才培训基地(个)①	1	—	—	1	—
		省级高技能人才培训基地(个)	6	6	—	—	—
		国家级"双师型"教师培养培训基地(个)	2	1	—	1	—
		年培训量(人次)	8 000	6 000	7 000	8 000	9 000
	终身学习服务	社区教育学院(个)	4	—	1	—	3
		年培训量(人次)	20 000	40 000	15 000	20 000	25 000

① 该基地指专业类"双师型"教师培养培训基地。

续表

重点建设任务	建设分项	核心指标	预期目标	建设进展及分年度预期成效			
				2020年（含2019年）	2021年	2022年	2023年
提升学校治理水平	完善现代职业院校内部治理结构	章程监督委员会	建成	建成	—	—	—
		理事会会议(次)	2	2	2	2	2
		制度体系建设	完成	完善	完善	完成	完成
		4个学术组织	建成	建成	—	—	—
	内部管理体系优化	人事分配改革	完成	制订方案	推进	完善	完成
		内部质量体系	完成	完善	完善	完善	完成
	二级学院扩权	二级学院扩权	完成	制订方案	推进	完善	完成
		跨专业教学组织	完成	制订方案	推进	完善	完成
	多元共治机制	多元共建办学实体	完成	制订方案	推进	完善	完成
	治理生态建设	文化环境	完成	完善	完善	完善	完成
		军风传统	完成	优化	完善	完善	完成
提升信息化水平	智慧校园平台建设	网络基础改造	完成	—	达到等保二级	—	—
		大数据中心建设	建成	增加数据补录平台	完善大数据库	多方位数据共享	完善
		业务系统集成整合	完成	完善网上办事大厅	完善办公系统	完成	—
	智慧管理支持体系	智慧行政体系	建成	初建	完善	完善	完成
		学生管理易班智慧平台	建成	初建	完善	完善	完成
		智能教学管理系统	建成	初建	完善	完善	完成
	智能化教学系统	省级及以上专业(群)教学资源库	4个	1个专业群	完善	3个专业群	完善

续表

重点建设任务	建设分项	核心指标	预期目标	2020年(含2019年)	2021年	2022年	2023年
提升国际化水平	强化中外职教合作	合作院校(累计)(个)	4	2	2	4	4
		合作专业(累计)(个)	6	4	4	5	6
		中外交流项目(个)	10	4	2	2	2
	探索"守敬科坊"模式体系	探索"守敬科坊"模式(个)	1	—	—	—	1
		"守敬科坊"(个)	3	1	—	1	1
	服务"走出去"企业	服务"走出去"企业项目(项)	23	2	4	7	10
		年"走出去"企业员工培训量(累计)(人天)	10 000	1 000	4 000	7 000	10 000
深耕军民融合发展	军民两用人才培养	军民融合学院	建成	1	—	—	—
		军民融合专业(方向)(累计)(个)	8	4	6	8	8
		军民两用在校生(累计)(人)	500	—	100	300	500
		企业学堂(个)	8	—	2	3	3
	军民融合技术创新服务	军民融合成果(项)	100	40	20	20	20
		新增军民融合技术转化(项)	50	5	10	15	20
	社会培训	退役军人培训基地升级	优化	—	完成	优化	—
		年均培训量(人次)	1 000	2 000	1 000	1 000	1 000
		退役军人培训满意度(%)	95	90	92	95	95

六、经费预算

遵循中央财政引导推动、省市政府配套投入为主的原则,获取行业企业充足经费支持,提升学校自筹经费能力,确保经费足额到位,保证项目建设顺利展开。中国特色高水平高职学校和专业群建设经费总预算为 3.69 亿元(如表 1-16 所示),其中各级财政投入 1.91 亿元,占比 51.76%;行业企业支持 0.72 亿元,占比 19.46%;学校自筹 1.06 亿元,占比 28.79%。

表 1-16　学校建设经费预算一览表

建设任务	总计 金额(万元)	总计 比例(%)	各级财政投入 金额(万元)	各级财政投入 比例(%)	行业企业支持 金额(万元)	行业企业支持 比例(%)	学校自筹 金额(万元)	学校自筹 比例(%)
总计	36 903	100.00	19 100	51.76	7 180	19.46	10 623	28.79
打造技术技能人才培养高地	2 641	7.16	1 970	10.31	0	0.00	671	6.32
打造技术技能创新服务平台	7 624	20.66	4 294	22.48	2 230	31.06	1 100	10.35
打造高水平专业群	15 161	41.08	6 300	32.98	3 800	52.92	5 061	47.64
打造高水平双师队伍	1 765	4.78	1 365	7.15	0	0.00	400	3.77
提升校企合作水平	3 140	8.51	1 660	8.69	950	13.23	530	4.99
提升服务发展水平	1 075	2.91	375	1.96	200	2.79	500	4.71
提升学校治理水平	716	1.94	381	1.99	0	0.00	335	3.15
提升信息化水平	3 455	9.36	2 167	11.35	0	0.00	1 288	12.12
提升国际化水平	1 006	2.73	318	1.66	0	0.00	688	6.48
深耕军民融合发展	320	0.87	270	1.41	0	0.00	50	0.47

七、保障措施

围绕建设中国特色高水平高职学校和专业群建设目标,学校健全体制机制、加强过程管理,营造良好发展环境,"三增强三提高",为"双高"建设保驾护航。

(一)建立组织体系协同推进,增强"双高"建设执行力

构建职责明晰的组织机构,加强对建设项目的指导、监督和管控。成立校党

委领导下的"双高"建设领导小组、教学副校长任主任的项目管理办公室、专业群所在院系和承担专项任务的职能部门组成的项目建设工作组、纪检审计监察办公室和财务处等组成的财务审计委员会,构成"双高"建设的组织体系,健全党委统一领导、党政分工合作、部门协调运行的工作机制,从学校到院系、部处,形成有效的执行链条。

(二)优化改革发展环境,增强"双高"建设政策实效

《河北省职业教育改革发展实施方案》的出台,标志着河北省职业教育迎来重大变革。未来,河北省将进一步加大职业教育改革力度,加快推进职业院校股份制、混合所有制办学,推动落实对学校自主办学、自主开展科研及在编制经费方面的稳定支持,进一步建立和完善有利于"双高"建设的鼓励制度和优惠政策,提高政策供给的有效性,增强政策的引导和服务能力,使优越的政策服务成为推动学校和专业群建设的有力保障。

(三)建立制度体系,打通落实堵点,增强"双高"建设管控力

制定《邢台职业技术学院高水平高职院校和专业群建设项目管理办法》,破除体制机制障碍,出台《邢台职业技术学院高水平高职院校和专业群建设项目专项资金管理办法》等教学、科研、人事、财务、资产等与"双高"建设改革创新相适应的配套制度文件。建立工作联席会议制度,定期召开工作联席会议,总结建设成效、交流建设经验、解决建设问题。

(四)建立监测评价和绩效管理机制,提高"双高"建设效益

制定《自评工作方案》,明确时间节点,强化过程管理,在建设项目的立项启动、年度考核、中期检查、结果验收等重要环节,对实施过程、进度和预定目标完成程度进行常态化监测评估,及时纠偏。对项目建设的关键指标任务完成情况、标志性成果和项目建设内涵等开展绩效评估,形成激励约束机制,提高建设项目的有效性、持续性。

(五)建立资源筹集与配置机制,提高"双高"建设保障能力

统筹中央、地方专项资金和学校自筹资金,并通过积极承担国家职业教育重大、重点项目争取增加央财经费,通过主动服务地方经济社会发展、与行业企业合作、谋划捐赠筹资项目等积极争取社会各方资源,总筹措资金3.69亿元,推进形成中央、地方、社会和学校合作共建、多元投入的格局,为高水平院校建设奠定

稳定的经济基础、提供有力的财力保障。

建立目标导向的资源投入机制和绩效导向的资源配置机制,确保建设资金发挥最大效益。建设起始阶段,专业设置、招生计划、创新平台等教育科技资源配置向特色高水平专业(群)倾斜。建设过程中,资源配置与建设绩效挂钩,根据评估结果、资金使用管理等情况动态调整支持力度。

(六)强化宣传动员,提高"双高"建设使命感

加大对学校"双高"建设方案的宣传力度,使全校上下能清晰地理解学校的战略目标、建设任务、创新举措及个人使命与担当。组织各部门、院系对方案进行全面的学习和讨论,使方案的目标和任务深入人心。加强信息公开,及时公布"双高"建设工作进展、建设成果等信息,积极宣传"双高"建设最新成果,引导各专业(群)建设项目出一流成果、出一流人才。积极营造全校师生员工关心支持"双高"建设的良好氛围,充分调动全校教职员工的积极性,全面组织全校师生员工共同参与"双高"建设,凝聚起推动学校快速发展的强大力量。

模块二 建设任务书

一、建设总目标

到 2023 年,建成区域特色鲜明、改革成效卓著、支撑发展强劲的高水平高职院校,国际化办学水平达到新高度,汽车检测与维修技术专业群达到世界水平,学校综合实力稳居全国高职院校第一方阵前列。打造高水平双师"四能"教师队伍,创建业内公认的育训结合、分流培养分类成才培养体系,成为助推区域产业升级的技术技能人才供给高地;打造"一园三区"产教融合综合体,建成两个引领产业升级的技术研究院,成为服务区域产业高端发展的技术应用创新高地;打造军民两用高技能人才育训高地,建成军民融合产学研示范高地,成为高职院校服务军民融合发展的典范。

(1)创新一批可复制可推广的方案、标准与资源,成为中国职教改革的引领者。探索出培养复合型技术技能人才的育训结合、分流培养分类成才人才培养体系;建成"八个一"标准的产业学院,形成现代学徒制培养制度与标准;建成 1 个国家级、3 个省级专业教学资源库和 100 门精品在线课程。

(2)培养契合产业高质量发展的人力资本,成为技术技能人才培养高地。建成相互支撑、协同发展的高水平专业集群,与京津冀雄产业结构契合度达 95% 以上;毕业生军人作风鲜明,职业素质过硬,在区域领先企业就业比例高;培养一批社会学历生,年均社会培训达 28 万人天。

(3)产出一批高精尖技术创新成果,成为技术技能积累与创新高地。建成院士研究所领衔、省级研发中心扛鼎的技术创新服务体系,成为国内一流的产业升级服务示范区、创新试验田。完成重大科技项目 10 项以上,实现技术成果转化 100 项以上,服务区域产业转型升级,科技服务到款额达 1 亿元。

(4)供给一批军民两用技术和人才,成为军民融合产学研用示范高地。军民融合产教园成为支撑区域军地产业发展的技术创新源和成果集散地,引领军工特种车辆、军警特种服、应急救援装备等军民两用技术创新,产出、转化军民融合技术 60 余项;军民融合特色专业(方向)办学规模达 500 人,形成军民两用人才培养、退役军人培训的军民融合教育标准和范式。

到 2035 年,实现职业教育现代化,学校办学声誉获得国际公认,综合实力位列世界一流职业院校行列,建成 5 个支撑发展、具有中国特色、世界水平的一流专业群,汽车检测与维修技术专业群进入世界同类院校前列,服务产业发展、产教融合经验、高职改革创新等产生国际影响力,为建设人力资源强国和人才强国做出重要贡献,成为职业教育"中国方案"的典型代表。

一、建设任务与进度

项目建设任务与进度安排如表2-1所示。

表2-1 项目建设任务与进度安排一览表

序号	建设任务	2020年度（含2019年度）	2021年度	分年度建设任务 2022年度	2023年度
1	加强党的建设 1-1 实施"红雁"领航行动，统化党的政治核心作用的建设	①坚持党委中心组学习制度，提高领导班子的理论政策水平和治校理政能力；②配齐党政领导班子、规范党政决策机制；③推进干部人事制度改革，制订干部队伍建设规划、党支部政议事项换届选举；④构建意识形态工作责任制和长效机制，常态开展主题教育；⑤支持教代会、工会、共青团开展工作；⑥密切联系民主党派基层组织，加强对民主党派的政治领导；⑦组织党员做好联系和服务群众工作，拓展联系途径、丰富服务内容	①坚持定期召开民主生活会，提升开门子解决自身问题能力；②坚持和健全民主集中制，有力执行会议决定事项；③完善党管干部、后备干部和人才培养力度，为高水平学校建设提供坚强的队伍保障；④建立并执行领导干部谈话制度、重大事项报告、收入申报等制度；⑤支持协助民主党派搞好基层组织建设，发挥其在学校、院系建设中的作用；⑥领导干部深入基层和群众调查研究，解决实际问题	①创建学习型党支部，定期交流思想，研究工作；②深入推进优秀年轻干部培育、选拔、管理和使用工作；③完善定期听取教代会、工会、共青团工作汇报制度；④构建党员联系群众网络，深入细致做好思想政治工作，促进校园和谐稳定	①调整和完善党建工作整体规划，推进党建工作的科学发展；②总结提炼基层党组织建设的典型做法，促进党委科学决策；③进一步完善党建制度，构建校党委、党总支、党支部、党员四位一体党建制度，成数量充足、素质过硬的专业化人才队伍和干部队伍，"三部两线"工作格局更加成熟；④以优良党风促进优良校风、教风、学风，形成校园和谐稳定、教师同心奋进、学生积极上进的良好局面

076

续表

分年度建设任务

序号	建设任务	2020年度（含2019年度）	2021年度	2022年度	2023年度
1	1-2 实施"红心"引领行动，把握社会主义办学方向这个根本，加强党的建设	①组织实施学校"三全育人"综合改革项目5个育人专项；②落实"一主两辅"思政育人体系，夯实习近平新时代中国特色社会主义思想"三进"基础，建设思政课名师工作室；③完善党建与思想政治工作研究平台，成立习近平新时代中国特色社会主义思想研究中心；④加强党员经常性教育，确保党员每年理论学习时间累计不少于12天，入党积极分子经党校培训时间不少于40学时；⑤实施文明校园建设，力保省级"文明校园"称号	①再组织实施"三全育人"综合改革项目另5个育人专项；②习近平新时代中国特色社会主义思想研究中心的最新理论成果成为校级名师马克思主义中国化的最新理论成果开展研究；③思政课建设成为校级精品在线课程，思政课名师工作室指导水平稳步提升；④坚持党内生活制度，每月至少组织一次活动，每学期至少开展一次集中的组织生活；⑤推进文明校园建设	①"三全育人"综合改革项目完成1项市级以上课题；②思政课建设1~2支校级高水平育人团队，思政课名师工作室建设在团队构成、课题研究、指导社团、对外交流等方面成效凸显；③力争将思政课建成省级精品在线课程；④课程思政、第二课堂思政全面展开	①形成在国内有影响、可推广的意识形态建设典型案例；②形成全员、全过程、全方位育人格局，力争成为省级"三全育人"试点院校；③习近平新时代中国特色社会主义研究中心完成2项省级课题并发表论文5篇以上；④争创省级思政课名师工作室；⑤力保省级"文明校园"称号

077

续表

序号	建设任务	分年度建设任务			
		2020年度（含2019年度）	2021年度	2022年度	2023年度
1	加强党的建设	1-3 实施"红源"强基行动，充分发挥党组织的战斗堡垒作用	①建立基层党建工作考核评价体系、完善考核奖惩机制，对党总支、党支部、党员干部、对党教职工以及学生党员等进行考核；②落实党务工作者、党员干部培训提升计划；③开展党建双创工作，培育5个左右标杆院系，10个校级样板支部，培育1个国家级样板支部；④加强党建工作与信息技术的结合，完成智慧党建平台一期；⑤探索按专业设置党支部；⑥加强学生党支部建设，对入党积极分子、预备党员和党员等进行分类教育培养	①随时依要求开展党建工作，加强过程性考查，开展基层党组织建设中期检查，反时分阶段、分专项整改；②建成5个左右标杆党支部，10个左右样板党支部；建成1个省级"双带头人"教师党支部书记工作室，建成1个国家级党支部示范高校；③提高党建工作的信息化水平，智慧党建平台二期完成，满足线上学习、交流等需要；④探索按不同教学党组织形式设置临时党支部，扩大党的组织和工作的覆盖面	①深入推进"红源"强基行动，通过自评、述职，上级主管部门互评、多种方式对基层党组织进行考评；②坚持"三会一课"、民主评议党员等各项制度，严格党的组织生活，建成1个国家级组织模块建设完成；③发挥智慧党建平台的作用，发展党员管理、组织生活管理模块建设完成	①结合基层党组织的自评、阶段性、专项考核及制订整改方案，肯定优势，保持现有品牌、培育特色品牌，形成一院系一品牌、一支部一特色；②评选先进基层党组织、优秀党员干部和教职工评选市级以上先锋模范人物，获荣誉称号2～3人；③推荐党员以上先锋模范进入先进基层党组织、党务工作者、优秀党员、资源建设、党务工作、党员管理、沟通交流等领域的高效、便捷
		1-4 实施"红网"肃纪行动，建营造"双高"建设的良好生态环境	①建立健全教育、制度、监督、惩治"四位一体"反腐倡廉体系，贯彻落实上级及其配套制度并进行考核、考核落实；②打造廉洁邮职学习平台，更新完善党风廉政学习内容；③按照"1+N"全方位监督体系、强化对权力运行的监督；④推进校内巡察，完成对学校40%单位的巡察任务	①推进学校、院系反腐倡廉工作，贯彻党风廉政法规、党风廉政建设责任制及其配套制度并监督、检查、考核落实；②打造廉洁邮职学习平台，更新完善党风廉政学习内容；③按照"1+N"全方位监督体系、强化对权力运行的监督；④推进校内巡察，完成对学校30%单位的巡察任务	①加强廉政文化建设、开展党风廉政宣传教育活动；②运行廉洁邮职教育学习平台，优化党风廉政教育内容；③推进校内巡察，完成对学院30%单位的巡察任务，实现首轮校内巡察全覆盖	①实现校内领导班子、干部廉洁从政内巡全覆盖；②群众对领导班子、干部自律满意度≥95%

续表

分年度建设任务

序号	建设任务	2020年度（含2019年度）	2021年度	2022年度	2023年度
2	打造技术技能人才培养高地 2-1 推进大思政工程，劳动育人工程，培养全面发展的技术技能人才	①联合省思政理论课建设联盟部分副会长和理事单位，共建思政理论课精品在线课； ②联合其他学校对5家民办高职对口帮扶； ③30门立项课程推进课程思政，服装系编印《职业素养与课程思政案例集》； ④建设10个公益劳动教育基地，形成一院一公益劳动基地、两20个专业一专业劳动教育基地	①持续推进10家院校思想政治理论课对口帮扶工作； ②持续推进思政理论课共建共享； ③打造10～15期"国旗下思政公开课"； ④40门立项课程推进课程思政； ⑤建立劳动教育保障机制和劳动教育考核制度； ⑥邀请劳动模范讲座5次； ⑦将志愿服务学分纳入第二课堂成绩单	①联合高水平技术团队，利用AR或VR技术，将河北省著名红色资源数字化，刷新学生的思政体验； ②开展课程思政说课比赛，形成典型经验； ③打造国旗班，红星团等军魂育人文化品牌； ④40门立项课程推进课程思政； ⑤有序开展劳动教育和志愿服务活动，学生参与公益劳动、美育活动和专业志愿服务10 000余人次，参与志愿服务活动5 000余人次； ⑥邀请技术专家讲座5次	①总结形成思政理论课公办和民办对口帮扶经验材料并推广； ②争取建成省级以上精品在线开放课1门； ③打造5～10期"国旗下思政公开课"； ④40门立项课程推进课程思政； ⑤总结劳动教育经验，完善劳动教育内容和机制； ⑥邀请知名企业家讲座5次

079

续表

序号	建设任务	分年度建设任务			
		2020年度（含2019年末）	2021年度	2022年度	2023年度
2	打造技术技能人才培养高地	2-2 实施跨界复合人才培养计划，构建"三九式"课程体系，开展"五化"教学模式改革	①对分流分类人才培养体系进行顶层设计；②汽车专业群初步构建"三九式"课程体系，第一学期末学生分流；③各系部着手开发信息技术、管理、财务、营销等选修模块，培养学生复合能力；④贯彻"三融合"理念，即专业融合、与创新创业融合、与思政融合，校企共建30门在线课开放课及X证书试点校，开展X证书培训与考评；⑤积极申报X证书试点校，开展X证书培训与考评；⑥建立分流机制、学分认定与转换制度和工作管理机制	①汽车系实施"三九式"课程体系，探索分流分类人才培养；②应庚英语、数学模块开发和子学期块开发；③以"三融合"理念建设40门在线课和立体化教材；④申请新的X证书试点，开展X证书培训与考评2 000人次；⑤建立课程更新机制，实训室开放机制，刷新与选课制。	①汽车系完善分流机制和"三九式"课程体系，继续实施分流分类培养；②以"三融合"理念建设40门在线课和立体化教材；③申请新的X证书试点，开展X证书培训与考评2 500人次；④探索学分制、弹性学制	①完成三年一周期人才培养，总结分流分类培养模式经验和存在的不足；②支持学生个性化发展的选修课达到150门；③以"三融合"理念建设40门在线课和立体化教材，90%以上课程实现线上线下混合教学，建成2~3门国家水平精品在线课；④申请新的X证书试点，开展X证书培训与考评3 000人次，X证书综合通过率达到92%以上；⑤学生获全国职业院校技能大赛奖项达到20项以上，毕业生平均起薪起点达到5 000元
		2-3 实施"引水上山"计划，探索三种育结合培养模式	①与旭阳焦化等企业联合招工后招生，创新"文化素质+技能水平"的在岗招生方式，探索"先X后1"育训结合培养模式；②校企共同制订培养方案，在现代学徒制培养模式基础上，进一步完善校企协同育人机制	①与部队、企业三方合作，退役军人化，招工一体化，拓展退役军人生源，探索"先1后X"或"先X后1"育训模式；②创新教学组织形式，采取送教上门、线上线下相结合，中学习与实践等方式，集企协同育人	①实施学分认定制度，吸引表获得X后认证的学员入校受学历教育，实施"先X后1"模式；②继续与企业联合"先招工后招生"，校企协同育人，职工、校企协同育人，促进企业员工进修学历	①完善学历教育考核标准，内容及考核方式；②探索"X后认证1"模式，对获得某专业所有X证书的社会人员，或获取核心模块X证书并具备一定专业技术水平的社会人员，补修文化课模块或文化模块测试达标后，可认定学历教育；③招收社会生源学历达到1 000人

080

续表

序号	建设任务	分年度建设任务			
		2020年度（含2019年度）	2021年度	2022年度	2023年度
2	2-4 实施双创升级计划，建设专创融合课程，打造"百人"双创"团队	①建设2门创新创业教育线上线下混合式"金课"，6门专创融合课程； ②建设1个系级众创空间； ③培育7个优质项目； ④培育20名优秀创新创业导师； ⑤开展10个以上青年红色筑梦之旅活动； ⑥获得"互联网+"大赛省级金奖1项以上，冲击国赛金奖、银奖	①建设3门专创融合混合式"金课"，8门专创融合课程； ②建设1个院级孵化园软件平台； ③培育1个系级优质众创空间； ④培育7个优质项目； ⑤培育30名优秀创新创业导师； ⑥开展10个以上青年红色筑梦之旅活动	①建设3门专创融合混合式"金课"，8门专创融合课程； ②建设1个系级众创空间； ③培育8个优质项目； ④培育30名优秀创新创业导师； ⑤开展10个以上青年红色筑梦之旅活动	①建设2门双创混合式"金课"，8门专创融合课程； ②力争1~2个省级众创空间； ③培育项目达到30个，校级孵化园入驻项目工商注册比例达到100%； ④培育30名优秀创新创业导师； ⑤开展10个以上青年红色筑梦之旅活动，形成2~3个就职品牌创新创业实践活动； ⑥力争获得"互联网+"大赛国家级银奖，获"挑战杯"竞赛国家级奖项1~2项

续表

分年度建设任务

序号	建设任务	2020年度（含2019年度）	2021年度	2022年度	2023年度
3	3-1 面向军民两用产业领域，建设军民融合技术研究院	①整合科技资源，解决企业技术难题，提升军用装备制造集团质量； ②与金后厂专用装备制造集团有限公司、中安军信科技有限公司等企业及科研院所共建军工特种车辆技术研究所； ③携手新兴际华职业装研究院等科研单位及思迈（青岛）防护科技有限公司、河北彰显服装科技有限公司等企业共建军警特种服特种服装技术研究所； ④依托2个研究所，联合企业、研究所共同开展特种服、军警特种服等专项研究，形成创新成果	①对接科研院所高水平科研人才，整合学校优势科技资源，参与军民融合领域高、精、尖技术研发； ②与渭泰救援装备科技河北有限公司共建应急救援装备技术研究所； ③3个研究所所推进军民融合项目研究，联合外部装备、军民两用装备领域应急救援装备； ④依托军民融合产教协同发展联盟，政校企合作搭建军民两用技术转化平台，服务"民参军"企业等	①完善政军校企四方联动科研机制，瞄准应急救援装备、军民两用装备等军民融合领域前沿，攻关关键应用技术，承担政府、企业等科研项目20余项，促进一批"民参军"技改项目； ②携手企业参与技术标准起草制订，共研军民两用技术标准1~2个； ③完善军民融合技术转化平台运行机制，成果分担共享，促进军民融合成果转化； ④培养技术经理人，面向企业推广军民融合科技成果，完成军民两用技术成果转化10项	①参与新产品研发与标准制订，累计共研军民两用技术标准5个，完成一批"民参军"技改项目； ②建成区域有影响力的军民融合技术研究院，服务区域军民融合企业发展，承担政府、企业等科研项目40项； ③推介军民两用技术转化平台，促进技术成果转化，完成军民两用技术转化20项，技术移转到新平台； ④打造省级军民两用应用技术创新平台，在军民两用应用技术领域形成技术引领

打造技术技能创新服务平台

082

续表

分年度建设任务

序号	建设任务	2020年度（含2019年度）	2021年度	2022年度	2023年度
3	3-2 院士研究所引领、省市应用技术支撑、建设高新技术区域创新服务平台	①携手行业龙头企业共建省级阀门智能制造装备工程研究中心；②由领域知名专家牵头建设先进工及新能源汽车工程应用技术研究中心；③升级省市两级省级汽车工程应用技术研究中心；④建设省市中心运营管理机制、协同创新中心运营管理机制、提升科研绩效；⑤完成技术创新研发项目10项、服务企业研发和技术升级攻关任务10个	①在新能源汽车与智能网络汽车等领域，柔性引进1～2名院士等领军人才，建设前沿技术研究所，引领各级应用技术中心创新发展；②升级省级工业机器人应用技术协同创新中心；③建设省级服装个性化定制技术创新中心；④完成技术研发项目20余项，授权专利50余项，技术转移到款120余万元；⑤开展区域试点，服务企业研发和技术升级攻关任务达15个	①围绕战略性新兴产业急需，新建1个省级技术创新中心；②完善省市两级研究中心协同创新管理机制；③建设省市级中心、市级先进性生产服务协同创新中心，协力协同创新，协同创新发展；④完成技术创新研发项目20项、服务技术改关任务20个，升级主导产业15个高成长型中小企业；⑤年度授权专利60余项、技术转移到款130万元	①针对冀南3个特色产业开展智能制造升级项目技术服务，完成技术创新研发项目20项以上，服务企业研发和技术升级任务达20个以上；②院士工作研究所支撑汽车工程应用技术研究中心等创新性发展，产出高绩效；③主持、参与制订行业技术标准5个；④授权专利80项、专利转让数10个，技术转移到款150万元；⑤开展区域试点，服务30个主导产业高成长型中小企业

083

续表

序号	建设任务	分年度建设任务			
		2020年度（含2019年度）	2021年度	2022年度	2023年度
3	3-3 打造政行校企多方联动、共建区域共享型产教融合实训基地，创新技术技能创新服务平台	①创新区域共享型实训基地"政行校企"共建机制，集教学、实践教学、社会培训、技术服务于一体；②建设新能源汽车、智能网联汽车实训工坊，打造京北虎、北京车等华北区实训中心；③建设华为授权认证培训中心、工业机器人技术"1+X"证书培训认证中心，开展X技能证书培训、认证，年度培训学生、退役军人等3000余人次，携手行业龙头企业共建高端智能制造实训基地；④推进发展改革委"十三五"产教融合发展工程规划项目建设	①推进新能源汽车区域共享实训基地建设、高端定制学徒、新能源汽车精英学堂；②推进发展改革委"十三五"产教融合发展工程规划项目——服装设计与创意实训基地建设、建成教学、竞训与中小微企业服务平台、面向同类学校共享资源；③政行校企共建人工智能制造与智能共享实训基地、培养智能制造领域复合型技术技能人才；④实训基地面向校内外学生、企业员工等开展技能培训4000余人次、社会技术服务40余项	①建设服装设计与创意实训基地校企合作平台、科研服务平台，设计文化传承与创新学校，服务省内100余家同类校和企业；②联合百度等名企，共建人工智能实训基地，开发线上培训包，建设华为ICT学院，深化校企合作与资源共享；③高端智能制造实训基地为区域内企业提供技术升级实训20次以上；④创新专业群产教融合实训基地运营模式；⑤年度培训学生、退役军人等6000余人次，年均认证0.8万人次	①提高实训基地管理水平，为"1+X"证书培训和企业提升人力开发水平提供支撑；②建成省级智能制造人才培训中心；③为新能源汽车、服装、信息技术服装服饰等产业培养一批急需的复合型技能人才；④培训新能源汽车、服装等高技能人才3000余人次，培训X证书6000余人次，退役军人等X证书培训6000余人次；⑤年度提供技术服务、信息技术、项目研发成果，项目技术解决方案60项，年均开展技术服务100余项

续表

分年度建设任务

序号	建设任务	2020 年度（含 2019 年度）	2021 年度	2022 年度	2023 年度
3	打造 3-4 与三个产业园区深化技术合作，开展协同育人、培训、研发、技改等产学研创新服务平台	①与任县等三个园区主管政府达成战略合作，签订共建园区合作协议，依托基于校企合作的园区教园，搭建基于校企合作的园区教服务平台；②在三个园区设立科技服务站，开展产业发展研究，依据县情企情设立"专家库""企业技术需求库"；③开展技能人才培养培训工作，实施产业急需人才培养订单班和专项培训班，"送智育智"，解决企业人才短缺问题；④开展生产技术服务、经营管理咨询等服务，提升服务园区高成长型骨干中小企业比例	①完善共建园区的合作机制，将军民融合产教园区等重点面向三个园区开放、举办技术交流对接大会；②完善"专家库""成果库""企业技术需求库"；③面向雄县应用技术科研项目，支撑其产业技术升级，成立技术服务团队攻关产业技术难题；④在任县工业区等建设校企协同育人基地，开展专项培养和现代学徒培养；⑤面向邢台经济开发区实施高端技能，紧缺人才培训3 000余人次	①针对任县工业区、邢台经济开发区智能制造、军民融合等产业需求，成立行业专家顾问团，为产业企业技术升级等问题策划指导；②开展三个园区企业急需岗位的技能培训，在校生、退役军人等人员年技能培训0.5万人次；③深入开展转化20~30项高新技术联合研发、校企合作科研成果转化率持续提升；④服务"三区""高成长型骨干企业比例提升；在邢台、雄安新区的技术服务有美誉度	①帮助企业完善技术体系建设，按领域组建智囊团，服务100余家中小微企业转型发展，骨干中小企业高成长型发展、骨干中小企业转化率达25%；②校企合作科研成果转化率达30%，促进冀中南县域产业转型升级；③支持任县工业区申报产业研究院，助推其装备制造产业转型升级，助力雄安打造军民融合产业、国家级产业群；④依托校内高新技术研究院，助力雄县高新产业的转化与推广，助力雄安电子产业打造高端高新区

续表

序号	建设任务	分年度建设任务			
		2020年度（含2019年度）	2021年度	2022年度	2023年度
4	打造高水平专业群 4-1 汽车检测与维修技术高水平专业群建设	①创新人才培养模式，深化"三教"改革，开展X证书培训，开发4个专业人才培养方案，共建5个专业课程标准，40门课程标准；②成立长城汽车学院，探索产业学院协同育人模式和运行机制；③开发专业群"三层级"课程资源包，开展处方式课堂革命，打造"六大维度，四轮驱动"教学模式；④开展技术技能创新平台建设，5个大师工作室，3个省级技能平台；⑤建设校内示范性教学基地，开展汽车高技能人才培训	①开展专业群资源建设，建成一流教学资源库，建一手册式、工单式、活页式教材40部，国家规划教材3部；②机制创新与建设：创新校企"双导师制"，建立"三层级"专业诊改机制，建设专业群可持续发展长效保障机制；③建设1个院士研究所，建设未来车创客空间，探索技术技能平台运行管理机制；④建成威军用车辆检测与维修培训基地、特种车辆改装培训基地、新能源和智能网联汽车技术培训基地，探索实训基地运行管理模式	①建成骨干校混编师资团队，打造国家级教师教学能力大赛一等奖1项，培养省级以上名师名匠15名；②深化教学改革，实现国家精品在线开放课2门、获国家级奖项8项，技能大赛国家级奖项20项；③发挥技术技能创新平台功效，实现高新技术成果转化10项、军民融合技术成果转化5项；④持续开展国际师资交流培训500人天，海外技术服务3项	①综合实力进入世界前列，成为国内汽车产业人才供给领军者；②形成"两分流、四阶段"人才培养模式，X证书试点专业覆盖率达100%；③建成国家级技术技能创新平台，实现科技服务总额2 000万元；④建成区域共享型国家级实训基地，实现社会培训4万人天；⑤持续扩大专业群国际影响力、教学标准被2个以上国家采用、承办1项国际职业技能赛事，形成校企合作典型案例

续表

分年度建设任务

序号	建设任务	2020年度（含2019年度）	2021年度	2022年度	2023年度
5	打造高水平双师队伍	5-1 实施师德"红烛"行动，打造有军队传统和军人作风的优质师资队伍	①建立教师师德档案、完善师德师风教育与考核制度；②评选10余个"红烛系部""红烛教研室"，发挥其先锋示范作用；③组织"扬师德，铸师魂"践行教师周活动，赴红色教育基地开展军风军纪拓展校内外活动，弘扬师德的优良传统；④开展三十年教师表彰活动，发挥其"传帮带"作用；⑤2~3人获得省级教师师德标兵等荣誉。	①健全立德树人、军风塑行师德培养机制；②评选5名"李保国式教师"以及10余个"红烛系部""红烛教研室"；③举办"师德师风军风"活动，与军内军队院校开展师资交流活动，促进师风军风内化于心，外化于行；④新增1~2人获得省级教师师德先进个人、模范教师等荣誉；⑤组织优秀教师休养休假，增强教师获得感、荣誉感	①加强师德师风建设、完善师德档案制度；②新评选10余个"红烛系部""红烛教研室"，营造教师人人争做"李保国式教师"的良好氛围；③组织"师德师风军风"系列活动，促进师风军风有机融合；④表彰"从教三十年教师"，组织优秀教师休养休假，增强教师获得感、荣誉感；⑤新增1~2人获得省级教师师德先进个人、模范教师师德标兵等荣誉	①新评选5名"李保国式教师"以及10余个"红烛教研室""红烛教师"；②举办"师德师风军风"活动以月·师生共同参与，在省级以上媒体宣传报道，打造品牌活动；③令行一、雷厉风行的师生军风军纪得到彰显、师生"带职情怀"在校内外深入人心；④累计10人获得省级教师师德先进个人、模范教师师德标兵等荣誉
		5-2 实施"引智"工程、打造优"双"工程的区域行业技术专家聚集地	①出台《高层次人才引进计划（2020—2023年）》，重点引进专业领军人物和科研领军人才；②聘请3名国内外行业大师、技能大师，柔性引进1~2名科研院所专家；③吸引3~5名国内外优秀博士研究生来校工作；④当年与区域知名企业共同引培50名"双一流"大学研究生；⑤联合培养新教师合作企业下厂锻炼1年，参与校企合作研项目、技术服务等	①制订《特聘管理办法》与培养引进、引进与培养两手抓，授课引进工资制，年薪制等；②建立协议工资制，新引进1~2名行业领军人才（群）带头人、聘请2~3名国内外行业大师、技能大师；③设置科研专家岗，新吸引2~3名国内外优秀博士研究生来校工作；④当年与区域知名企业共同引培50名"双一流"大学研究生；⑤新教师企业联合培养新教师模式	①新聘柔性引进1~2名科研院校知名专家；②新引进1~2名行业领军人才（群）带头人的高水平专业；③设立工作室，新吸引2~3名国内外优秀博士研究生来校工作；④当年与区域知名企业共同引培50名"双一流"大学研究生；⑤联合编制、满一年担当年授课，同时兼职受聘于企业	①累计引培5名行业有影响的高水平专业人才；②累计聘请10名国内外行业领军人才，技能大师；③设立博士工作室，累计引培10~15名国内外优秀博士研究生来校工作；④当年与区域知名各企业共同引培50名"双一流"大学研究生；⑤完善校企联合培养新教师制度

087

续表

序号	建设任务	分年度建设任务			
		2020年度（含2019年度）	2021年度	2022年度	2023年度
5	打造高水平双师队伍	5-3 实施教师培养"融通"工程，实行"3个制度"，培养"一教—研""四能"教师	①建立"双带头人"制度；②学校与合作企业分别面向汽车、服装专业群各指定1个带头人，共同服务于产学研合作；③建设5～6个稳定的骨干教师企业实践基地，定实岗、轮岗实践；④200名专任教师实现1个月以上企业实践锻炼；⑤汽车服装专业群推行专业核心课兼职教师一位企业兼职教师授课制度	①学校与合作企业分别面向智能制造、新一代信息技术专业群各指定1个带头人；②畅通专业领军人才成长通道；③制定"一企一师不断线"制度，新建设5～6个稳定的骨干教师企业实践基地，定实岗、轮岗实践；④200名专任教师实现1个月以上企业实践锻炼；⑤智能制造、新一代信息技术专业群推行专业核心课兼职教师一位企业兼职教师授课制度	①学校与合作企业分别面向现代商务、智能建造专业群各指定1个带头人；②新建设5～6个稳定的骨干教师企业实践基地，落实一企一师实践锻炼；③完善"一企一师不断线"制度；④200名专任教师实现1个月以上企业实践锻炼；⑤现代商务、智能建造专业群推行专业核心课兼职教师一位企业兼职教师授课制度	①完善"双带头人"制度；②新建设5～6个稳定的骨干教师企业实践基地，落实岗、轮岗实践；③完善"一企一师不断线"制度，累计700多名专任教师实现1个月以上企业实践；④6大专业群教师兼职、专兼职专业执行一课一兼职、企业一线兼职教师比例达25%；⑤校企合作、师资共建实现累计培养400名"理实一体""双师型""四能"教师"双教一研"执行专业课90%
		5-4 实施师资"精进"工程，培育"未来职教教师"，建成区域高水平教师发展中心	①开设卓越教师成长工作坊、专业带头人培训班等6类教师培训班；②培养100名掌握国际最新教学理念、具备良好信息化素养以及较强工程实践能力的"未来职教教师"；③建设1～2个省内知名的高水平职教教师资培训团队；④打造5～6个特色师资培训项目，面向省内外职教教师开展工作坊"等培训	①构建金字塔式教师职业生涯通道；②继续开设骨干教师成长工作坊、青年教师培训班、新教师培养骨干教师培训班等6类教师培训班，新教师入职阶培育近100人；③新培养150名高职院校"未来职教教师"、专业教师参与培训人数比例100%；④新建设1～2个省内知名的高水平职教教师资培训团队；⑤新打造5～6个特色师资培训项目	①继续开设兼职教师培训班、学生管理人员培训班等6类人员培训班；②建全金字塔式教师职业生涯通道机制、分类进阶培育机制；③新培养150名高职院校"未来职教教师"；④新打造1～2个省内知名的高水平职教教师资培训团队；⑤新打造5～6个特色师资培训项目	①累计完成500名骨干教师、200名兼职教师培训培育；②累计培养骨干教师400人以上，累计骨干教师比例近50%；③完成"未来职教教师"专项凝练经验，对外推广；④累计建设20个校外教师培训研修基地；⑤建成区域高水平教师发展中心

续表

序号	建设任务	分年度建设任务			
		2020年度（含2019年度）	2021年度	2022年度	2023年度
5	打造高水平双师队伍	5-5 建设省级以上高水平结构化教师教学创新团队，获取全国职业院校技能大赛教学能力比赛奖项	①获评或评选1个国家级、1个省级、6个校级结构化教师教学创新团队；②获取2～3项全国职业院校技能大赛教学能力比赛奖项；③获取4～5项省级职业院校技能大赛教学能力比赛奖项；④面向省内兄弟职业院校培训交流职业院校技能大赛教学能力比赛经验	①建设国一省一校三级结构化教师教学团队；②组织结构化教师教学创新团队专题研讨与交流、分享建设经验；③新获取2项全国职业院校技能大赛教学能力比赛奖项；④新获取4项省级职业院校技能大赛教学能力比赛奖项	①力争新增1个国家级、1～2个省级结构化教学创新团队；②新获取2项全国职业院校技能大赛教学能力比赛奖项；③新获取4项省级职业院校技能大赛教学能力比赛奖项	①累计建成2个国家级、2～3个省级、15个校级结构化教师教学创新团队；②新获取2项全国职业院校技能大赛教学能力比赛奖项；③新获取4项省级职业院校技能大赛教学能力比赛奖项；④结构化教师教学创新团队完成若干企业技术创新、技术服务项目
	5-6 实施分类考核与评价，推进校企互聘互兼以及高层次人才双向流动	①出台学校《目标绩效考核改革实施方案》《岗位聘任周期考核实施办法》，实施岗位绩效KPI考核方式，加强岗位聘任质量管理，提升教师教学、科研等绩效；②建立健全绩效工资动态调整机制；③制订校企互通互认教师和技术岗位任职资格标准	①出台学校《目标绩效考核改革实施方案》《岗位聘任周期考核实施办法》，强化教师分类培养指导与绩效评价，评选推荐各级荣誉优秀教师；②完善岗位动态调整机制；③完善适应信息化、智能化新技术需要的"双师型"教师认证标准；④探索校企高层次人才双向流动机制，每年支持15～20名骨干教师到企业，吸纳20名企业技术骨干到学校兼职兼薪	①完善学校《专任教师分类评价实施办法》《岗位聘任周期考核实施方案》《岗位聘任周期考核实施办法》等制度，改革实施办学管理绩效；②每年支持15～20名骨干教师到企业，吸纳20名企业技术骨干到学院兼职兼薪；③实现与产业人才双向流动的高层次人才互兼互聘	①完善学校《专任教师分类评价实施办法》等制度，奖励实施办学管理，累计推荐10名左右省级荣誉教师；②每年支持15～20名骨干教师到企业，吸纳20名企业技术骨干到学校兼职兼薪；③完善校企高层次人才双向流动机制，实现与产业人才双向流动、互兼互聘

续表

序号	建设任务	分年度建设任务			
		2020年度（含2019年度）	2021年度	2022年度	2023年度
6	6-1 建设5个产业学院，探索混合所有制改革 提升校企合作水平	①建设长城汽车服务中心，共建混编团队，共同开发3门课程； ②重组升级际华服装股份管理，挂牌设立际华服装学院三五零二分院； ③联合大连智能制造产业学院，挂牌成立企业冠名研究院，开展订单培养，制订1套专业教学标准； ④联合华为ICT、百度、百科来创挂牌成立华为授权认证培训中心； ⑤挂牌成立京东产业学院、电商校园店试运营，建成京东创新创业孵化园	①与长城汽车股份有限公司共同开发3～4个培养方案，形成混编团队建设标准； ②聘任企业骨干为际华服装学院副院长，分院招收企业生源30人，引进1～2名技能大师； ③升级智能制造示范车间，共建技术研发团队，开发智能制造方向专业课程，聘请企业工程师到校授课； ④人工智能学院聘请企业教师授课课量不低于700学时，引进1名技能大师，开展订单培养和技术培训； ⑤引进1～2名技能大师，共建校园前置仓，建成京东休闲旅游产业园	①成立长城汽车产业学院，校企共同开发1套专业群教学标准，3门新能源与智能网联课程； ②服装学院股东共同投入，建设工作室、技术中心、研发中心、体验店等； ③与大连机床共同成立大连机床智能制造职教联盟，起草智能制造行业标准1份，开发智能制造与科研成果转化，提供智能制造整体解决方案； ④共建人工智能产教融合基地，专业群内HCIA认证覆盖率达到70%； ⑤建成京东综合展示中心，凝练专业群特色文化，开发课程资源包	①与长城汽车股份有限公司共建"产学研创"一体化平台，开发新能源、智能网联课程达到12门； ②际华服装学院新引进5家企业，建成18个工作室，推进特种服、功能服军民两用技术成果转化； ③智能制造产业学院开展公共检测服务与订单生产，开展技术研究、员工培训，订单培养等； ④人工智能学院开展人才培养，技术认证、技能培训，技术服务等，取得HCIE顶级证书100人以上； ⑤共建京东培训基地和京东人才认证中心，开展员工培训

090

续表

序号	建设任务		分年度建设任务			
			2020年度（含2019年度）	2021年度	2022年度	2023年度
6	提升校企合作水平	6-2 建设现代学徒制学院	①建立跨专业现代学徒制学院，建立学徒制学院管理运行机制；②与旭阳焦化合作，面向在岗职工招生，组建现代学徒制班；③5个专业实施学徒制培养模式	①8个专业实施学徒制培养模式；②与部队、企业合作，实现退役、招工和招生一体化，拓展退役军人生源，实施现代学徒制培养模式；③明确出师标准，建立学徒培养质量监控体系	①12个专业实施学徒制培养模式；②继续与企业联合招收退役军人和在岗职工，实施现代学徒制培养模式；③完善学徒培养质量监控体系	①15个专业实施学徒制培养模式；②与企业联合"先招后招生"，招收社会学历生达到1 000人；③构建现代学徒制培养框架，形成可复制可推广的经验
		6-3 建设示范性职教集团	①对接产业需求，推动省内汽车类、服装类专业结构调整；②集团内40%院校开展中高职衔接培养；③培训企业员工10 000人次，分别组织1次职工技能大赛和学生技能大赛；④面向企业在岗职工、集团内校企联合开展学徒制培养；⑤集团内校企联合开展技术研发与创新；⑥健全集团内沟通机制、吸纳6家以上京津院校和企业兼职兼薪机制，吸纳人职院企业加人职院企业加大集团影响力	①对接产业需求，持续推动河北省内汽车类、服装类专业结构调整；②集团内50%院校开展中高职衔接培养；③培训企业员工20 000人次；④分别组织1次职工技能大赛和学生技能大赛；⑤集团内校企联合开展学徒制培养；⑥集团内校企联合开展技术研发与创新；⑦吸纳6家以上京津院校和企业加人职院企业加大集团影响力	①对接产业需求，持续推动河北省内汽车类、服装类专业结构调整；②集团内60%院校开展中高职衔接培养；③培训企业员工30 000人次；④分别组织1次职工技能大赛和学生技能大赛；⑤集团内校企联合开展学徒制培养；⑥集团内校企联合开展技术研发与创新；⑦吸纳6家以上京津院校和企业加人职院企业加大集团影响力	①对接产业需求，持续推动河北省内汽车类、服装类专业结构调整；②集团内80%院校开展中高职衔接培养，招生规模达1 000人；③培训企业员工35 000人次；④分别组织1次职工技能大赛和学生技能大赛；⑤集团内校企联合开展学徒制培养；⑥集团内校企联合开展技术研发与创新；⑦吸纳6家以上京津院校和企业加人职院企业加大集团影响力；⑧建成1～2个国家示范性职教集团

续表

分年度建设任务

序号	建设任务	2020 年度（含 2019 年度）	2021 年度	2022 年度	2023 年度
7	提升服务水平 7-1 首创新应用型人才、服务产业走向全球中高端	①对接产业高端打造"三核双融"专业集群，支撑复合型技术技能人才培养；②校企共建专业标准、课程标准和人才培养质量标准；③重点专业试行学分银行制度；④持续开展"1+X"培训；⑤核心专业群扩大现代学徒人才培养规模	①建成"1+X"育训体系；②依托"两院引领、内功外站"服务项目，混编教师团队指导、筛选学生参与技术应用创新项目，实现科研育人；③依托"一园三区"产教融合综合体协同育人，实现50%学生全过程浸润产业活动；④扩大现代学徒制人才培养规模，新增2个现代学徒制专业；⑤鼓励学生参与国际交流项目，培育国际视野和全球胜任力	①依托"两院引领、内功外站"服务模式，混编教师团队指导、核心专业参与技术创新项目，扩大科研育人范围；②依托"一园三区"产教融合综合体协同育人，实现80%学生全过程浸润产业活动；③持续扩大现代学徒制人才培养规模，新增2个现代学徒制专业；④持续拓展国际交流项目，支持核心专业群部分学生服务"走出去"企业实习实训	①实现20%学生深度参与技术创新项目，科研实用现成效，学生实用创新专利达到200项；②实现100%学生全过程浸润产业活动，就业率保持99%以上，用人单位满意度95%以上；③培养一批高质量复合型技术技能人才，实现10%左右毕业生进入五百强企业就业；④实现学生赴国（境）外服务"走出去"企业实习6 000人天

092

续表

序号	建设任务	分年度建设任务			
		2020年度（含2019年度）	2021年度	2022年度	2023年度
7	7-2 创"两院、内坊、外站"技术服务模式，助中小微企业高质量发展 提升服务水平	①完善"守敬科坊"建设机制，拓展建设形式；②建设4个技术技能大师工作室，7个博士工作室，10个守敬科研团队工作室，10个守敬创新工作室，2个开放创新实验工作室；③整合10个县域科技服务产业资源，围绕区域主导或新兴产业需求，提升服务质量；④完成技术创新研发项目10项，服务技术产品研发和技术升级改造服务15个，打造2个区域知名的科研创新团队；⑤完成技术服务到款额3700万元，在区域形成一定技术引领制造领域先进装备	①持续进行"守敬科坊"软硬件建设；精选样本，总结"守敬科坊"建设产出标准，提炼品牌内涵；②建设学校专家库、成果库、企业技术需求库、科技服务工作站，实现站站互联，三库支撑，打造2个区域知名的科研创新团队；③依托研究院完成重大项目能制造领域新研发项目1~2项，服务技术产品研发和技术升级改造服务15个；④实现年度技术服务到款额2000万元，在区域形成一定技术引领新能源汽车领域形成一定技术引领	①创新"一师一企一成果"技术服务模式，成为区域重要的成果资源；②依托研究院及"守敬科坊"合作园区的产业升级瓶颈难题，技术创新研发项目10项，服务技术产品研发和技术升级改造关键任务15个；③持续提升"守敬科坊"科研创新团队水平，打造3个区域知名的科研创新团队；④协同完成企业技术服务100项，实现年度技术服务到款额2100万元，在智能制造、文化创意领域成科技服务技术引领，形成科技服务品牌	①面向行业产业共性技术课题，整合科技资源，攻关解决园区共性技术课题，企业技术难题；②依托研究院及"守敬科坊"完成3~6个智能制造、新能源、新一代信息技术、军民融合领域产业升级瓶颈难题，成为服务区域产业发展的技术应用创新高地；③完成技术服务到款额2200万元，打造3个区域知名的科研创新团队，服务到区域主导产业5个战略新兴产业，成为区域重要技术创新源；④提炼总结"两院、内坊、外站"技术服务模式

续表

序号	建设任务	分年度建设任务			
		2020年度（含2019年度）	2021年度	2022年度	2023年度
7 提升服务水平	7-3 建公共检测服务平台，建知识产权及技术交易服务平台，助推科技成果转化	①资源共享，发挥整体技术优势，利用校内外科技资源。在环境检测、工业互联网数据分析、特种车辆装备测试等领域开展公共检测业务；②建设一支10人技术经理人团队；③筹建技术交易服务平台，实现技术成果转化20项	①全面协作，拓展公共服务资源，优选项目，合作共建一个区域的区域公共检测服务中心；②完成区域公共检测服务20项；③完成标准服务6项；④实现技术成果转化20项	①为本地区重大科技成果转化和企业技术创新提供全面、高效的开放性分析测试服务，完成区域公共检测服务25项；②完成标准服务6项；③实现技术成果转化20项	①组建公共检测工作团队，在新产品、新技术研发、标准化检测技术创新等方面开展深度合作，完成区域公共检测服务50项；②完成标准服务8项；③实现技术成果转化40项；④建成集"产、学、研、检"于一体的公共检验检测服务平台
	7-4 搭智慧大平台，建高技能人才培训中心，领跑区域职业培训市场	①实施"智慧+大平台"培训战略，启动建设社会培训智慧园区，建设重点智能教室，开发X证书培训包；②发挥历年承接人社部专业技术人才知识更新工程培训项目的经验和优势，依托"三核双融"专业群课程、师资、实训资源，建6个省级教师资、实训基地；③职教群资、企业在职员工以及急需紧缺领域高技能人才培训6 000人次以上	①建大数据技术支撑、智能化的教学管理平台，创新高交互型培训模式，开发X证书培训包；②聚焦高端装备制造业、新一代信息技术等领域，开展广面向、多类型培训7 000人次以上；③实现非学历培训服务到款额500万元	①继续开发X证书培训包，建成社会培训智慧园区，开展线上实时交互、线下培训送教进企业培训后跟踪到岗、后续继续教育再规划的"一站式"服务模式；②建国家紧缺现代服务业、创新创业等领域，广泛开展各类社会培训8 000人次以上；③实现非学历培训服务到款额800万元	①升级优化社会培训智慧园区，打造智慧园区交互名平台；②实现突破万人在线学习，服装专业、等级以上"双师型"教师培养培训基地；③建成集汽车专业、智能制造等领域广泛开展各类社会培训服务累计2万人次；④实现非学历培训服务到款额1 200万元

094

续表

序号	建设任务	分年度建设任务			
		2020年度（含2019年度）	2021年度	2022年度	2023年度
7	提升服务水平 7-5 构建"放射型"社区教育服务网络，助力学习型社会发展	①完善社区教育培训体系，丰富在线教育资源；②抓需求重特色，依托优势教育资源，实施"美好生活教育工程"，辐射周边40个社区，年培训量1万人次以上	①基于学院在各县区设立的技术服务平台，设立电子商务专业在线教育学院，辐射3个县域开展农村劳动力培训；②新增2个以上特色培训项目，实施"美好生活教育工程"，辐射周边60个社区，年培训量1.5万人次以上	①创新农副产品电商培训+创业模式，辐射6个县域开展农村劳动力培训；②新增2个以上特色培训项目，实施"美好生活教育工程"，辐射周边100个社区，年培训量2万人次以上	①布局增建3所县域特色社区教育学院，满足乡村建设教育发展需要；②形成并推广"农副产品电商培训+创业模式"，辐射全县域开展农村劳动力培训；③建成特色鲜明的社区教育培训项目体系，与政府共同搭建社区居民终身学习网络，年培训量全市社区、年培训量2.5万人次以上
8	提升学校治理水平 8-1 坚持党的领导核心地位，完善现代职业学院制度体系	①编制"十四五"学校发展规划，准确定位学校发展，保证科学决策；②健全科学民主决策机制，完善党委会、校长办公会议事规则，开好教代会，畅通教职工参与管理的渠道；③完善执行与监督机制，推动制度体系建设；④调整内设组织结构，修订学术委员会、专业建设指导委员会章程，建立校级教材选用委员会章程	①建立重大决策执行效果评估制度，健全重点领域、重要岗位预警防控机制；②充分发挥教代会、学生代表大会职能，开拓学生在学校决策中的参与路径和方式；③进一步规范学术活动管理，加强学术监督和学术评价，开好学术委员会、专业建设指导委员、教材选用委员会会议	①结合本校情况推动创新改革，结合教学、学生规章体系行政，教学、学生规章体系；②召开年度教代会议、学生代表校级会议参与管理；③建立学术保障学术自由，加强学术监督的机制，开好学术委员会、专业建设指导委员会、教材选用委员会会议	①面向世界、面向未来、面向现代化，不断革新治理理念、治理方式，治理结构；②按照规章、完善审查与清理机制，进一步加强规章制度执行效力

续表

序号	建设任务	分年度建设任务			
			2020年度(含2019年度)	2021年度	2022年度	2023年度
8	提升学校治理水平	8-2 优化内部治理结构，扩大二级学院办学自主权	①制（修）订《邢台职业技术学院两级管理规定》等文件，完善校、院两级管理体制，二级学院管理改革实施方案结合；②建立"二级学院管理组织结构"和"二级院系联席会"制度；③建立合理的绩效评估策略与奖励通道，营造教师发展的积极环境；④强化国定资产内部监察力度，在控制、加大审计监督力度，加重增长同时强化质量保证体系；⑤完善五纵五横的质量管理；⑥建设"透明部职"，及时公开党务、校务工作，推进办事程序、结果公开	①围绕5个专业群，试点完善二级学院管理，落实二级学院办学主权；②建立、完善"军民融合学院""教学院"教学组织工作；③深化"分类管理、分级考核"人事分配制度改革，推进绩效考核工作，建立二级教师专业发展档案；④推进教学质量诊改工作；⑤完善信息化办公系统	①扩大二级学院管理试点，进一步落实二级学院办学自主权；②"军民融合学院"教学组织顺畅运行；③完成内控工作相关制度，形成规范办事流程；④建成完善的教学诊改体系、完善人才培养、专业课程、师资队伍、学生质量等建设标准体系	①二级学院围绕学校改革发展大局，在人才培养、学科建设、科研创新、社会服务等方面发挥办学主体作用，取得标志性成果；②持续推动军民融合跨专业协同建设，实训基地共建共享；③形成完善的内部治理制度、建设线上线下校务公开平台，形成内控制的监督检查自我评价机制
		8-3 创新治理路径，探索多元主体共建共治机制	①按照"公办主导，市场参与、主体多元"思路，完成公有股份制、混合所有制的产教融合办学机制建设方案；②与上级部门、社区（社会）建立良好沟通，获得外界支持，建设1~2个政企校或社会多方共建的产业学院，促进专业内涵建设、优化资源整合能力，拓展科研和服务能力；③深化理事会制度建设，修订《专家委员会章程》，开好专家委员会、理事会议	①将产业学院建设成为实现校企双方利益共建共享的学与管理的方式多样化；②建立与实践基地、合作单位、现代学徒学院规模匹配的校外实践基地，合作单位；③完善产业学院、现代学徒学院治理体系建设，建成1~2个政企校共建的现代学院、1个共建的产业学院并配套完善现代学徒制度	①建立健全产业学院自主运行机制、监督机制，评价机制、激励约束机制等运行机制；②建成政校企合作社会多元共建的2~3个产教融合产业学院；③产业学院在提升特色高质量多元集群、培养方面发挥更大作用；④坚持政策民主化、建立政行企校组成的新一届理事会	①产业学院形成可持续的产教融合、多元共治模式，校企利益得到进一步明确，关系得到进一步明确，风险共担的融合成为联结与创新链的融合成为联结与创新链的校企合作办学模式；②推进"共同治理"，完善政府、行业、企业多方参与组成的"职业技术学院治理机制

续表

分年度建设任务

序号	建设任务	2020年度（含2019年度）	2021年度	2022年度	2023年度
8	提升学校治理水平 8-4 赓续职精神，营造"开放创新、军风铸魂"的治理文化	①完善学校文化建设顶层设计，融合部队敬文化与产业文化精髓，营造开放创新的院校文治理环境；②继续通过校园文化活动，推进军队文化、企业文化的深度融合发展；③成立学校融媒发展中心，推动校园媒体融合发展，为学校发展营造良好舆论环境	①建设军队文化广场，进一步突出军队区域文化特色，浓厚军人环境氛围；②融合区域特色文化精髓，继续推进"三种文化"的深度融合发展；③继续推进媒体融合发展，进一步加大对外宣力度，传播学校优秀文化和先进理论	①进一步打造"军风育人"特色校园文化品牌，推进"三种文化"深度融合发展；②更新学校宣传片；③继续推进媒体融合发展，进一步加大对外宣力度，提高宣传质量	①营造开放、包容、创新、和谐文明的校园文化生态，促进学校创新发展；②形成"技术立校、军风育人"文化治理生态，提升校园特色文化影响力；③编印新的学校宣传画册
9	提升信息化水平 9-1 建设智慧校园，提升院校治理的现代化水平	①完善学校信息和智慧校园发展战略，优化智慧校园建设规划；②构建全方位的智慧校园信息化平台，加强智慧校园信息化基础设施和数据设施建设，优化无线网络及网络基础改造；③完善全校大数据中心建设；④整合全院业务系统，实现所有业务系统接入一账号登录，提升服务保障能力，一站式服务大厅替代60%线下办事；⑤服务学分制改革，升级教务管理系统	①全方位提升校园信息和智慧校园发展战略，建设二级等级保护业务系统，推进现有网络向下一代互联网迁移；②提升数据驱动的信息管理服务能力，建设完善智慧管理平台，实现数据分析等工系统科、科研、学生生活等多方面智能化决策办理，建设等多精准推送服务系统，实现线上移动办事变更加方便快捷，用户体验满意度>80%；③建设完善办公系统，公系统涵盖学院100%主要业务办流、全面实现办公移动化	①协调各职能部门全面开展二级应用系统建设及数据综合治理，形成数据多方共治、数据共享；②建设智慧教室的智能化环境，铺助平台、智厚学堂及教学资源管理平台、教学大数据分析平台，构建教学评价系统，实践教学管理系统、资源、数据的统一，实现课程、资源、数据的统一管理与应用	①对各业务系统进行深度数据挖掘，提高数据建设分析基础上，为学校整体数据治理体系教学、管理、教学管理、科研管理等建立在数据分析基础上，为学校决策提供支持；②全面整合学校的教学、科研、管理、专业、学习、生活等资源，面向用户提供灵活方便、按需选取的服务

097

续表

序号	建设任务	分年度建设任务			
^	^	2020年度（含2019年度）	2021年度	2022年度	2023年度
9	9-2 打造智慧教育生态，提升教学信息化水平	①与专业建设、课程建设等协同推进教育教学信息化，升级5个传统专业，新增4个信息技术相关专业；②建设智能化教学支撑和教学习平台，智慧教室一期建设5间左右，专业核心课20%开展线上线下混合教学；③建设数字化资源，推广应用3个省级数字教学资源库，建成专业国家开放课程校级30门，在线开放课程校级30门，初步形成"邢职在线学体系"；④制订培训计划，提升教师信息化教学能力，增强学生信息应用能力	①汇聚校内优势数字教育资源，在职教集团内拓宽"邢职在线学习体系"服务领域，建成3个省级专业群开放教学资源库，建设在线开放课程校级40门，省级以上10门；②完成智慧教室二期建设，继续建设专业核心课35间、专业核心课40%线上线下混合教学；③与MOOC、SPOC、翻转课堂等教学形式深度融合，创新技术应用；④持续推进"信息技术+"升级5个传统专业，开设大数据、人工智能等信息产业前沿领域课程	①整合各级各类教育资源，实现数字教育资源共享共通，持续推广应用4个现代商务专业群教学资源库，建设在线开放课程校级40门，省级以上10门；②完善智慧教学环境，核心课70%线上线下混合教学，建设智慧教室10间；③持续推进"信息技术+"升级5个传统专业，扩大人工智能、大数据、物联网等信息能力的开放范围，并开设智能网联汽车、跨境电商等课程	①智慧教育应用于教师课堂教学、微课教学、备课与科研等领域；②运用智慧教学平台资源收集与共享功能，实现线上上课程学分认定和转换；③继续建设现代商务专业群校级资源库，建设在线开放课程校级40门，省级以上10门；④专业核心课100%线上线下混合教学；⑤持续推进"信息技术+"升级所有传统专业，实现所有专业的信息技术提升与转型
^	9-3 系统推进改工作，提升教学管理信息化水平	①形成优化的"五纵五横五深"螺旋提升质量保障体系，推进教学质量管理和数据平台建设；②重点专业群实施校级诊改，形成生源、短中期毕业生评价报告，教学满意度达90%以上；③推进教学质量管理和数据分析平台使用	①教学质量管理平台功能得到优化完善，特色专业群实施校级诊改；②形成生源、短中期毕业生评价报告，教学满意度保持90%以上	①利用教学平台分析平台实现智能助教和多维评价；②其他专业群实施校级诊改；③形成生源、短中期毕业生评价报告，教学管理及教学环境满意度在85%以上，校友回馈关注度在80%以上	①形成网络化全覆盖、实时联动的内部质量保证体系，持续推进其他信息化专业级诊改、信息化管理机制运行顺畅；②形成生源、短中期毕业生评价等报告，教学满意度保持90%以上

续表

序号	建设任务	分年度建设任务			
		2020年度（含2019年度）	2021年度	2022年度	2023年度
10	提升国际化水平 10-1 强化中外职教合作，提升职教国际交流互鉴	①积极推动教育部SGAVE汽车合作项目，河北省教育厅与德国GIZ的职业教育中德合作项目，中德汽车校企合作项目等国家级、省级两级中德职教合作项目实施；②依托河北省高职院校学生海外实习基地，推动学生赴职业教育发达国家开展交流合作，实现学生出国交流达20人次、中德合作办学专业达4个；③推动教师赴职业教育发达国家交流合作，实现教科研人员出国30人次；④引进优质职教资源、课程6门，外国专家教师4人	①依托中德合作办学项目，筹办先进制造国际论坛；②依托河北省高职院校学生海外实习基地，推动学生赴职业教育发达国家开展交流合作，实现学生出国交流20人次；③加强中德合作办学专业建设，引进课程标准8个、德方专家教师5人；④围绕核心专业群新增与新加坡、英、法等国职业院校开展国际职业教育合作交流项目2个	①筹办先进制造国际论坛，签署相关合作协议；②依托河北省高职院校学生海外实习基地，推动学生赴职业教育发达国家开展交流合作，实现学生出国交流20人次；③加强中德合作办学专业建设，中方师生去德交流项次以上；④围绕核心专业群新增与新加坡、英、法等国职业院校开展国际职业教育合作交流项目2个	①依托中德合作办学项目，举办先进制造国际论坛，扩大国际交流与影响；②依托河北省发达高职院校学生海外实习基地，推动学生赴职业教育发达国家交流合作，实现学生出国交流20人次；③中外合作办学专业学生数增加60人；④实现职教先进国家交流项目10个；④提升核心专业群国际视野与竞争力，实现专业教师出国交流40人次

099

续表

| 序号 | 建设任务 | 分年度建设任务 ||||
		2020年度（含2019年度）	2021年度	2022年度	2023年度
10 提升国际化水平	10-2 建设"守敬科坊"探索模式体系，树立邢职教育品牌	①面向"一带一路"共建国家，依托高水平专业群优势教育资源，开发"汽车-守敬科坊"合作项目和国际留学生项目，新增国际师资留学生20人以上，培训国际师资5人；②深度开展泰国化在线课程建设，筹备国际课程建设，海外学生培训达到200人；③规划"守敬科坊"战略布局	①面向"一带一路"共建国家，依托核心专业群优势教育资源，开发"信息技术-守敬科坊"合作项目和国际留学生项目，新增国际师资留学生20人以上，培训国际师资5人；②深化中泰"守敬科坊"合作项目，派出4名教师赴境外开展教学，完成一个专业教学资源和翻译；③参与泰方职教课程教学标准建设，共建核心专业群人才培养方案；④访问东盟、中东欧、非洲国家，共意向国家签署2个以上"守敬科坊"合作备忘录	①面向"一带一路"共建国家，依托核心专业群优势教育资源，开发"先进制造-守敬科坊"合作项目和国际留学生项目，新增国际师资留学生20人以上，培训国际师资5人；②深化"守敬科坊"合作项目，派出4名教师赴境外开展教学；③建设智能制造专业群、现代商务专业群课程标准、教学标准，开发人才培养方案，运行共建核心"守敬科坊"，培养本专业学生50人以上；④与意向国家新增建设1家"守敬科坊"	①面向"一带一路"共建国家，依托核心专业群优势教育资源，开发"跨境电商-守敬科坊"跨国项目和国际留学生项目，新增国际师资留学生20人以上，培训国际师资5人；②面向"一带一路"共建国家，新增建设1家"守敬科坊"，完成3家"守敬科坊"建设；③提炼总结"守敬科坊"援建模式，树立邢职国际教育品牌
	10-3 实施"海外培训与服务工程"，助力企业"走出去"	①依托核心专业群优势资源，加强与龙头行业企业战略合作，开发"走出去"合作项目2项；②组织技术创新教师团队，开展"走出去"企业员工培训，培训量4000人天；③核心专业群学生服务"走出去"企业实习3000人天	①总结提炼与龙头企业合作模式，持续拓展"走出去"合作企业服务项目4项；②组织技术创新教师团队，开展"走出去"企业员工培训，培训量4300人天；③核心专业群学生服务"走出去"企业实习1000人天以上	①整合核心专业群优势资源服务县域特色产业集群，与县域政府和县域行业协会开展战略合作，新开发国际合作项目7项；②组建"技术+运营"特色服务教师培训团队，开展培训，培训量达7000人天；③核心专业群学生服务"走出去"企业实习1000人天以上	①总结提炼与县域合作模式，持续拓展服务县域特色产业集群，与县域政府合作，新开发国际服务项目10项；②组建"技术+运营"特色服务教师培训团队，开展培训，培训量达10000人天；③核心专业群学生服务"走出去"企业实习1000人天以上

续表

分年度建设任务

序号	建设任务	2020年度（含2019年度）	2021年度	2022年度	2023年度
11	**深耕军民融合发展**				
	11-1 培养军民两用人才，打造军地人力资源高地	①依托特种车改装等四个军民融合方向专业基础，成立军民融合学院，建设"军民融合学院"统筹+教学堂+军民融合企业学堂"运行机制；②完善4个军民融合专业军民两用学标准、校企共研共培方案、加强军民两用技能人才培养内涵建设；③实现核心专业人数200人以上；④开发建设军民融合"1+X"育训体系	①聚焦信息技术领域，建设军民融合实践教学基地、军民融合实践教学堂，新增共建2个军民融合企业学堂；②军民融合企业发展到6个；③实现核心专业人数400人以上；④建设新一代信息技术军民两用课程资源库；⑤新建1个军民融合特色信息技术教师创新团队	①聚焦先进制造技术领域，建设军民两用实践教学基地，新建3个军民融合企业学堂；②军民融合企业发展到8个；③实现核心专业发展500人在校生人数；④建设1个军民融合特色混编教师教学创新团队；⑤新建1个军民融合特色混编教师教学创新团队	①完善军民融合学院运行和治理机制；②总结提炼高职院校"军民贯通"人才培养模式；③完成8个军民融合专业的建设；④在校生人数500人以上；⑤提炼复合型军民两用技术技能人才培养标准
	11-2 瞄准军民创新与服务，打造军民两用技术军民融合产学研用示范高地	①接京津冀区域军民融合产业，开展军用汽车、军民两用特种车服、应急管理等军民融合产学研用协同创新联盟，聚焦战略性新兴产业和军民装备技术研讨，召开军民研讨会；③以核心专业群引领，开展全方位军民技术创新与服务，新增军民两用技术融合成果25项	①继续开展军用汽车、军民两用特种服、应急管理等军民融合产学研用合作项目20项以上，完成军民融合技术转化10项；②发挥军需后勤保障的优势，依托军民融合军联华集团，召开军民融合技术交流会；③新增军民融合成果25项	①依托河北省军民融合产学研用示范基地，深化军民融合产业技术研究，开展军民融合产学研用合作项目30项以上，完成军民融合技术转化15项；②依托军民融合产学研用协同创新联盟，召开军民融合应急救援装备技术研讨会；③新增军民融合成果25项	①依托河北军民融合产学研用示范基地，深化军民融合产学研用合作项目40项以上，完成军民融合技术转化20项；②吸引军民两用技术创新"隐形冠军"企业，召开"军民融合产学研用协同创新联盟"产品技术成果对接会；③实现军民融合成果总量100项

续表

序号	建设任务	分年度建设任务			
		2020年度（含2019年度）	2021年度	2022年度	2023年度
11	深耕军民融合发展 11-3 聚焦退役军人社会培训，打造服务军地品牌基地	①与邢台市退役军人事务所共建退役军人就业创业培训基地，开展成人学历+职业技能培训、创业孵化、就业指导、推荐、训后跟踪的"一站式"培训服务； ②丰富培训课程，探索服务模式，开展退役军人培训600人次以上； ③开展退役军人"1+X"育训结合培养模式与配套制度创新	①升级培训课程和平台，用绕退役军人延伸培训对象范围，优化退役军人培训基地； ②实施"菜单式""定制式"和"对接式"多种培训服务，新增退役军人培训700人次以上； ③完成退役军人"1+X"育训结合培养模式与配套制度建设	①持续优化培训课程和平台，延伸培训对象范围，升级多样化培训服务，新增退役军人培训800人次以上； ②总结提炼退役军人"一站式"培训模式，优化培养模式"1+X"育训结合培养模式	①更新培训课程，深入优化培训环节，融合线上线下交互培训，从现役到就业"一站式"关注退役军人，提供培训服务，实现年均退役军人培训1 000人次； ②优化退役军人"一站式"培训模式，扩大推广县域职教，形成退役军人社会培训优势品牌

102

三、项目总预算

项目预算安排如表 2-2 所示。

表 2-2 项目建设预算安排一览表

建设内容		小计 金额(万元)	小计 比例(%)	中央财政投入资金 金额(万元)	中央财政投入资金 比例(%)	地方财政投入资金 金额(万元)	地方财政投入资金 比例(%)	举办方投入资金 金额(万元)	举办方投入资金 比例(%)	行业企业支持资金 金额(万元)	行业企业支持资金 比例(%)	学校自筹资金 金额(万元)	学校自筹资金 比例(%)
合计		36 903	100	5 000	13.55	14 100	38.21	—	—	7 180	19.46	10 623	28.79
打造技术技能人才培养高地	2-1 立德树人	100		—		100		—	—	0		0	
	2-2 分流分类人才培养	2 000		—		1 500		—	—	0		500	
	2-3 创新"1+X"育训结合培养模式	0		—		0		—	—	0		0	
	2-4 打造创新创业教育升级版	541		—		370		—	—	0		171	
	小计	2 641	7.16	—		1 970		—	—	100		671	
打造技术技能创新服务平台	3-1 军民融合技术研究院	410		—		210		—	—	100		100	
	3-2 高新技术研究院	150		—		150		—	—	0		0	
	3-3 区域共享型产教融合实训基地	7 014		—		3 884		—	—	2 130		1 000	
	3-4 三个园区	50		—		50		—	—	0		0	
	小计	7 624	20.66	—		4 294		—	—	2 230		1 100	

续表

建设内容		小计 金额(万元)	小计 比例(%)	中央财政投入资金 金额(万元)	中央财政投入资金 比例(%)	地方财政投入资金 金额(万元)	地方财政投入资金 比例(%)	举办方投入资金 金额(万元)	举办方投入资金 比例(%)	行业企业支持资金 金额(万元)	行业企业支持资金 比例(%)	学校自筹资金 金额(万元)	学校自筹资金 比例(%)
打造高水平专业群	4-1 汽车检测与维修技术高水平专业群建设	15 161	41.08	5 000	—	1 300		—	—	3 800		5 061	
	小计	15 161	41.08	5 000	—	1 300		—	—	3 800		5 061	
打造高水平双师队伍	5-1 师德"红烛"行动、教师"荣光"行动	500		—	—	0		—	—	0		0	
	5-2 "引智聚优"工程	200		—	—	300		—	—	0		200	
	5-3 教师培养"融通"工程	460		—	—	200		—	—	0		0	
	5-4 师资"精进"工程	605		—	—	360		—	—	0		100	
	5-5 高水平结构化教师教学创新团队	0		—	—	505		—	—	0		100	
	5-6 分类评价与高层次人才双向流动			—	—	0		—	—	0		0	
	小计	1 765	4.78	—	—	1 365		—	—	0		400	
提升校企合作水平	6-1 混合所有制产业学院建设	2 350		—	—	1 400		—	—	520		430	
	6-2 现代学徒制学院建设	720		—	—	220		—	—	400		100	
	6-3 职教集团建设	70		—	—	40		—	—	30		0	
	小计	3 140	8.51	—	—	1 660		—	—	950		530	

续表

建设内容		小计		中央财政投入资金		地方财政投入资金		举办方投入资金		行业企业支持资金		学校自筹资金	
		金额(万元)	比例(%)	金额(万元)	比例(%)	金额(万元)	比例(%)	金额(万元)	比例(%)	金额(万元)	比例(%)	金额(万元)	比例(%)
提升服务发展水平	7-1 创"两院引领、内坊外站"服务模式,助中小微企业高质量发展	500		—	—	100		—	—	100		300	
	7-2 建公共检测服务平台,助推科技共享和成果转化	200		—	—	100		—	—	100		0	
	7-3 搭智慧大平台、建高技能人才培训中心,领跑区域职业培训市场	320		—	—	120		—	—	0		200	
	7-4 构建"放射型"社区教育服务网络,助力学习型社会发展	55		—	—	55		—	—	0		0	
	小计	1 075	2.91	—	—	375		—	—	200		500	
提升学校治理水平	8-1 完善章程保障监督机制,完善内部治理结构	364		—	—	121		—	—	0		243	
	8-2 优化内部管理体系,健全内部质量保证体系	80		—	—	60		—	—	0		20	

105

续表

建设内容		小计 金额(万元)	小计 比例(%)	中央财政投入资金 金额(万元)	中央财政投入资金 比例(%)	地方财政投入资金 金额(万元)	地方财政投入资金 比例(%)	举办方投入资金 金额(万元)	举办方投入资金 比例(%)	行业企业支持资金 金额(万元)	行业企业支持资金 比例(%)	学校自筹资金 金额(万元)	学校自筹资金 比例(%)
提升学校治理水平	8-3 创新治理路径,探索多元主体共建共治机制	0		—	—	0		—	—	0		0	
提升学校治理水平	8-4 提升文化影响,营造"开放创新军铸魂"治理生态	272		—	—	200		—	—	0		72	
提升学校治理水平	小计	716	1.94	—	—	381		—	—	0		335	
提升信息化水平	9-1 实施智慧校园计划,建成智慧校园平台,促进智慧管理与服务	1 902		—	—	1 402		—	—	0		500	
提升信息化水平	9-2 实施智慧教育创新示范行动计划,推进教育教学方式变革	1 138		—	—	450		—	—	0		688	
提升信息化水平	9-3 实施"11211"教诊改,释放人才培养质量保证的内生动力	415		—	—	315		—	—	0		100	
提升信息化水平	小计	3 455	9.36	—	—	2 167		—	—	0		1 288	

续表

建设内容		小计 金额(万元)	小计 比例(%)	中央财政投入资金 金额(万元)	中央财政投入资金 比例(%)	地方财政投入资金 金额(万元)	地方财政投入资金 比例(%)	举办方投入资金 金额(万元)	举办方投入资金 比例(%)	行业企业支持资金 金额(万元)	行业企业支持资金 比例(%)	学校自筹资金 金额(万元)	学校自筹资金 比例(%)
提升国际化水平	10-1 强化中德职教合作,提升职教强国交流互鉴	518		—	—	118		—	—	0		400	
	10-2 建设"守敬科坊"探索模式体系,树立邢职教育品牌	108		—	—	0		—	—	0		108	
	10-3 实施海外培训与服务工程,助力区域企业"走出去"	380		—	—	200		—	—	0		180	
	小计	1 006	2.73	—	—	318		—	—	0		688	
深耕军民融合发展	11-1 培养军民两用人才,打造军地人力资源高地	200		—	—	150		—	—	0		50	
	11-2 瞄准两用技术创新与服务,打造军地产学研用示范高地	80		—	—	80		—	—	0		0	
	11-3 聚焦退役军人社会培训,打造军地服务军地品牌基地	40		—	—	40		—	—	0		0	
	小计	320	0.87	—	—	270		—	—	0		50	

四、项目支出绩效目标

项目建设支出绩效目标设计如表2-3所示。

表2-3 项目建设支出绩效目标设计一览表

一级指标	二级指标	三级指标			
		1.1 数量指标	1.1 指标值	1.2 质量指标	1.2 指标值
1. 产出指标	1.1 数量指标 1.2 质量指标	1.1.1 打造技术技能人才培养高地		1.2.1 打造技术技能人才培养高地	
		"1+X"证书制度试点专业覆盖率（%）	100	"1+X"证书通过率（%）	>92
		X证书培训数量（人次）	8 500	校级孵化园人驻项目工商注册比例（%）	100
		校级精品在线课数量（门）	100	国家水平精品在线课数量（门）	2~3
		立体化教材数量（门）	>150	省级水平精品在线课数量（门）	20
		校级教学成果奖（项）	30	国家水平规划教材（部）	20
		支持学生个性化发展的选修课数量（门）	150	国家级教学成果奖（项）	1~2
		校级技能大赛覆盖专业（%）	100	省级教学成果奖（项）	3~4
		毕业生就业率（%）	>99	全国职业院校技能大赛获奖数（项）	20
		开发专业教学标准（个）	50	毕业生平均起薪点（万元）	>0.5
		"分流分类"人才培养机制与制度（套）	1	国际先进水平专业教学标准（个）	1
		融入思政教育的课程数量（门）	150	"分流分类"人才培养工作经验课（个）	>5
				课程思政教育案例集（册）	1

108

续表

一级指标	二级指标	三级指标			
		1.1 数量指标	1.1 指标值	1.2 质量指标	1.2 指标值
		1.1.2 打造技术技能创新服务平台		1.2.2 打造技术技能创新服务平台	
		建设应用技术技能创新服务平台（个）	10	省级及以上技术技能创新中心（个）	2
		建设区域共享型实训基地（个）	4	省级及以上产教融合实训基地（个）	3
		授权专利数量（件）	600	年均专利转让数（个）	15
		开展科研项目数量（个）	300	科研成果转化数（个）	100
		军民两用技术标准（项）	5	立项省部级及以上科研项目（个）	100
				发明专利（个）	30
		1.1.3 打造高水平专业群		1.2.3 打造高水平专业群	
		骨干专业群数量（个）	5	国家级高水平专业群（个）	1
				省部级高水平（骨干）专业群（个）	3
		1.1.4 打造高水平双师队伍		1.2.4 打造高水平双师队伍	
		新增博士硕士研究生（名）	200	"双师型"教师比例（%）	≥90
		教师培训研修基地（个）	20	企业一线兼职教师比例（%）	≥25
		引进专业群带头人、领军人物（名）	5	教师获省级及以上荣誉称号数量（个）	10
1. 产出指标	1.1 数量指标 1.2 质量指标	引进行业技术技能大师（名）	10	国家级教师教学创新团队（个）	2
		校级教师教学创新团队（个）	15	省级教师教学创新团队（个）	2
		建设教师发展中心（个）	1	全国职业院校技能大赛教学能力比赛获奖（项）	10
		培养骨干教师数（名）	≥400	河北省职业院校技能大赛教学能力比赛获奖（项）	20
		1.1.5 提升校企合作水平		1.2.5 提升校企合作水平	

续表

一级指标	二级指标	三级指标			
		1.1 数量指标	1.1 指标值	1.2 质量指标	1.2 指标值
1. 产出指标	1.1 数量指标 1.2 质量指标	校企共建产业学院数量（个）	5	产业学院企业兼职教师授课占比（%）	25
		实施现代学徒制培养专业数量（个）	15	学徒在合作企业就业比例（%）	90
		实施现代学徒制培养的学生数（人）	2 000	省级水平以上示范性职业教育集团（联盟）（个）	2
		职业教育集团（联盟）（个）	3		
		现代学徒制培养机制与制度（套）	1	现代学徒制人才培养相关成果获得教学成果奖（个）	≥1
		1.1.6 提升服务发展水平		1.2.6 提升服务发展水平	
		"守敬科坊"（个）	20	纵向教科研经费到款额（万元）	1 000
		科技服务工作站（个）	10		
		技术服务项目（个）	500	技术服务到款总额（万元）	10 000
		公共检测服务平台（个）	1	技术转移到款额（万元）	500
		公共检测服务项目（个）	95		
		社区教育分院（个）	≥3	国家级"双师型"教师培养培训基地（个）	2
		年均非学历培训（万人日）	≥28	年均学历服务到款额（万元）	1200
		社会培训智慧平台（个）	1	省级水平以上高技能人才培训基地（个）	6
		1.1.7 提升学校治理水平		1.2.7 提升学校治理水平	
		学校理事会（个）	1	师生以全体、部分、代表等多种方式参与学校决策	是
		混合所有制试点（个）	1	理事会参与财务决策项目能监督资金使用	是

110

续表

一级指标	二级指标	三级指标			
		1.1 数量指标	1.1 指标值	1.2 质量指标	1.2 指标值
1.产出指标	1.1 数量指标 1.2 质量指标	学术组织(学委会、专业建设委员会、教学指导委员会、教材选用委员会)(个)	4	教师对学术自由、学术监督、学术评价满意度(%)	>80
		"十四五"学校发展规划总规划(项)	1	学校发展规划年度执行率(%)	100
		制订、修订内部治理制度(项)	260	通过内部质量保证体系诊断与改进省级复核	是
				师生对校园文化的认同度(%)	100
		学校质量年报、企业参与高等职业教育年度报告(份)	≥8	获省级以上文明校园称号(次)	≥2
				获"育人成效、教学资源、国际影响力、服务贡献"等50强(次)	≥4
				获全国高职院校教学管理50强等(次)	≥1
		1.1.8 提升信息化水平		1.2.8 提升信息化水平	
		学校数据标准规范(份)	1	主数据标准化程度(%)	100
		智慧校园大数据中心(个)	1	决策信息化支持程度	高
		整合学校信息平台数(个)	10	教职员工及学生对线上办理业务的便捷满意度(%)	≥90
		专业群开放教学资源库(个)	5	线上管理业务的比例(%)	≥90
		在线开放课程(门)	150	主持省级以上专业(群)教学资源库(个)	4
		信息化教学培训人数(人次)	2 300	专业核心课线上线下混合教学比例(%)	100
		智慧教室数量(间)	60	教师信息素养培训占总人数的比例(%)	100
		1.1.9 提升国际化水平		1.2.9 提升国际化水平	

续表

一级指标	二级指标	三级指标				
		1.1 数量指标	指标值 1.1	1.2 质量指标	指标值 1.2
1. 产出指标	1.1 数量指标 1.2 质量指标	中外合作办学专业(个)	4	建设"宁敬科坊"数(个)	3
		境外合作交流项目(个)	10	开发被国(境)外采用的专业教学标准数(个)	5
		在校生留学生数(人)	80	开发并被国(境)外采用的课程标准数(个)	30
		在校生服务"走出去"企业国(境)外实习时间(人天)	6 000	参与制订的国际标准推广国家数(个)	3
		参与制订国际标准(个)	3	海外员工教育培训合格率(%)	≥95
		"走出去"企业员工培训量(人天)	23 000	1.2.10 深耕军民融合发展	
		1.1.10 深耕军民融合发展		军民融合产学研用协同创新联盟(个)	1
		军民融合学院(个)	1	河北省军民融合产学研用示范基地(个)	1
		企业学堂(个)	8	军民融合专业毕业生对口就业率(%)	≥80
		军民融合专业(方向)(个)	8	军民融合专业技术转化率(项)	≥50
		军民融合专业在校生(人)	≥500	省级水平退役军人培训基地(个)	1
		军民融合成果(项)	100	退役军人培训满意度(%)	≥95
		退役军人年均培训量(人次)	1 000		

续表

一级指标	二级指标	三级指标	
1. 产出指标	1.3 时效指标	1.3.1 任务终期完成度(%)	100
		1.3.2 收入预算执行率(%)	100
		1.3.3 支出预算执行率(%)	100
		1.3.4 项目建成时间	按期完成
		1.3.5 项目验收时间	按期完成
	1.4 成本指标	1.4.1 项目建设总投入资金(万元)	36 903
		1.4.2 师资队伍建设投入资金(万元)	1 765
		1.4.3 课程建设投入资金(万元)	1 776
		1.4.4 信息化建设投入资金(万元)	3 455
		1.4.5 国际交流投入资金(万元)	1 006
		1.4.6 产教融合实训基地建设投入资金(万元)	7 014
		1.4.7 产业学院建设投入资金(万元)	2 350
		1.4.8 项目单位成本(项目投入资金/验收得分)	平均值以下
2. 效益指标	2.1 社会效益指标	2.1.1 毕业生就业质量(如学生进入高端产业、产业高端就业率)	高
		2.1.2 本地就业率(%)	70
		2.1.3 共享型实训基地服务校外学生及社会人员(人次)	20 000
		2.1.4 面向"三个园区"的高技能培训(人次)	10 000
		2.1.5 服务地方高成长型骨干中小企业比例(%)	25
		2.1.6 汽车检测与维修技术专业教学标准推广至"一带一路"共建国家(个)	≥3

续表

一级指标	二级指标	三级指标	
2. 效益指标	2.1 社会效益指标	2.1.7 学校职业教育在线课学习用户（万人）	≥100
		2.1.8 "分流分类"人才培养机制与制度推广学校数量（个）	≥20
		2.1.9 科研立项数量在全省保持领先水平	是
		2.1.10 服务区域退役军人、新型职业农民培训等的贡献度	高
		2.1.11 省级以上项目成果在同类院校保持领先水平	10
		2.1.12 年均提升企业经济产值效益（万元）	3 000
		2.1.13 贫困家庭毕业生经济状况改善（%）	≥80
		2.1.14 邢职职业教育品牌认可度（%）	≥90
		2.1.15 服务"一带一路"共建国家职业教育的贡献度	高
		2.1.16 中外合作办学水平及效益	高
	2.2 可持续影响指标	2.2.1 "双高计划"的示范引领作用	≥5 年
		2.2.2 对学生未来职业发展的影响	强
		2.2.3 对教师未来能力提升的影响	强
		2.2.4 塑造一支守正创新、敢于硬仗的干部队伍	是
		2.2.5 是否满足学院长远发展的需要	是
		2.2.6 形成一套完善可持续执行的院校治理制度	是
		2.2.7 学校发展内涵与办学特色延续性	好

续表

一级指标	二级指标	三级指标	
3. 满意度指标	3.1 服务对象满意度指标	3.1.1 在校生满意度(%)	≥90
		3.1.2 毕业生满意度(%)	≥95
		3.1.3 教职工满意度(%)	≥95
		3.1.4 用人单位满意度(%)	≥95
		3.1.5 家长满意度(%)	≥90

模块三 治理成效评价

一、立德树人

2022年12月,中共中央办公厅、国务院办公厅印发了《关于深化现代职业教育体系建设改革的意见》,指出要"坚持把党的领导贯彻到现代职业教育体系建设改革全过程各方面,全面贯彻党的教育方针,坚持社会主义办学方向,落实立德树人根本任务";"深入推进习近平新时代中国特色社会主义思想进教材、进课堂、进学生头脑,牢牢把握学校意识形态工作领导权,把思想政治工作贯穿学校教育管理全过程,大力培育和践行社会主义核心价值观,健全德技并修、工学结合的育人机制,努力培养德智体美劳全面发展的社会主义建设者和接班人"。

"双高计划"文件中关于"加强党的建设"发展任务明确提出:"深入推进习近平新时代中国特色社会主义思想进教材进课堂进头脑,大力开展理想信念教育和社会主义核心价值观教育,构建全员全过程全方位育人的思想政治工作格局,实现职业技能和职业精神培养高度融合。"

《河北科技工程职业技术大学高等职业教育质量年度报告2021—2022学年》总结道:2022年河北科技工程职业技术大学汽车工程系教师党支部作为第二批"全国党建工作样板支部"建设单位验收通过;马列教学部党支部入选第三批"全国党建工作样板支部"培育创建单位;河北省师德标兵年度新增1人;2021年10月在河北省高校第二届外语课程思政教学比赛决赛中荣获高职高专组特等奖;学校获批首批省级思政课名师工作室;2名思政课教师获教育部首届思想政治理论课教师教学展示大赛一、二等奖;3名教师获河北省青年教师思政课教学比赛本科组一、二、三等奖;获批1个省级思政课教师教学创新团队。

为探究学校在"加强党的建设"发展任务方面的建设成效,本书对"立德树人"相关工作的工作部署、教育质量、育人成效和满意度进行了调研分析。

(一) 工作部署

1. "三全育人"格局

在"全员育人"方面,如图3-1所示,学校教师队伍、学工队伍、管理队伍和企业德育双师队伍等均不同程度参与了"立德树人"工作,学校还通过互联网等手段对学生进行立德树人教育。其中,学校教职工、在校生、毕业生对"立德树人"教育活动工作主体感知度最高的为"思想政治理论课教师"(85.13%、85.35%、

84.59%),其次是"专业课老师"(76.77%、62.13%、77.48%)和"团委、辅导员等学生工作老师"(73.05%、56.41%、69.63%)。

这表明学校坚持"立德树人"工作,构建了校党委、党总支、党支部、党员四位一体的党建制度,形成了全员、全过程、全方位育人的工作新格局,"党建引领"示范工程和思政育人工作成效彰显,教职工与学生对各类育人主体均有强烈感知。此外,《河北科技工程职业技术大学高等职业教育质量年度报告2021—2022学年》显示,学校坚持以习近平新时代中国特色社会主义思想为指导,制定了《2022年政治理论学习重点内容安排》,指导全校教职工通过线上线下教学、自学等形式,开展"周一夜学"、"三会一课"、主题党日等活动;进一步推广使用"学习强国"学习平台,学校注册使用学员16 700余人,有160余名学员获市级、校级"学习之星",激发了广大师生政治理论学习的积极性、主动性。围绕党的青年运动史、建团100周年大会精神、新时代的伟大成就、党的二十大专题,通过支部大会、座谈会、主题团日等深入开展"永远跟党走 奋进新征程"主题教育实践活动;组织策划了"国旗下思政公开课""我是青春领读人"等系列学习教育活动,组织拍摄《一起向未来》《百名青年送决议》等一系列文创作品,两部作品更是得到"学习强国"学习平台宣传报道,把党史学习的浓厚氛围延伸到了每个有青年学生的地方。

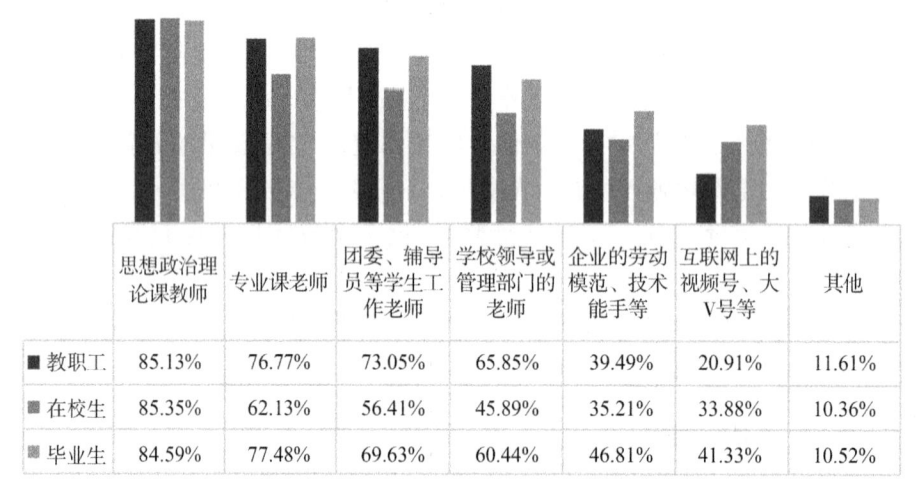

	思想政治理论课教师	专业课老师	团委、辅导员等学生工作老师	学校领导或管理部门的老师	企业的劳动模范、技术能手等	互联网上的视频号、大V号等	其他
教职工	85.13%	76.77%	73.05%	65.85%	39.49%	20.91%	11.61%
在校生	85.35%	62.13%	56.41%	45.89%	35.21%	33.88%	10.36%
毕业生	84.59%	77.48%	69.63%	60.44%	46.81%	41.33%	10.52%

图3-1 学校教职工、学生对"立德树人"育人工作主体的感知比例

2. 活动参与类型

在"立德树人"活动参与类型方面,如图3-2所示,学校涉及的活动类型较为丰富,包含"思想政治理论课"、"课程思政"、"思政类专题教育活动"、"团委、社团

等校园活动"、"劳动教育、美育教育"、"模范教师等感召教育活动"以及"互联网思政教育"等。其中,在校生和毕业生参与度最高的为上思想政治理论课(84.74%、83.56%),其次是接受专业课中的思想政治内容(63.36%、74.52%)和参与思政类专题实践活动(55.04%、62.07%)。可见,学生均对学校思想政治理论课、课程思政等参与度较高,表明学校"立德树人"教育在这些教育活动中体现较为明显。

由此可见,学校围绕立德树人根本任务,贯彻落实了"深入推进习近平新时代中国特色社会主义思想进教材、进课堂、进学生头脑,牢牢把握学校意识形态工作领导权,把思想政治工作贯穿学校教育管理全过程"的总体要求。学校能够坚持将课堂教学作为思想政治教育的"主阵地",并统筹发挥课程、实践、文化、网络等方面的育人功能,在思政课教学和课程思政改革方面成效显著,同时,学校利用信息技术推动思政课创新,"立德树人"工作给师生留下了较为深刻的印象。

	思想政治理论课	课程思政	思政类专题教育活动	团委、社团等校园活动	劳动教育、美育教育	模范教师等感召教育活动	互联网思政教育	其他
在校生	84.74%	63.36%	55.04%	54.98%	54.39%	35.57%	41.27%	9.81%
毕业生	83.56%	74.52%	62.07%	56.00%	50.37%	53.48%	49.04%	12.30%

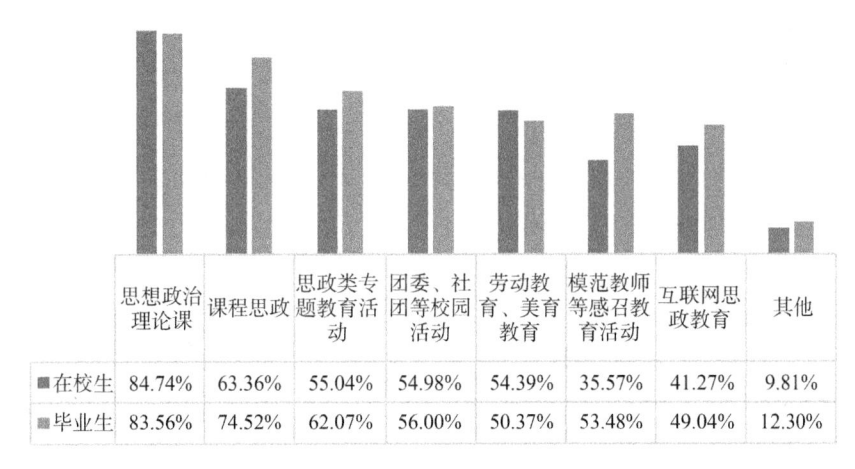

图 3-2 学校学生对"立德树人"教育活动的参与情况

(二) 教育质量

1. 思政课程质量

为评价学校"思政课程"的教育质量,本书分析了教职工和学生对"思政课程"课时量、理论性、与现实的联系、课堂气氛、教学内容、教学形式等方面的评分情况,如图 3-3 所示。

调研发现,学校教职工和学生都对"思政课程"的教育质量有很高评价。教职工、在校生和毕业生都认为与学校"思政课程"特点最符合的为课时量充足

(99.43%、98.02%、97.88%)、理论性很强(99.35%、98.02%、97.84%)和紧密联系现实(99.21%、97.96%、97.94%)。

图 3-3 中用〇圈出的数据表示获得所有主体一致较高认同的方面,可见,教职工和学生均对学校思政课程在"课时量充足""理论性很强""紧密联系现实"方面的评价较高,表明学校"思政课程"教学改革成效显著,思政教师队伍素质较高,具有丰富的理论知识体系,同时又能将理论紧密联系现实,并实施多样化的教学形式,形成了活跃的课堂氛围,有效保障了"思政课程"的教学质量。学校可进一步总结"思政课程"改革的成功做法,形成可资借鉴、可予推广的典型经验。

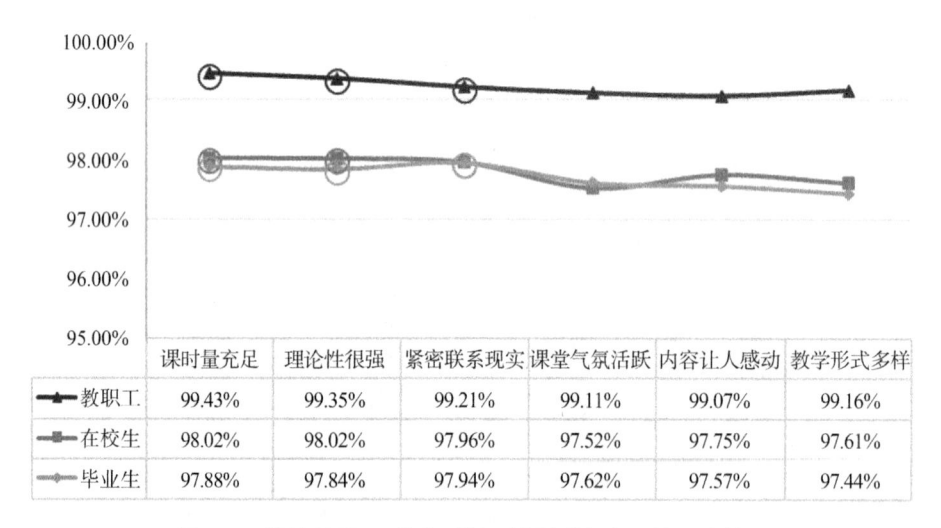

	课时量充足	理论性很强	紧密联系现实	课堂气氛活跃	内容让人感动	教学形式多样
教职工	99.43%	99.35%	99.21%	99.11%	99.07%	99.16%
在校生	98.02%	98.02%	97.96%	97.52%	97.75%	97.61%
毕业生	97.88%	97.84%	97.94%	97.62%	97.57%	97.44%

图 3-3 学校教职工、学生对"思政课程"各方面的评价情况

2. 课程思政质量

为评价学校"课程思政"的教育质量,本书分析了教职工和学生在时间恰当性、和专业的结合度、教师熟练程度、课堂气氛、教学内容、教学形式等方面的评分情况,如图 3-4 所示。

调研发现,学校教职工和学生都对"课程思政"教育质量有较高评价。教职工认为与学校"课程思政"特点最符合的三项依次为教学形式多样(99.51%)、和专业有机结合(99.40%)和占用的时间恰当(99.32%);在校生认为与学校"课程思政"特点最符合的三项依次为教师熟练讲授(97.97%)、占用的时间恰当(97.82%)和教学形式多样(97.78%);毕业生认为与学校"课程思政"特点最符合的三项依次为占用的时间恰当(98.13%)、教师熟练讲授(98.12%)和课堂气氛活跃(98.10%)。

图 3-4 中用〇圈出的数据表示获得所有主体一致较高认同的方面,可见,教职工和学生均对学校"课程思政"在"占用的时间恰当"方面评价较高,表明学校"课程思政"在这个方面的特点较为显著。

学校"立德树人"以思政课堂为主渠道,同时推进课程思政建设,挖掘各类课程承载的思政教育元素,推动各类课程与思政教育紧密结合、同向同行,实现了课程思政全覆盖,有效发挥了课程思政与思政课程的互联互补、协同育人效应。《河北科技工程职业技术大学高等职业教育质量年度报告 2021—2022 学年》显示,学校构建了"一个领导小组、两个平台、三类德育课程、四级督导机制"的"1234"课程思政工作体系,坚持"课程思政""科教融合""课证融合""专创融合""赛教融合"的"五融合"理念,依托"专任教师+思政教师+辅导员+能工巧匠"的复合型课程思政教学团队,充分挖掘专业课程中的思政元素,实现思政课程与课程思政的有机统一。学校立项建设融入思政教育的在线开放课程81门,在线课程选课超过100万人次,其中1门课程获评国家级精品在线开放课程,1门课程获评国家级课程思政示范课程,22门课程获评省在线精品开放课程,全面落实了校级领导、中层党务干部、系主任讲思政课任务。

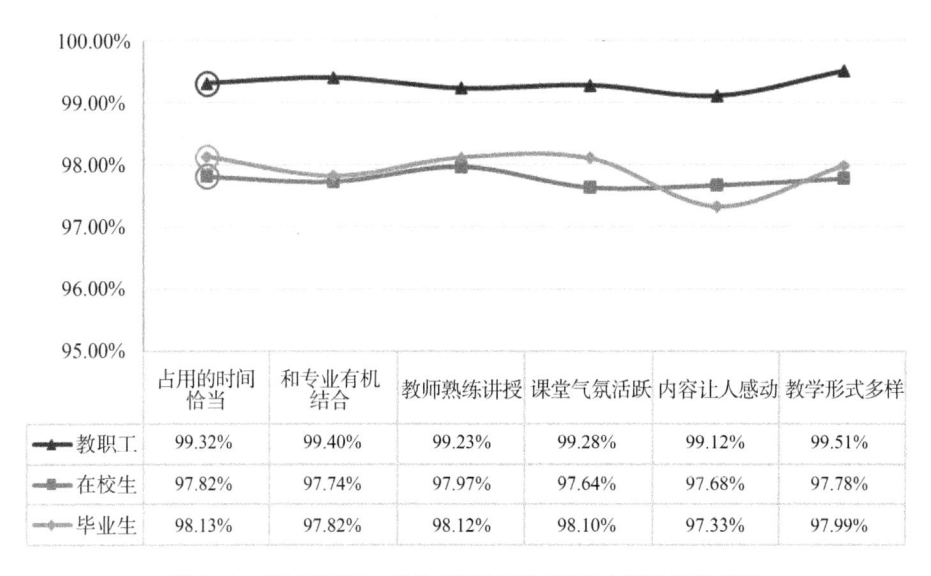

	占用的时间恰当	和专业有机结合	教师熟练讲授	课堂气氛活跃	内容让人感动	教学形式多样
教职工	99.32%	99.40%	99.23%	99.28%	99.12%	99.51%
在校生	97.82%	97.74%	97.97%	97.64%	97.68%	97.78%
毕业生	98.13%	97.82%	98.12%	98.10%	97.33%	97.99%

图 3-4　学校教职工、学生对"课程思政"各方面的评价情况

(三) 育人成效

为评价学校学生在"思政素质"方面的提升情况,本书分析了教职工和学生

认为学生在理想信念、爱国情怀、价值观、道德品质、职业素养等方面的提升程度,如图3-5所示。

在全面落实"三全育人""五育并举"等的带动下,学校"立德树人"工作成效显著,学校学生的理想信念、爱国情怀、价值观、道德品质、职业素养等素质均在"立德树人"活动中得到了较高程度的提升。其中,教职工认为学生"思政素质"提升较高的是道德品质(99.54%)、爱国情怀(99.45%)和价值观(99.43%);在校生认为其"思政素质"提升较高的是爱国情怀(97.74%)、道德品质(97.65%)和职业素养(97.58%)、价值观(97.58%);毕业生认为其"思政素质"提升较高的是职业素养(97.82%)、价值观(97.80%)和爱国情怀(97.73%)。

图3-5中用○圈出的数据表示获得所有主体一致较高认同的方面,可见,教职工、在校生、毕业生均认为在"爱国情怀"方面提升较高,表明这是学校学生在"立德树人"教育中提升度较大的方面。

由此可见,学校在党建和思政育人工作上取得了看得见、摸得着的育人成效,学生在"三全育人"体系下,其爱国情怀、理想信念、职业素养、道德品质、价值观等均得到了很大程度的提升,尤其是爱国情怀,得到了三个主体的一致高度认可。《河北科技工程职业技术大学高等职业教育质量年度报告2021—2022学年》显示,学校充分发挥思想政治理论课作为落实立德树人根本任务的关键性课程作用,积极打造理论课堂、线上课堂、移动课堂、实践课堂四维度交互贯通的"四维课堂",创设以新媒体新技术元素为依托的立体化教学情境,立足"线上线下结合、理论实践结合、课内课外结合",实现协同育人,形成了学校思政课"四维协同"教学模式,扎实推进新时代思政课守正创新。

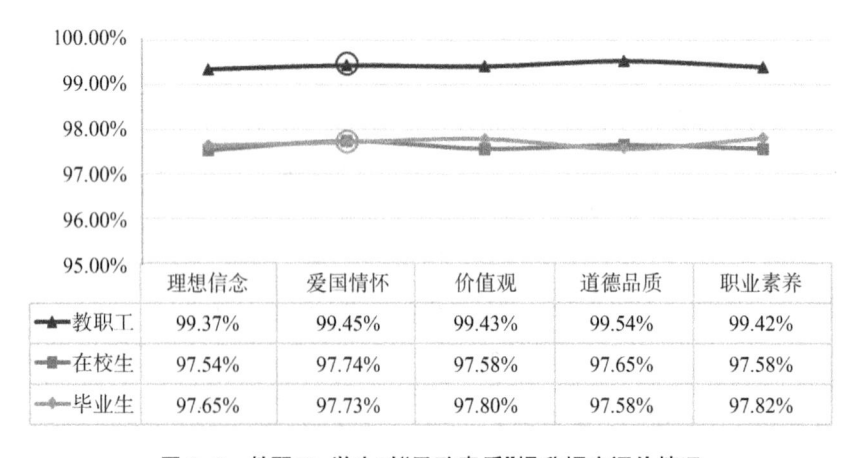

	理想信念	爱国情怀	价值观	道德品质	职业素养
教职工	99.37%	99.45%	99.43%	99.54%	99.42%
在校生	97.54%	97.74%	97.58%	97.65%	97.58%
毕业生	97.65%	97.73%	97.80%	97.58%	97.82%

图3-5 教职工、学生对"思政素质"提升幅度评价情况

（四）满意度

在"立德树人"工作的满意度方面，如图 3-6 所示，教职工和学生对学校"立德树人"工作的满意度均较高。教职工、在校生和毕业生的满意度得分[①]分别为 99.34%、98.21%、97.63%。这进一步表明学校在"加强党的建设，落实立德树人根本任务"中取得了具有自身特色的标志性成果，获得了教职工、在校生、毕业生的一致高度认可。

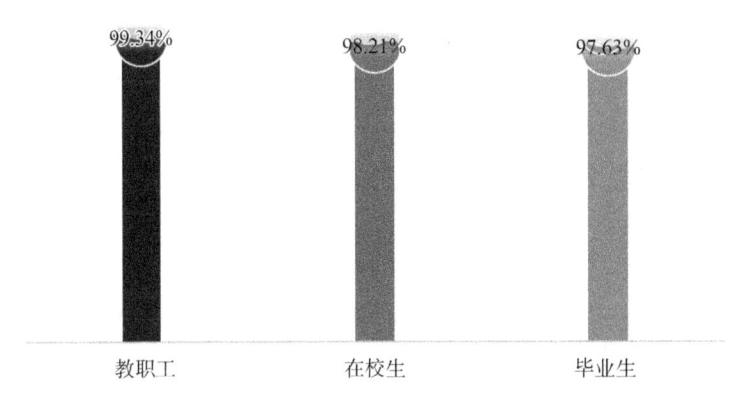

图 3-6　教职工、学生对学校对"立德树人"工作的满意度得分情况

二、技术技能人才培养高地

2022 年 4 月最新修订的《中华人民共和国职业教育法》明确指出："国家鼓励行业组织、企业等参与职业教育专业教材开发，将新技术、新工艺、新理念纳入职业学校教材，并可以通过活页式教材等多种方式进行动态更新；支持运用信息技术和其他现代化教学方式，开发职业教育网络课程等学习资源，创新教学方式和学校管理方式，推动职业教育信息化建设与融合应用。"

2022 年 12 月中共中央办公厅、国务院办公厅印发的《关于深化现代职业教育体系建设改革的意见》中指出："优先在现代制造业、现代服务业、现代农业等专业领域，组织知名专家、业界精英和优秀教师，打造一批核心课程、优质教材、教师团队、实践项目，及时把新方法、新技术、新工艺、新标准引入教育教学实践。做大做强国家职业教育智慧教育平台，建设职业教育专业教学资源库、精品在线

---

① 满意度得分根据各题目的选项比例经过加权平均计算所得，下文同。

开放课程、虚拟仿真实训基地等重点项目,扩大优质资源共享,推动教育教学与评价方式变革。面向新业态、新职业、新岗位,广泛开展技术技能培训,服务全民终身学习和技能型社会建设。"

"双高计划"文件中关于"打造技术技能人才培养高地"明确提出:"培育和传承工匠精神,引导学生养成严谨专注、敬业专业、精益求精和追求卓越的品质。深化复合型技术技能人才培养培训模式改革,率先开展'学历证书＋若干职业技能等级证书'制度试点。在全面提高质量的基础上,着力培养一批产业急需、技艺高超的高素质技术技能人才。"

《河北科技工程职业技术大学高等职业教育质量年度报告 2021—2022 学年》总结道:推广学徒制、高端定制等多元化培养模式,校企联合推进任务式人才培养,覆盖学校 70% 以上的专业。依托产业学院等产教融合平台,应用化工技术、服装设计与工艺等 13 个专业(方向)深化校企协同育人,开设企业学徒班,累计学徒培养规模达 1 400 人,在省内能源化工、现代服装、汽车技术、环境保护等领域形成广泛影响。学校将创新工作室建成项目教学提质升级的依托和校企合作协同创新的载体,形成了相对完善的工作室培养模式;"守敬科坊"、创新工作室达到 60 余个,合作企业深度参与专业规划、课程设置、教材开发、教学设计与实施等。新能源汽车、智能制造等专业群高端定制订单班规模达 500 余人,精准供给新能源汽车、先进装备制造等区域战略性新兴产业所需技术技能人才。基于优势特色培养模式,学校通过省教育厅推荐参评国家教学成果奖项目 2 项,在省内高职院校领先。

为探究学校在"打造技术技能人才培养高地"方面的建设成效,本书对学校的人才培养培训模式改革、人才培养成效和满意度进行了调研分析。

(一) 人才培养培训模式改革

1. 教学方法改革

学校课堂教学中包括"线上/线下混合式教学法"、"案例式教学法"、"启发式教学法"、"探究式教学法"、"参与式教学法"、"研究性教学法"、"情景式教学法"和"项目式教学法"等教学方法,不同的教学方法可以产生不同的教学效果。

在教学方法改革方面,如图 3-7 所示,教师采用比例最高的为线上/线下混合式教学法(84.10%),其次是案例式教学法(79.97%)和启发式教学法(75.69%);在校生、毕业生感知度最高的均为线上/线下混合式教学法(85.09%、96.00%),其次是案例式教学法(55.97%、66.22%)和参与式教学法

(54.53%、51.26%)。

由此可见,学校全面落实了"支持运用信息技术和其他现代化教学方式"的政策要求,在教学方法改革方面取得了很好的成效,形成了以线上/线下混合式教学法为主,多种教学方法相辅相成的多元化教学方法。学校充分发挥了现代教育技术与教育教学改革融合发展的创新优势,利用技术赋能,助力课堂教学新范式,促进了信息技术和教育教学深度融合发展,引领了高职课堂教学技术革命,重塑了智慧课堂的教学生态。

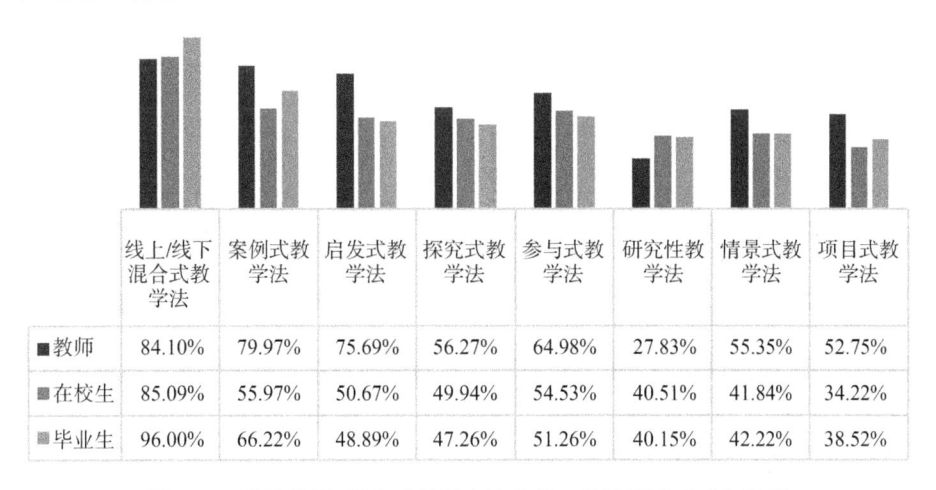

	线上/线下混合式教学法	案例式教学法	启发式教学法	探究式教学法	参与式教学法	研究性教学法	情景式教学法	项目式教学法
教师	84.10%	79.97%	75.69%	56.27%	64.98%	27.83%	55.35%	52.75%
在校生	85.09%	55.97%	50.67%	49.94%	54.53%	40.51%	41.84%	34.22%
毕业生	96.00%	66.22%	48.89%	47.26%	51.26%	40.15%	42.22%	38.52%

图 3-7　学校教师、学生对教学方法改革工作的采用或感知比例

2. 课堂前沿性

教学内容前沿性是影响教学效果的重要指标。职业教育要聚焦高端产业和产业高端,主动融合行业先进技术和产业发展前沿,实现学校发展和毕业生职业发展的双向促进。

在课堂教学前沿性方面,如图 3-8 所示,学校教学内容的先进性和前沿性较好,94.95%的教师、94.66%的在校生和 95.55%的毕业生均表示在教学中"基本都会涉及"或"有少数课堂会涉及"专业领域或社会前沿动向,教师和学生认为"完全没有涉及"的占比均不足 2%。这表明学校在优化课程设置和教学内容,将行业新技术、新设备、新工艺、新规范等"四新"内容融入课程方面做出了切实的努力,取得了很好的成效。

学校教师及学生群体对教学内容前沿性的较高评价,反映了学校教学工作的突出成绩,更是学校助力学生持续性、高质量职业发展的重要体现。学校需持续关注产业发展最新动态,主动迎合产业变化、积极将产业前沿信息和最新技术

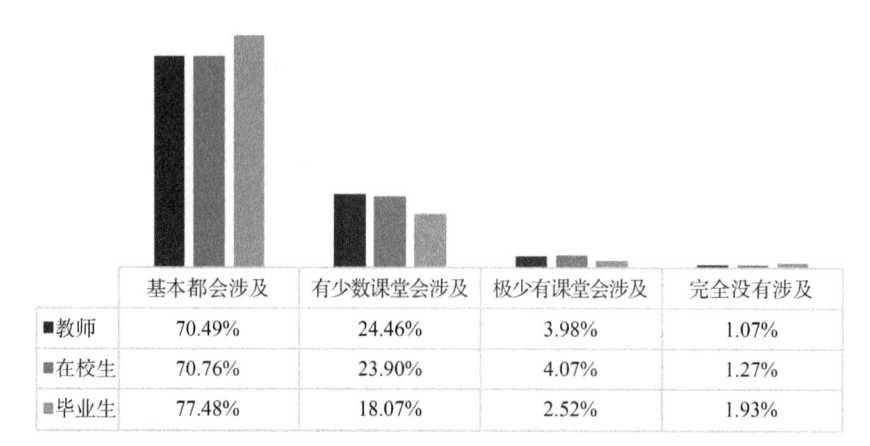

融入人才培养全过程，以实现人才培养工作和学生发展的持续进步。

	基本都会涉及	有少数课堂会涉及	极少有课堂会涉及	完全没有涉及
■教师	70.49%	24.46%	3.98%	1.07%
■在校生	70.76%	23.90%	4.07%	1.27%
■毕业生	77.48%	18.07%	2.52%	1.93%

图 3-8 学校教师、学生对课堂涉及专业领域或社会前沿动向的评价占比

3."1＋X"证书试点

为评价学校在"1＋X"证书制度等方面的落实情况，本书调研了学校教师和学生在"1＋X"证书培训、考证活动方面的参与积极性，如图 3-9 所示。调研发现，49.69%的教师、26.58%的在校生、29.63%的毕业生均表示其参与了"1＋X"证书培训、考证活动。这表明学校在"1＋X"证书制度方面积极落实国家相关政策要求，探索"1"与"X"书证融通新路径。但就学校学生参与"1＋X"证书培训、考证活动的比例来看，仍有较大进步空间。

职业技能等级证书是学生职业能力的直观反映，也是入职的敲门砖。学校需全面推进"1＋X"证书制度试点，将 X 证书内容有机融入人才培养方案，优化课程设置和教学内容，以证促教、以证促学，提高学生的技术技能水平，进而为个性化、多元化人才培养助力。此外，《河北科技工程职业技术大学高等职业教育质量年度报告 2021—2022 学年》显示，在岗课对接、课赛融通、岗赛一体的改革基础上，学校积极推广"学历证书＋X 个职业技能等级证书"，将技能证书考评内容融入岗课教学、岗赛实训，逐步完善"岗课赛证"综合育人机制。学校出台了《"1＋X"制度试点工作管理办法》《"1＋X"制度试点经费管理办法》等文件，将证书遴选、课证融合改革、考核站点建设、考核管理、经费使用等多方面规范管理、系统推进；与头部企业共同制订 5 个 X 证书职业技能等级标准。

49.69%　　　26.58%　　　29.63%

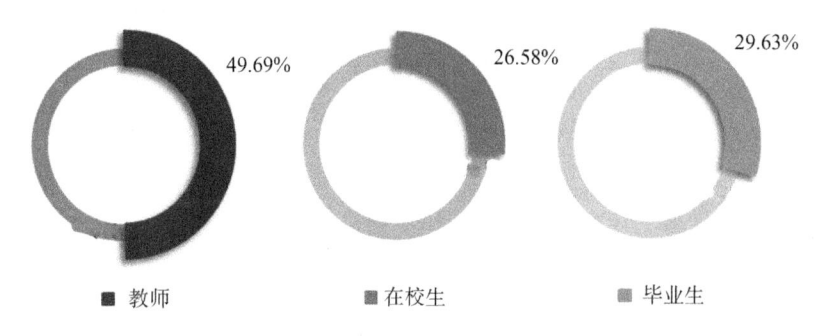

■ 教师　　■ 在校生　　■ 毕业生

图 3-9　学校教师、学生参与"1+X"证书培训、考证活动的比例

4. 教学考核方式

在教学考核方式方面,学校的考核方式包括"实践技能与理论知识考试结合"、"模拟仿真与现场考试结合"、"终结性与过程性考试结合"、"静态与动态(笔试与口试)结合"、"专业考试与能力评估结合"、"课程教学考试与职业资格考试结合"、"教师评价与学生自评、互评结合"和"学校评价与社会、企业评价相结合"等,学校教师对各类考核方式的使用情况具体如图 3-10 所示。

考核方式	比例
实践技能与理论知识考试结合	81.50%
模拟仿真与现场考试结合	31.35%
终结性与过程性考试结合	60.55%
静态与动态(笔试与口试)结合	22.78%
专业考试与能力评估结合	35.63%
课程教学考试与职业资格考试结合	24.62%
教师评价与学生自评、互评结合	59.02%
学校评价与社会、企业评价相结合	18.35%
其他	5.20%

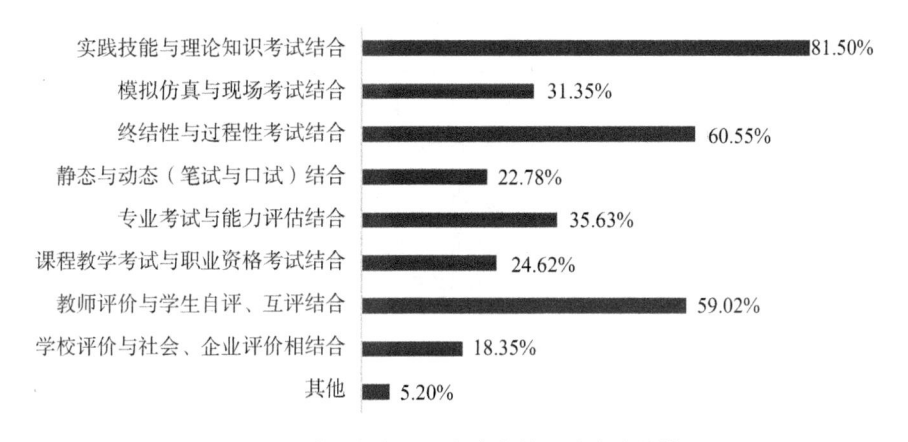

图 3-10　学校教师使用各类考核评价方式的情况

调研发现,学校有 81.50% 的教师在教学过程中使用了"实践技能与理论知识考试结合"的考核评价方式,有 60.55% 的教师使用过"终结性与过程性考试结合"的考核评价方式,有 59.02% 的教师使用过"教师评价与学生自评、互评结合"的考核评价方式。

由此可见,学校在教学考核方式的改革方面成效显著,学校教师采取的师生自评、师生互评、实践理论结论以及静动结合等教学考核方式,有利于学生学习信息的多方位、多角度交流,提升提高教学效率。

(二) 人才培养成效

1. 就业质量

1) 就业流动

大学生就业流动情况反映了高校毕业生这一新增社会劳动力维度在不同地域下的人力资源供需关系,是反映高校对于区域人力资源配置效果的重要概念。根据相关研究对大学生就业流动的分类方法,高校毕业生的流动分为以下五种类型:(1)持续流动,指学生为就读大学从生源地流动到高校所在地,毕业后又从高校所在地流动到非生源地和院校地以外的地方就业;(2)返回流动,指学生为就读大学而发生了由生源地到高校所在地的流动,毕业后又从高校所在地返回生源地就业;(3)前期流动,指学生从生源地流动到高校所在地就学,毕业后就留在高校所在地就业;(4)后期流动,指学生留在生源地就读大学,而毕业后流动到其他地方就业;(5)未流动,指学生在生源地就学,毕业后仍留在生源地就业,没有发生过任何流动。

按照上述毕业生就业流动分类方式,学校2023届毕业生就业流动情况如图3-11所示。学校2023届毕业生就业流动最主要类型为未流动(68.15%),即毕业生来自河北省、毕业后仍留在河北省内就业;其次占比较大的是后期流动,占比为25.00%,即毕业生为河北省生源,毕业后去外省就业,同时还有3.08%的毕业生为持续流动、2.74%的毕业生为返回流动。此外,还有1.03%的毕业生为前期流动。由此可见,学校参与调研的毕业生中在本省就业的比例为69.18%,

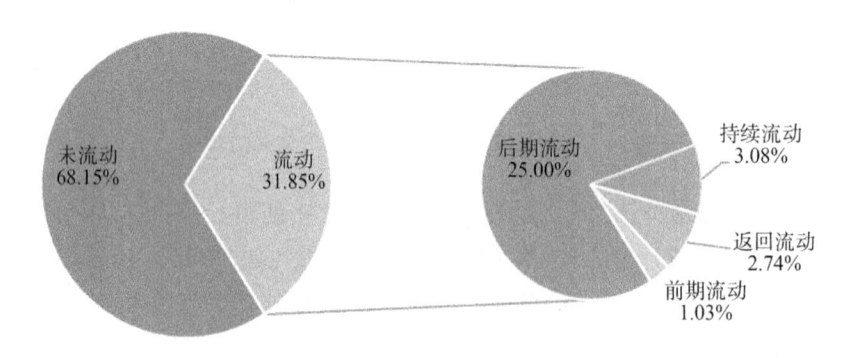

图 3-11 毕业生就业流动情况

这表明学校较好地服务了地方经济发展,同时也向全国其他地方输送了一定比例的技术技能人才。

2) 专业相关性

就毕业生当前从事的工作与专业的相关性而言,如图 3-12 所示,在被调研的 2023 届毕业生中,58.24% 的毕业生表示其当前从事的工作与专业"完全对口"或"基本对口",其中,16.85% 的毕业生当前从事的工作与专业"完全对口",41.39% 的毕业生当前从事的工作与专业"基本对口"。可见,学校接近六成的毕业生从事着对口工作,表明学校在人才培养方面做到了与行业、职业相对接,具有较强的针对性和适应性。

学校需持续关注毕业生所从事工作与专业的相关情况,针对工作与专业相关度较低群体,详细分析具体原因,制订针对性解决和提升措施,并对其中因专业能力、求职能力等方面不足所导致的工作与专业无关的群体进行重点帮扶,提高其就业质量。

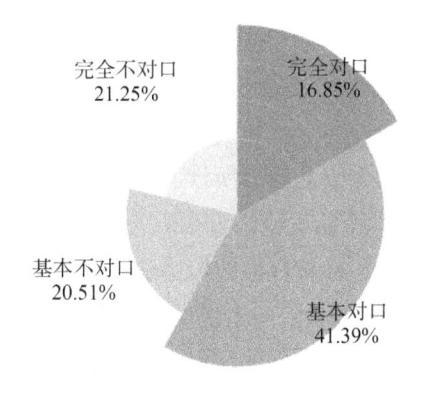

图 3-12 毕业生对当前工作与专业的对口情况的认知评价

同时,本书还从企业维度调研了毕业生工作与专业的相关性,如图 3-13 所示,97.59% 的企业人员表示毕业生在其单位所从事的工作与专业"完全对口"或"基本对口",其中 50.60% 的企业人员表示毕业生在其单位从事的工作与专业"完全对口",46.99% 的企业人员表示"基本对口"。

由此可知,企业对毕业生所学专业与当前从事工作的相关性的评价很高,这表明从企业视角来说学校所培养人才能够很好地适应工作岗位需求,企业对学校所培养的人才认可度很高。

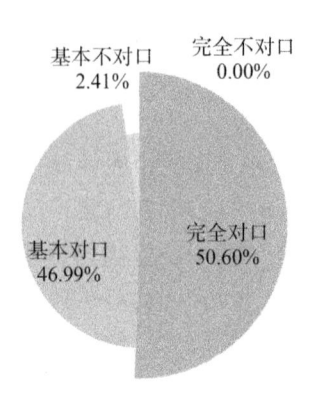

图 3-13 企业对毕业生当前工作与专业的对口情况的认知评价

3）岗位前沿性

在毕业生当前工作岗位的前沿性上，如图 3-14 所示。毕业生的岗位前沿性较好，58.91%的毕业生当前工作岗位属于前沿性岗位。具体而言，有 29.11%的毕业生当前的工作岗位属于现代服务业形态；其次，有 16.44%的毕业生当前的工作岗位属于国家新兴产业；有 13.36%的毕业生当前的工作岗位属于地方主导或支柱产业。

毕业生在各类前沿性岗位上均有所涉猎，说明学校在培养"跨界复合"型技术技能人才，提升人才培养产业适应性方面取得了实实在在的成效，毕业生具备在产业高端和高端产业就业的能力。学校需进一步深化校企合作，聚焦全产业链转型升级与提质增效，全面融合人才供给和产业需求，通过专业重构、课程重组、人才培养模式创新等，提升学生面向高端产业和产业高端的能力，进而提升毕业生在前沿性岗位就业的比例。

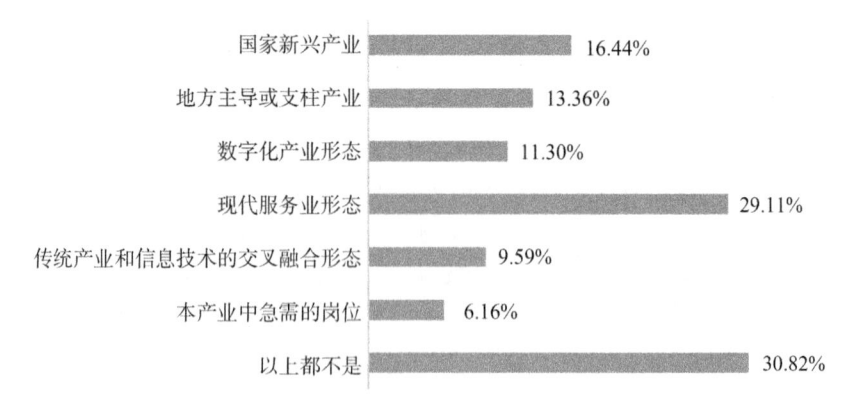

岗位类型	比例
国家新兴产业	16.44%
地方主导或支柱产业	13.36%
数字化产业形态	11.30%
现代服务业形态	29.11%
传统产业和信息技术的交叉融合形态	9.59%
本产业中急需的岗位	6.16%
以上都不是	30.82%

图 3-14 毕业生当前工作岗位的前沿性情况

2. 能力达成及能力优势

1）能力达成情况

①能力达成情况

在能力达成情况方面，如图3-15所示，有97.63%的毕业生认为在校期间个人的认知能力、合作能力、创新能力和职业能力都有很大的提升。其中，有89.33%的毕业生认为其认知能力得到了提升，同时，分别有81.78%、72.74%的毕业生认为其合作能力和创新能力得到了提升。

同时，本书从家长维度调研了毕业生在校期间的能力提升的情况，从图3-15可以看出，82.64%的家长认为孩子认知能力在校期间得到了提升，78.91%的家长表示孩子的合作能力在校期间得到了提升，78.72%的家长表示孩子的职业能力在校期间得到了提升。

由此可见，学校在人才培养过程中，除了注重培养学生的专业知识与技术技能外，还注重强化学生各项能力的培养，学生的认知能力、合作能力、创新能力和职业能力等关键能力均得到了很大程度的提升。学校确立"一基四能"高层次技术技能人才定位与规格，创新"重技术、重实践、重发展、模块化、综合化"人才培养理念，构建"两平台三模块"课程体系和"三三三"实践教学体系，设置个性选修模块满足学生多样化发展需求。

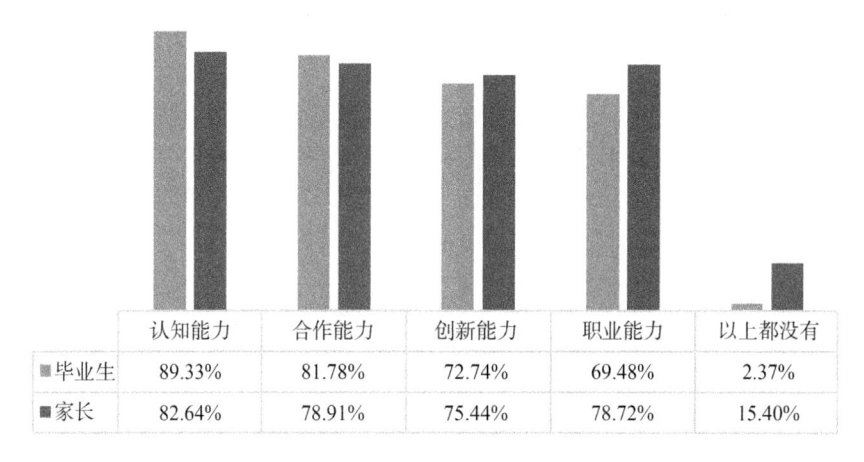

	认知能力	合作能力	创新能力	职业能力	以上都没有
毕业生	89.33%	81.78%	72.74%	69.48%	2.37%
家长	82.64%	78.91%	75.44%	78.72%	15.40%

图3-15 毕业生、家长对学生在校期间的能力提升情况的认知评价

②家长对孩子在校表现了解程度

本书统计了家长对孩子在学校表现的了解程度，具体如图3-16所示，学校有70.84%的家长对孩子在学校的表现表示"了如指掌"或"基本了解"。可见，

大部分家长关心孩子在学校的表现。

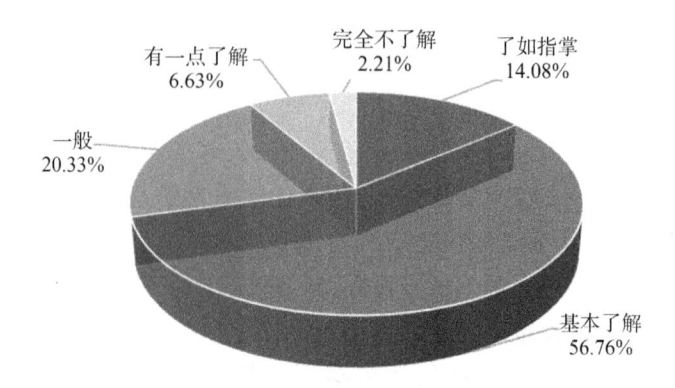

图 3-16　家长对学生在学校表现的了解程度

③家长对学生在学校的各项能力提升程度评价

为探究家长对学生在学校的各项能力的提升程度情况，本书分析了家长对学生在团队合作能力、沟通交流能力、解决问题能力、环境适应能力、自我认知自主学习能力、创新能力、阅读理解能力和信息搜集与处理等方面的提升度评价得分[①]情况，如图 3-17 所示。

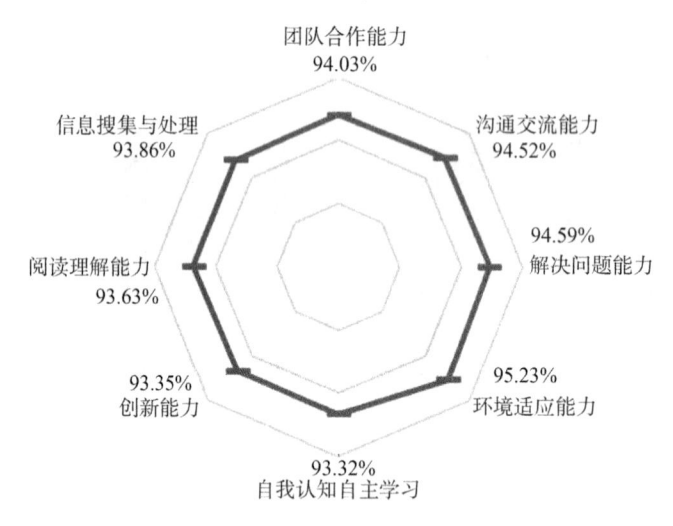

图 3-17　家长对学生在学校各项能力的提升度评价得分

调查显示，家长对学生当前各项能力的提升度评价得分均较高，各项能力的

---

① 提升度评价得分根据各题目的选项比例经过加权平均计算所得，下文同。

提升度评价得分均超过 93%。其中,提升度评价得分最高的为环境适应能力(得分为 95.23%),其次是解决问题能力(得分为 94.59%)和沟通交流能力(得分为 94.52%)。

由此可见,家长对学生各项能力的提升度评价得分均较高,反映学校的人才培养对学生能力的形成起到了良好的支撑作用,对其各项能力的提升帮助效果显著,得到了家长的高度认可。

④家长对学生在学校的各类素养提升程度评价

在各类素养的提升程度方面,本书分析了家长对学生在遵纪守法、诚实守信、乐于助人、身心素质、关注社会、包容精神、环境意识和人文美学等方面的提升度评价,如图 3-18 所示。

调查显示,家长对学生当前各类素养的提升度评价得分均较高,各类素质的提升度评价得分均超过 94%。其中,提升度评价得分最高的为遵纪守法(得分为 96.21%),其次是乐于助人(得分为 96.14%)和诚实守信(得分为 96.04%)。

由此可见,家长对学生各类素养的提升度评价得分均较高,表明其对学校的素质教育较为满意。相对而言,家长更认可学生在遵纪守法、乐于助人和诚实守信等素养上的提升。

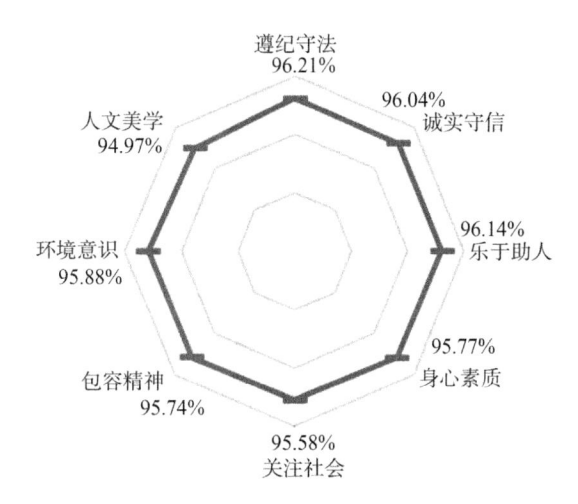

图 3-18 家长对学生在学校各类素养的提升度评价得分

⑤家长对学生在学校的职业能力提升程度评价

在各项职业能力的提升程度方面,本书分析了家长对学生在专业及职业相关知识掌握、职业素养、职业技术掌握能力和职业技术实践能力方面的提升度情况,如图 3-19 所示。

调查显示，家长对学生当前各项职业能力的提升度评价得分均较高，各项职业能力的提升度评价得分均超过95%。其中，提升度评价得分最高的为职业素养(得分为95.60%)，其次是专业及职业相关知识掌握(得分为95.32%)、职业技术掌握能力(得分为95.32%)和职业技术实践能力(得分为95.12%)。

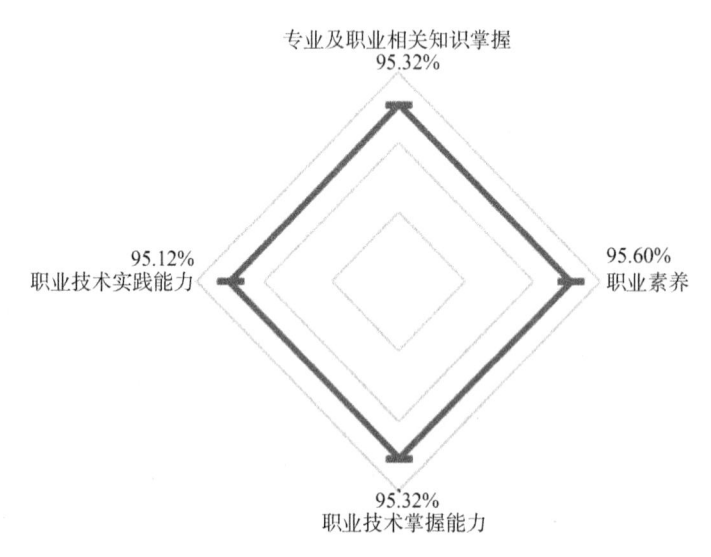

图3-19 家长对学生在学校各类职业能力的提升度评价得分

⑥用人单位对毕业生各项核心能力的需求情况

为探究用人单位对毕业生在校所学各项核心能力在其单位中的需求情况，本书分析了"能够运用专业知识严谨分析本领域的常见问题，得到有效结果"、"能够设计与执行针对常见问题的解决方案，并能够体现创新意识"、"能使用恰当的技术、资源、信息和工具"、"了解本领域的活动对社会公众的影响"、"了解本领域的活动对环境和生态的影响"、"理解并遵守职业道德和规范，履行责任"和"能够与团队成员开展有效沟通与合作"等各项核心能力的需求度评价[①]得分结果，具体如图3-20所示。

调研发现，用人单位对各项核心能力的需求度评价得分均超过97%，且用人单位对各项核心能力的重要性评价情况相差不大，均分布在97%～99%，可见，学校对毕业生所培养的各项核心能力在其单位中的重要性整体较高。其中，得分最高的方面是"能够运用专业知识严谨分析本领域的常见问题，得到有效结果"、"能够设计与执行针对常见问题的解决方案，并能够体现创新意识"、"理解

---

① 需求度评价得分根据各题目的选项比例经过加权平均计算所得，下文同。

并遵守职业道德和规范,履行责任"和"能够与团队成员开展有效沟通与合作",其需求度评价得分均为98.57%。

在本次调研结果中,用人单位对毕业生在校所学的各项能力需求度评价均较高,反映了这些内容是学生实际工作所需的。学校及相关专业在制订人才培养方案与课程体系时,应充分考虑这些内容,将其纳入人才培养环节中,以实现人才培养质量与职业需求的充分对接。

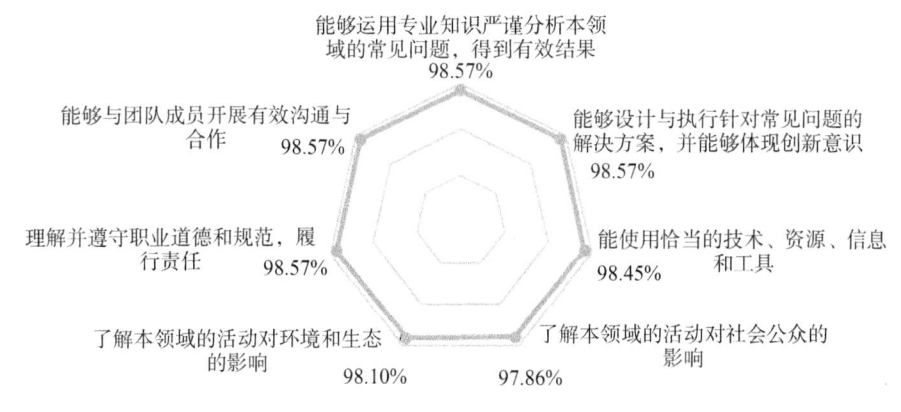

图3-20 用人单位对毕业生所学的各项能力在其单位中的需求度评价得分

⑦用人单位对毕业生各项核心能力的满足情况

为探究用人单位对毕业生在校培养的各项核心能力满足其单位的需要程度,本书分析了用人单位对毕业生在校所学的各项核心能力对其单位的满足度评价得分[①]结果,具体如图3-21所示。

调研发现,用人单位对毕业生在校所学的各项核心能力的满足度评价得分均超过88%,各项核心能力的满足度评价均分布在88%~97%,可见,毕业生在校所培养的各项核心能力能够满足用人单位的需要。其中,得分较高的方面是"理解并遵守职业道德和规范,履行责任"、"能够与团队成员开展有效沟通与合作"和"能够运用专业知识严谨分析本领域的常见问题,得到有效结果",满足度评价得分分别为96.43%、95.24%、94.05%。

由此可见,学校对毕业生所培养的各项能力在其用人单位中的满足度评价较高,表明了毕业生在实际工作中表现良好,也侧面反映了学校人才培养整体质量较高,在相关的能力培养成效上能够满足学生实际工作需要。

---

① 满足度评价得分根据各题目的选项比例经过加权平均计算所得,下文同。

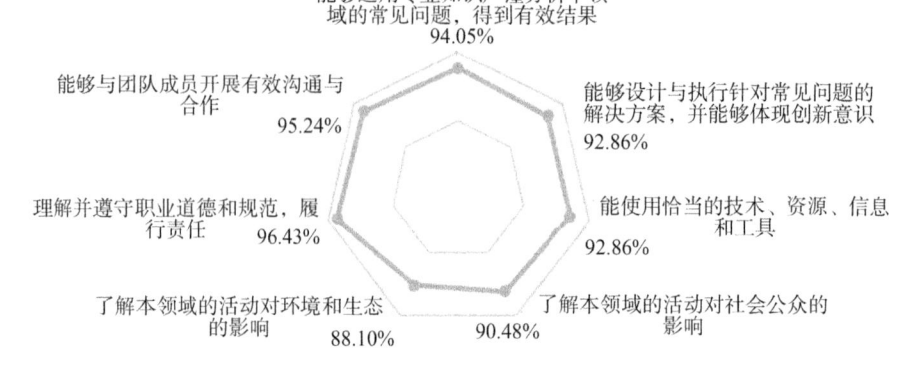

能够运用专业知识严谨分析本领
域的常见问题，得到有效结果
94.05%

能够与团队成员开展有效沟通与
合作
95.24%

能够设计与执行针对常见问题的
解决方案，并能够体现创新意识
92.86%

理解并遵守职业道德和规范，履
行责任
96.43%

能使用恰当的技术、资源、信息
和工具
92.86%

了解本领域的活动对环境和生态
的影响
88.10%

了解本领域的活动对社会公众的
影响
90.48%

图 3-21　用人单位对毕业生所学的各项能力在其单位中的满足度评价得分

2) 就业胜任力

就业胜任力可直观反映毕业生对其所从事职业的胜任程度，并且这种胜任程度可通过思想政治素养、专业知识和技能、通用知识和能力、团队合作能力等方面集中体现。

调研发现，98.97%的毕业生表示其在某些方面能胜任当前工作，如图 3-22 所示。具体而言，有 59.59%的毕业生能在专业知识和技术技能方面胜任当前工作，58.22%的毕业生表示能在思想政治素养和价值观方面胜任当前工作，54.45%的毕业生能在学习能力和一专多能方面胜任当前工作。

同时，本书从企业维度分析了毕业生的胜任力。调研发现，企业对毕业生的胜任力认可度也非常高，所有参与调研的企业人员都认为毕业生能在某些方面胜任当前工作。其中，91.67%的企业人员表示毕业生能在专业知识和技术技能方面胜任当前工作，67.86%的企业人员表示毕业生能在学习能力和一专多能方面胜任当前工作，同时也有 60.71%的企业人员表示毕业生能在团队合作、职场应对和社会交往方面胜任当前工作。

总体而言，毕业生和企业均对毕业生的就业胜任力评价较高，这表明学校所培养的人才综合素质较高，符合德技并修的特征。此外，在就业胜任力各维度中，"专业知识和技术技能"及"学习能力和一专多能"方面是毕业生和企业认可度均较高的方面，可见学校十分注重学生这方面的培养，学校在打造技术技能人才培养高地方面取得了不错的成绩。

3) 就业竞争力

① 与同层次院校毕业生的就业竞争力

为了解毕业生与同层次院校毕业生的就业竞争力对比情况，本书统计了毕

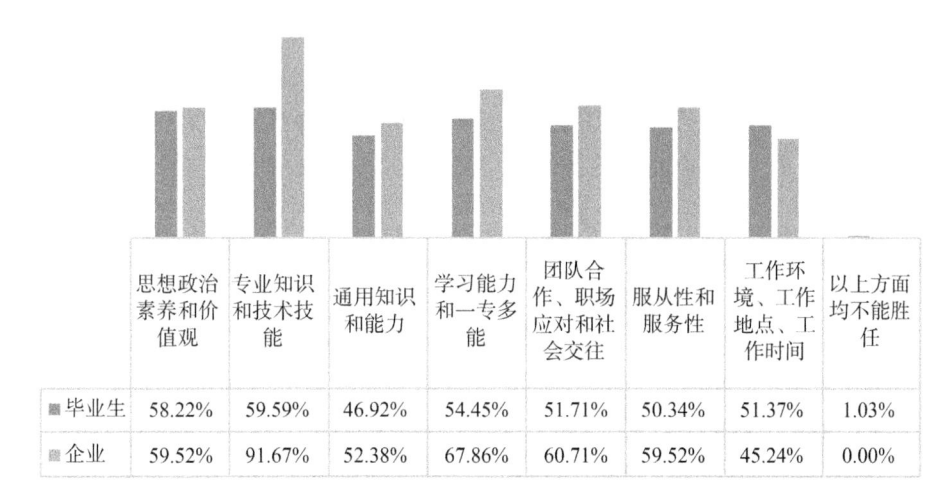

	思想政治素养和价值观	专业知识和技术技能	通用知识和能力	学习能力和一专多能	团队合作、职场应对和社会交往	服从性和服务性	工作环境、工作地点、工作时间	以上方面均不能胜任
毕业生	58.22%	59.59%	46.92%	54.45%	51.71%	50.34%	51.37%	1.03%
企业	59.52%	91.67%	52.38%	67.86%	60.71%	59.52%	45.24%	0.00%

图 3-22 毕业生及企业对毕业生当前工作各方面胜任力的认知情况

业生认为其与同时入职的其他高职院校毕业生在工作上的比较优势情况,具体如图 3-23 所示。

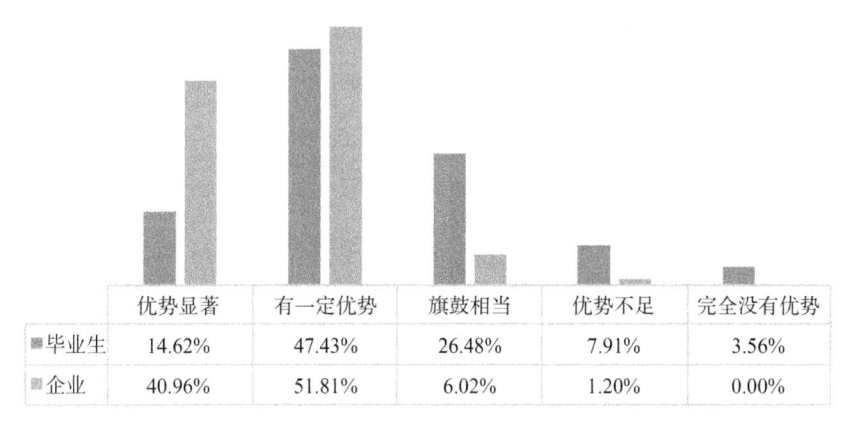

	优势显著	有一定优势	旗鼓相当	优势不足	完全没有优势
毕业生	14.62%	47.43%	26.48%	7.91%	3.56%
企业	40.96%	51.81%	6.02%	1.20%	0.00%

图 3-23 毕业生与其他高职院校毕业生的相对竞争优势情况

调研发现,学校 62.05% 的毕业生认为其具有优势,其中,14.62% 的毕业生表示其优势显著,47.43% 的毕业生表示其有一定优势。此外,还有 26.48% 的毕业生表示其与其他高职院校毕业生旗鼓相当。

同时,本书还从企业维度调研了毕业生与其他高职院校毕业生的竞争优势情况,结果显示,92.77% 的企业人员认为毕业生在工作上相较其他院校毕业生具有优势,其中,有 40.96% 的企业人员表示毕业生优势显著,51.81% 的企业人员表示毕业生有一定优势。此外,还有 6.02% 的企业人员表示毕业生与其他高职院校毕业生旗鼓相当。

由此可见,学校有超六成的毕业生认为其相较同层次院校毕业生存在一定优势,超九成的企业人员认可我校毕业生的竞争优势,这充分体现了毕业生在知识水平、技能水平、工作能力等方面的突出表现,同时也印证了学校人才培养工作的质量较高。

②与高层次院校毕业生的就业竞争力

同时,为了解毕业生与高层次院校毕业生相比的就业竞争力,本书统计了毕业生认为其与现有单位本科毕业生在工作上的优势情况,具体如图3-24所示。

调研发现,学校90.75%的毕业生认为其与现有单位本科毕业生相比在某些方面具有一定优势,具体来看,有66.44%的毕业生表示其工作态度更踏实,50.68%的毕业生表示其动手能力更强,40.41%的毕业生表示其综合素质更高。由此可见,与本科毕业生相比,毕业生在工作态度、动手能力、综合素质等方面具有一定的竞争优势,说明学校所培养的技术技能人才质量较高,与更高层次人才相比也具有一定的优势,尤其是在工作态度方面,表现较为优异。

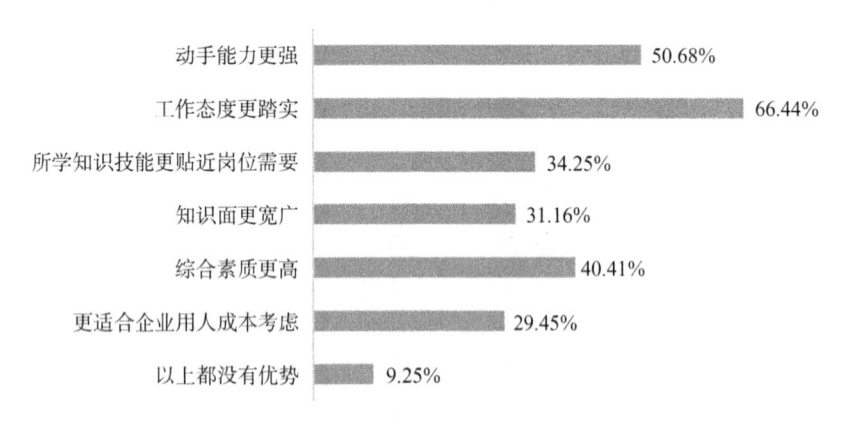

项目	比例
动手能力更强	50.68%
工作态度更踏实	66.44%
所学知识技能更贴近岗位需要	34.25%
知识面更宽广	31.16%
综合素质更高	40.41%
更适合企业用人成本考虑	29.45%
以上都没有优势	9.25%

图3-24　我校毕业生与本科毕业生的相对竞争优势情况

(三) 满意度

1. 课堂教学满意度

在学校课堂教学满意度方面,如图3-25所示,教师和学生对教学方法、教学团队、教材、在线教学/网络教学、前沿内容、课时数量、教学安排、课程设置等方面均较为满意,各方面满意度得分均超过97%。其中,教师满意度最高的为教学方法(99.75%),其次是教材(99.48%)和在线教学/网络教学(99.31%);在校生满意度最高的为教学团队(98.10%),其次是教学方法(98.05%)和前沿内容(98.04%);毕业生满意度最高的为教学团队(98.36%),其次是在线教学/网络教学(98.31%)、教学方法(98.30%)、课时数量(98.30%)、教学安排(98.30%)。

图 3-25 中用○圈出的数据表示获得所有主体一致较高认同的方面,可见,学校师生均对课堂教学的"教学方法"方面满意度较高,这充分反映了学校在全面深化"三教"改革,形成分流分类机制制度,构建现代学徒制培养模式、标准与制度,升级"三三四"模式打造双创教育等方面取得了令人满意的成效,师生的体验感和获得感很强。

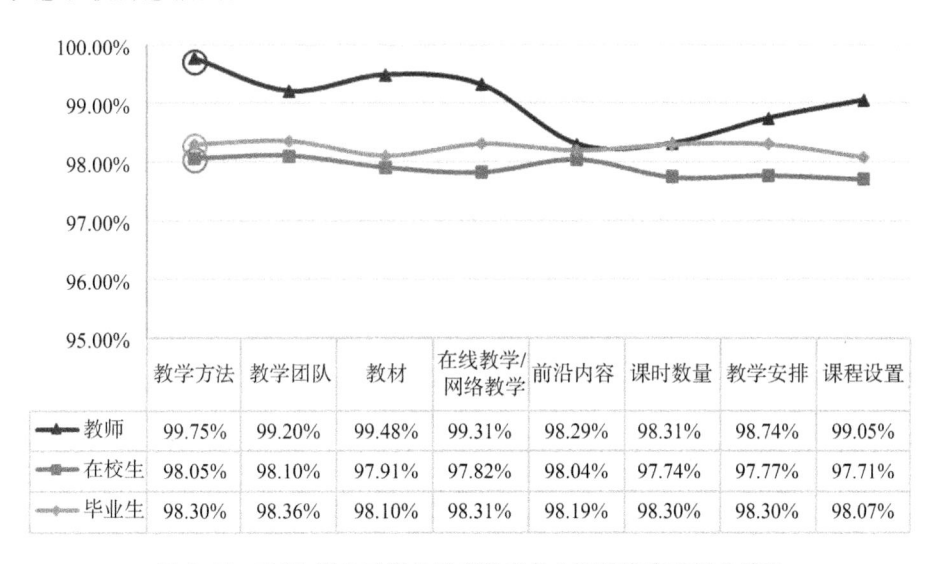

	教学方法	教学团队	教材	在线教学/网络教学	前沿内容	课时数量	教学安排	课程设置
教师	99.75%	99.20%	99.48%	99.31%	98.29%	98.31%	98.74%	99.05%
在校生	98.05%	98.10%	97.91%	97.82%	98.04%	97.74%	97.77%	97.71%
毕业生	98.30%	98.36%	98.10%	98.31%	98.19%	98.30%	98.30%	98.07%

图 3-25 教师、学生对学校课堂教学各方面的满意度得分情况

2. 课程教学满意度

为探究在校生对各类课程的总体满意程度情况,本书分析了在校生在思想政治课、公共基础课(不含思想政治课)及专业课等方面的满意度情况,如图 3-26 所示。

调查显示,在校生对思想政治课、公共基础课(不含思想政治课)、专业课等各类课程均较为满意,满意度得分均超过 97%。其中,在校生对思想政治课、公共基础课(不含思想政治课)、专业课的满意度得分分别为 97.81%、97.77%、97.72%。

思想政治课
97.81%

97.72% 专业课

97.77% 公共基础课（不含思想政治课）

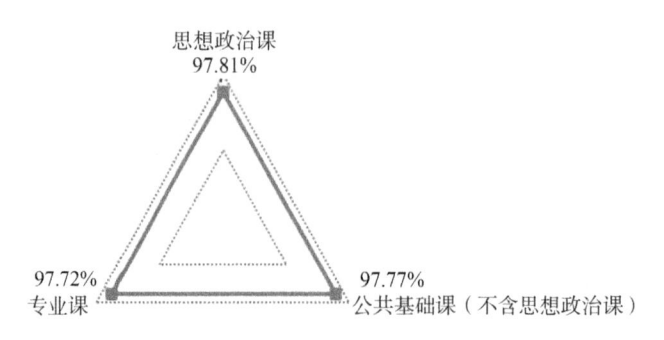

图 3-26　在校生对开设的各类课程的满意度得分

另外为探究在校生对课外活动的总体满意程度情况，同时分析了在校生对专业/学术类社团、企业走访/观摩、校外实习实践、社会实践/志愿活动、专业竞赛/创新创业大赛等比赛的满意度情况，如图 3-27 所示，在校生对学校各类课外学习活动的满意度较高，各方面满意度得分均超过 96%。其中，满意度得分最高的是专业/学术类社团（97.29%），其次是社会实践/志愿活动（97.23%）和专业竞赛/创新创业大赛等比赛（97.15%）。

由此可见，在校生对学校组织的各类课外学习活动的满意度均较高，尤其是专业/学术类社团、社会实践/志愿活动、专业竞赛/创新创业大赛等比赛活动，得到了在校生的高度认可。

专业/学术类社团 97.29%

专业竞赛/创新创业大赛等比赛 97.15%

企业走访/观摩 96.80%

社会实践/志愿活动 97.23%

校外实习实践 96.82%

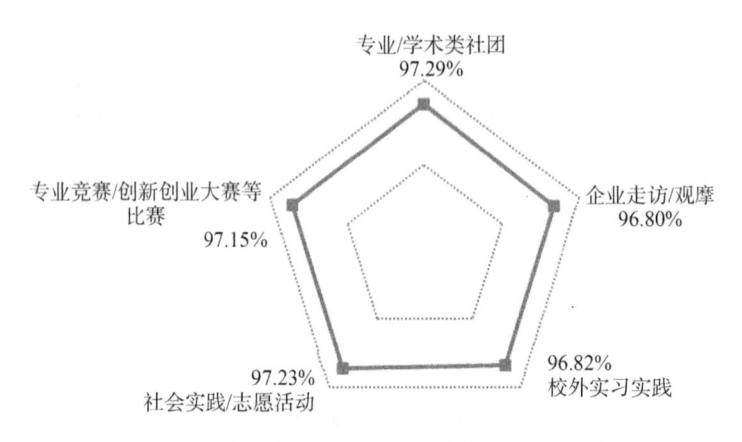

图 3-27　在校生对各类课外学习活动的满意度得分情况

为探究学校各类活动对在校生全面认识所学专业、树立个人职业规划的帮助程度，本书分析了在校生对专业导论课程、专业认识教学或实习、职业规划课程或讲座、优秀校友事迹宣传以及顶岗实习/企业实习等方面的认可度情况，如图 3-28 所示。

调查显示,在校生对各类活动的认可度均在96%以上,其中,专业导论课程、专业认识教学或实习、职业规划课程或讲座的认可度评价得分较高,分别为97.55%、97.48%、97.09%。

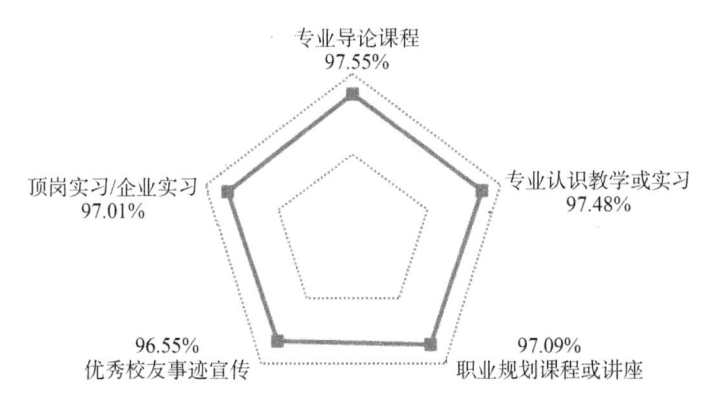

图 3-28 在校生对各类活动帮助其全面认识所学专业、树立个人职业规划的认可度得分

3. 就业现状满意度

为探究毕业生对当前工作的满意度情况,本书分析了被调研毕业生在社会地位、收入水平、专业相关、能力胜任、工作地点、工作单位、所在行业、职业期待等方面的满意情况,如图 3-29 所示。

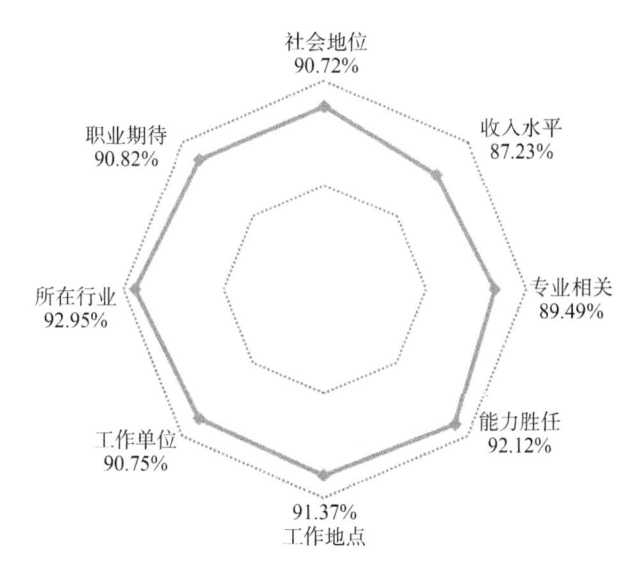

图 3-29 毕业生在就业各方面的满意度得分情况

调研发现,毕业生对当前工作的满意度较高,除收入水平和专业相关外,其他方面的满意度得分均超过90%。其中,满意度得分最高的方面是所在行业(92.95%),其次是能力胜任(92.12%)和工作地点(91.37%)。

由此可见,毕业生对当前工作的满意度较高,但在收入水平和专业相关方面有待进一步提升。较高的就业满意度直观反映了毕业生对所从事工作的整体认可,是自身价值实现的直接表现,也反映了学校人才培养工作对毕业生择业就业和职业发展所起到的促进作用。学校需持续推进人才培养质量提升工程,重点关注毕业生的收入水平和专业相关,并通过校企合作、能力提升等途径,提高学生在前沿性岗位就业的能力,助力学生实现更高质量就业。

4. 人才供给满意度

本书分析了企业对毕业生在学校声誉、道德品质、所学专业、能力胜任、职业素养、学习能力和进取精神等方面的满意度情况,如图3-30所示。

调研发现,企业人员对毕业生各方面的满意度均很高,满意度得分均超过99%。其中满意度得分最高的是学校声誉(99.88%),其次是所学专业(99.64%)、道德品质(99.52%)、能力胜任(99.52%)、职业素养(99.52%)。企业对毕业生的满意度高充分表明了学校人才培养质量高,得到了企业的充分认可。

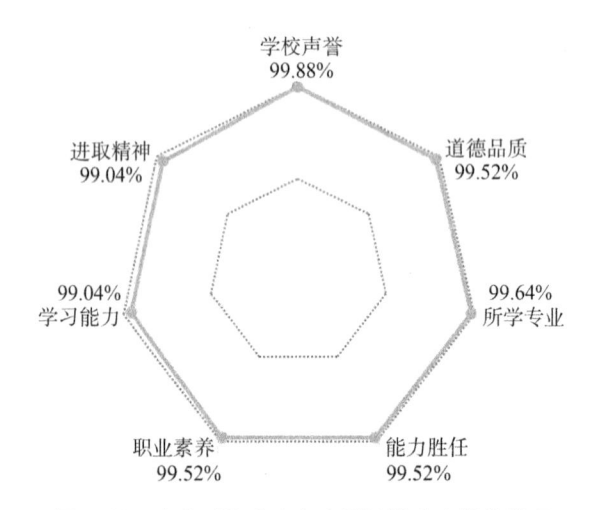

图3-30 企业对毕业生各方面的满意度得分情况

同时,本书也进一步分析了企业未来对毕业生的继续招聘意愿情况,如图3-31所示。

调研发现,企业对毕业生的招聘意愿很强,有 90.47% 的企业人员明确表示会继续招聘毕业生。其中,52.38% 的企业人员表示会继续招聘,规模会进一步扩大;36.90% 的企业人员表示对毕业生会继续招聘,规模会和当前大体相当。

由此可见,调研企业对毕业生的认可度很高,未来招聘意愿强烈,这从企业的态度倾向上进一步说明了学校在打造技术技能人才培养上取得了显著的成效。

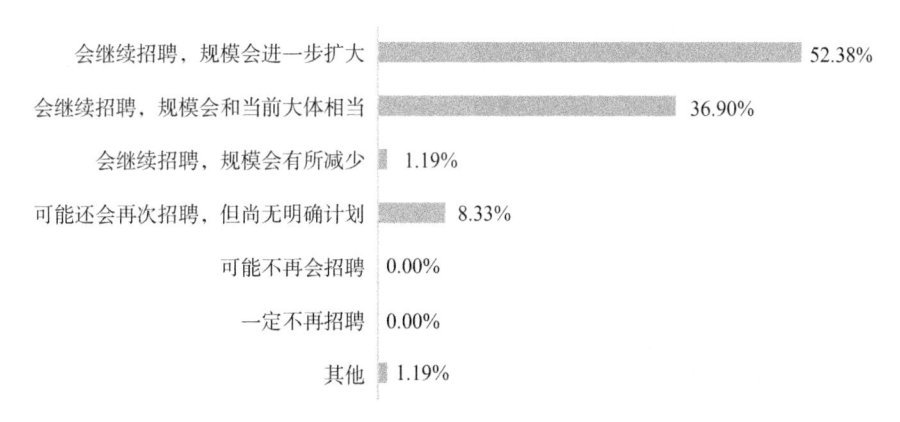

会继续招聘,规模会进一步扩大	52.38%
会继续招聘,规模会和当前大体相当	36.90%
会继续招聘,规模会有所减少	1.19%
可能还会再次招聘,但尚无明确计划	8.33%
可能不再会招聘	0.00%
一定不再招聘	0.00%
其他	1.19%

图 3-31　企业未来对毕业生继续招聘意愿情况

5. 家长满意度

1)学习成长满意度

在家长对学生的学习成长满意度方面,如图 3-32 所示,学生家长对孩子进入学校以来的学习成长情况满意度较高,满意度得分为 98.08%;此外,大多数

家长满意度	家长推荐度
98.08%	96.23%

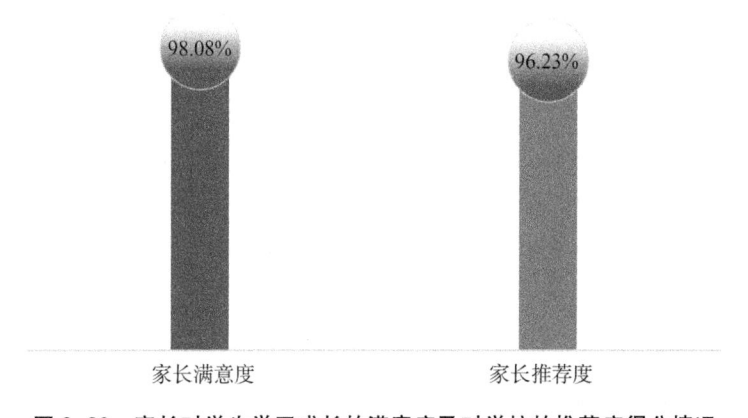

图 3-32　家长对学生学习成长的满意度及对学校的推荐度得分情况

学生家长表示看到自己孩子的学习成长状态,非常愿意把学校推荐给其他亲朋好友的孩子就读,学生家长推荐度得分[①]为 96.23%,这表明学校较好地完成了"3615"分流分类模式、构建模块化课程体系、打造技术技能人才培养高地的"双高"建设目标,人才培养质量较好,得到了家长的认可。

2) 高等职业教育满意度

学生家庭受教育水平情况如图 3-33 所示,学校参与调研的家长中,有 80.18% 的家长表示孩子是家庭的第一代大学生,19.82% 的家长表示父母中已有大学生。由此可见,大量学生进入学校接受教育后成为家庭的第一代大学生,改变了家庭的受教育水平,体现了高等职业教育为社会培养和储备高素质技术技能人才,提升国民整体素质和技能水平的重要功能。

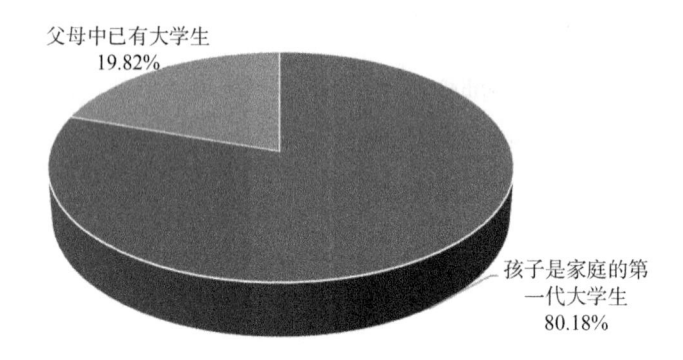

图 3-33 学生家庭受教育水平情况

此外,如图 3-34 所示,不同收入家庭的家长认为孩子接受高等职业教育后,对提高一家人的生活质量认可度得分[②]存在差异,认可度得分分布在 92%~98%。其中年收入为 15 万~30 万元家庭的家长认可度得分最高,为 97.95%,其次是年收入为 6 万~15 万元和 6 万元以下的家庭,认可度得分分别为 97.28%、97.21%,而年收入为 30 万元以上的家庭的家长认可度相对较低。

由此可见,大部分的家庭会因为学生通过接受高等职业教育获得一技之长,提高了其就业能力,进而促进家庭生活水平的改善。这进一步凸显了高等职业教育在提高学生受教育水平,改善家庭生活质量中发挥的重要作用。

---

① 推荐度得分根据各题目的选项比例经过加权平均计算所得。
② 认可度得分根据各题目的选项比例经过加权平均计算所得。

图 3-34　不同家庭收入的家长认为孩子接受高等职业教育对提高一家人生活质量的认可度得分

在对高等职业教育的满意度方面,由图 3-35 可知,仅有不足 2% 的家长对高等职业教育表示"非常不满意"或"不满意",满意度得分为 98.93%,可见,家长对孩子所接受的高等职业教育的满意度较高,同时也反映了学校的教育教学质量很好,得到了家长的肯定。

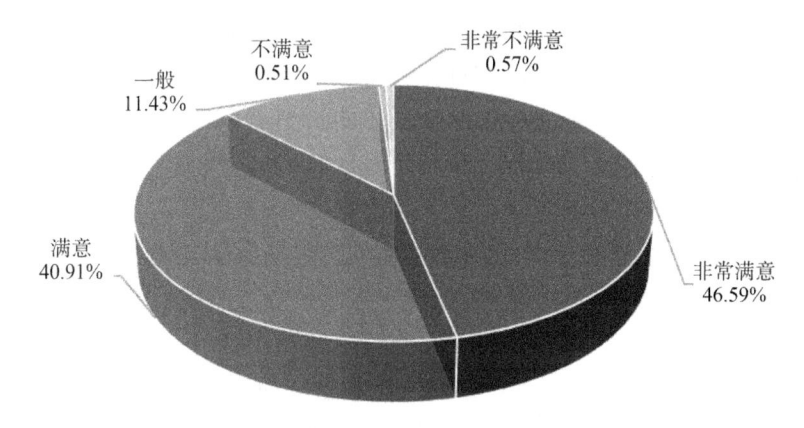

图 3-35　家长对高等职业教育的满意情况

3)学校环境设施及管理满意度

在学校环境设施及管理方面,由图 3-36 可知,家长对学校各项环境设施及管理的满意度均较高,得分均处于 94%~97% 之间,这反映了学校的建设条件较高,得到了家长的高度认可。其中,教学实施和教学条件、校园环境、学生生活学习条件(食堂宿舍等)方面的满意度分别为 96.88%、96.45%、94.51%。

教学实施和教学条件
96.88%

校园环境
96.45%

学生生活学习条件（食堂宿舍等）
94.51%

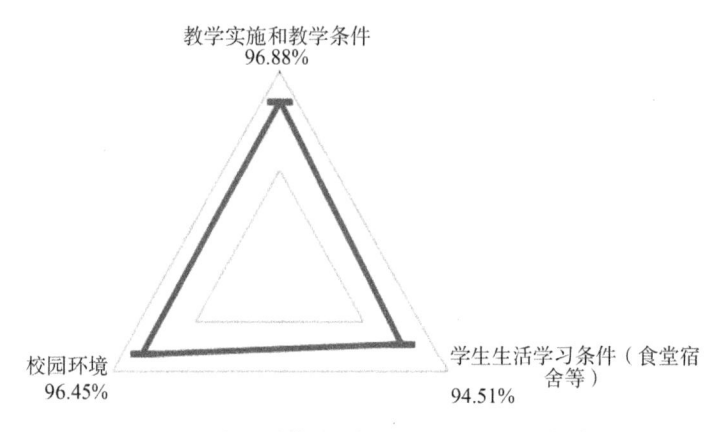

图 3-36　家长对学校环境设施及管理的满意情况

三、技术技能创新服务平台

2022年12月中共中央办公厅、国务院办公厅印发的《关于深化现代职业教育体系建设改革的意见》提出："打造行业产教融合共同体……支持龙头企业和高水平高等学校、职业学校牵头，组建学校、科研机构、上下游企业等共同参与的跨区域产教融合共同体，汇聚产教资源，制定教学评价标准，开发专业核心课程与实践能力项目，研制推广教学装备……建设技术创新中心，支撑高素质技术技能人才培养，服务行业企业技术改造、工艺改进、产品升级。"

"双高计划"文件中关于"打造技术技能创新服务平台"明确提出："对接科技发展趋势，以技术技能积累为纽带，建设集人才培养、团队建设、技术服务于一体，资源共享、机制灵活、产出高效的人才培养与技术创新平台，促进创新成果与核心技术产业化，重点服务企业特别是中小微企业的技术研发和产品升级。加强与地方政府、产业园区、行业深度合作，建设兼具科技攻关、智库咨询、英才培养、创新创业功能，体现学校特色的产教融合平台，服务区域发展和产业转型升级。进一步提高专业群集聚度和配套供给服务能力，与行业领先企业深度合作，建设兼具产品研发、工艺开发、技术推广、大师培育功能的技术技能平台，服务重点行业和支柱产业发展。"

《河北科技工程职业技术大学高等职业教育质量年度报告 2021—2022 学年》总结道：在技术技能创新服务平台建设方面不断探索与实践，构建了"四共支撑四链融合"平台建设模式，打造了"一体多元分层次"平台体系。获批建设"河北省人机环境热控制技术与装备重点实验室""河北省外国院士工作站"等省级科研平台 2 个,省级重点实验室和院士工作站实现突破,省级及以上科研平台累计 22 个;获批"邢台市车用先进复合材料重点实验室"等市级科研平台 5 个,市级科研平台累计 14 个。学校平台建设水平不断提高,平台体系架构不断丰富。产业链方面,建有军民融合技术研究院、区域高新技术研究院;创新链方面,校企共建 42 个"省市校"科技创新平台;成果链方面,建有国家知识产权信息公共服务网点等孵化平台 5 个;育人链方面,建有省级实训基地、众创空间 9 个。以平台为载体,校企合作单位数量稳步提升、合作形式不断多样、合作内容持续丰富、利益交汇面不断扩大,平台体系在对接服务邢台区域高端装备制造、新能源汽车、新一代信息技术、先进性服务业等产业领域实现全覆盖。

为探究学校在"打造技术技能创新服务平台"方面的建设成效,本书对学校平台建设、平台服务和满意度进行了调研分析。

(一)平台建设

为分析学校在技术技能创新服务平台建设方面的成效,本书调研了行业企业与学校开展技术技能合作的情况,如图 3-37 所示。

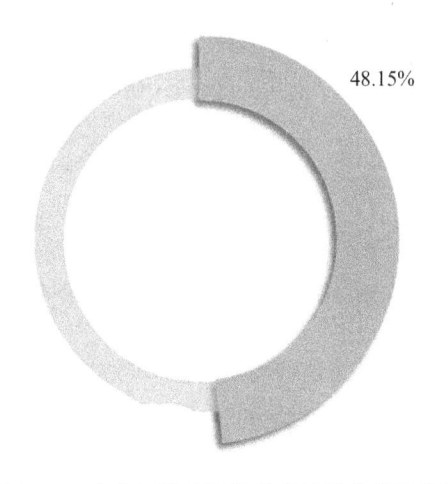

图 3-37 企业与学校开展技术技能合作的比例

在技术技能服务平台建设的参与度方面,有 48.15% 的合作企业人员表示与学校开展了技术技能合作。这表明学校积极与企业建立校企合作关系,搭建人才培养与技术创新平台,共同推进协同育人、技术研发、成果转化、创新创业等合作。

学校可以更加深入理解"行业产教融合共同体"的最新提法,进一步加强与企业在人才、设备、场地等资源上全方位合作,营造良好的技术技能创新服务环境,完善技术技能创新服务激励制度,调动学校、行业企业、社会组织等各方面技术人员的积极性、创造性和创新活力,打造多方共赢的创新发展"产教融合共同体"。

(二) 平台服务

在技术技能平台服务方面,学校为行业企业提供的服务类型较为丰富,包括"技术研发和产品升级"、"创新成果与核心技术的产业转化"、"与地方政府、产业园区、行业共建产教融合平台"、"校企共同研发、推广技术标准"及"承接真实生产项目"等。学校教师和合作企业在各项服务中的参与情况具体如图3-38所示。

	技术研发和产品升级	创新成果与核心技术的产业转化	与地方政府、产业园区、行业共建产教融合平台	校企共同研发、推广技术标准	承接真实生产项目	以上都没有
教师	54.43%	32.11%	26.76%	35.17%	28.59%	26.45%
企业	79.49%	53.85%	33.33%	43.59%	30.77%	2.56%

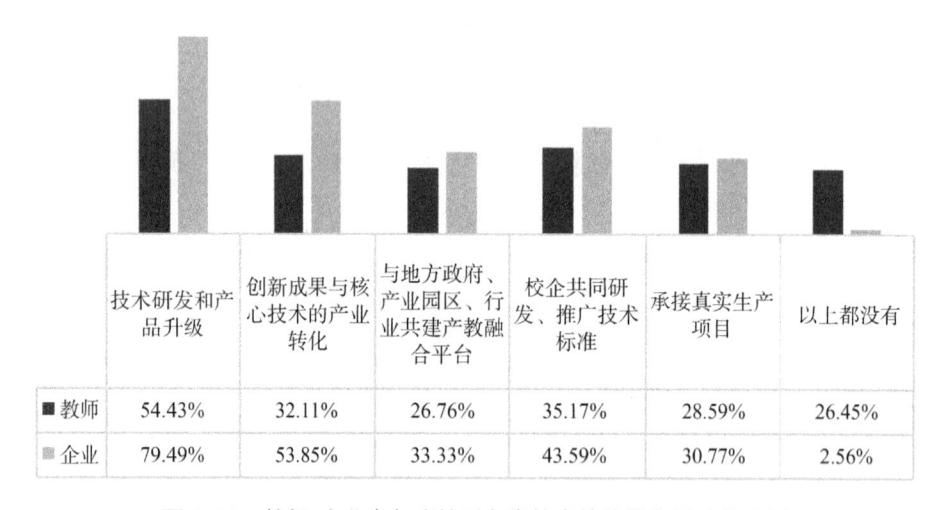

图3-38 教师、企业参与或接受各类技术技能服务活动的比例

调研发现,学校73.55%的教师均参与过一项或多项技术技能平台服务,其中,教师参与比例最高的是服务企业的技术研发和产品升级(54.43%),其次是校企共同研发、推广技术标准(35.17%)和创新成果与核心技术的产业转化(32.11%)。

从企业视角来看,学校合作企业中97.44%的企业人员均表示接受过一项或多项学校提供的技术技能平台服务,其中,企业接受最多的是服务本单位的技术研发和产品升级(79.49%),其次是为本单位提供创新成果与核心技术的产业转化(53.85%)和与本单位共同研发、推广技术标准(43.59%)。

从图3-38还可看出,学校教师和合作企业均对"技术研发和产品升级"、"校企共同研发、推广技术标准"和"创新成果与核心技术的产业转化"的参与或接受程度较高,表明学校在技术技能平台服务中注重技术研发和标准推广。由此可见,学校严格落实了"打造技术技能创新服务平台"的建设任务,但就教师参与各类技术技能服务活动的比例来看,仍有一定的进步空间。学校可进一步鼓励更多教师参与到技术技能服务活动中,通过承接企业真实生产项目,提高自身技术技能水平,同时服务区域发展和产业转型升级,在贯彻落实"服务行业企业技术改造、工艺改进、产品升级"的最新要求上做出更大的成绩。

(三)满意度

在技术技能服务的满意度方面,教师和企业的满意度得分如图 3-39 所示。其中,教师对学校技术技能服务的满意度较高,满意度得分为 98.91%,合作企业人员对学校技术技能服务的满意度得分为 99.88%。

可见,教师和企业对学校技术技能服务的满意度均很高,反映学校在"产教深度融合打造优质人才供给高地"方面取得了不错的成效,得到了教师、企业的一致高度认可。

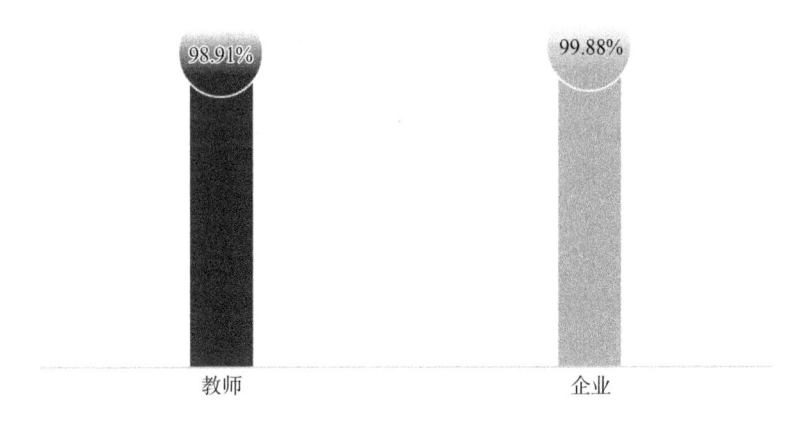

图 3-39 教师、企业对学校技术技能服务活动的满意度得分情况

四、高水平专业群

"双高计划"文件中关于"打造高水平专业群"明确提出:"面向区域或行业重点产业,依托优势特色专业,健全对接产业、动态调整、自我完善的专业群建设发展机制,促进专业资源整合和结构优化,发挥专业群的集聚效应和服务功能,实现人才培养供给侧和产业需求侧结构要素全方位融合。校企共同研制科学规

范、国际可借鉴的人才培养方案和课程标准,将新技术、新工艺、新规范等产业先进元素纳入教学标准和教学内容,建设开放共享的专业群课程教学资源和实践教学基地。组建高水平、结构化教师教学创新团队,探索教师分工协作的模块化教学模式,深化教材与教法改革,推动课堂革命。建立健全多方协同的专业群可持续发展保障机制。"

《河北科技工程职业技术大学高等职业教育质量年度报告2021—2022学年》总结道:学校以服务环渤海三大战略性新兴产业集群和区域主导产业为导向,对接纺织服装、建筑、现代服务等传统产业高端,以汽车工程、机电工程、电气工程专业群为主体,以信息技术、管理服务专业群为融合支撑,以服装工程、建筑工程、能源环保专业群为发展特色,初步形成以融合与特色为两翼共同支撑装备制造主体专业群发展的"一体两翼"专业群布局;2022年学校出台《专业设置与管理办法》《本科专业建设标准》等文件,规范、系统地指导了本科专业设置与建设工作。学校新获批汽车服务工程技术、机械电子工程技术、软件工程技术等6个本科专业,职业本科专业数量达16个,本科、专科招生专业总数达63个;累计组建专业群10个,专业群专业占学校专业总数比例达97%,其中拥有汽车、服装、机电、电气、信息技术等省级高水平专业群7个,拥有国家级高水平专业群1个。

为探究学校在"打造高水平专业群"方面的建设成效,本书对学校建设内容和满意度进行了调研分析。

(一)建设内容

在专业群建设内容方面,学校相关活动包含了"专业群的新型人才培养目标构建"、"德智体美劳教育的新课程开发"、"开发新的教学方法、教材等"、"资源库建设"、"实训实践场地的建设或改造升级"、"校企组建的双师团队"、"和企业开展的各种合作育人项目"、"'1+X'证书培训和考证"、"面向社会劳动力、社区等的职业培训"、"信息化建设"和"国际化人才培养项目"等。

教师对学校专业群建设的参与情况如图3-40所示,学校86.85%的教师参与过一项或多项专业群建设活动,其中,教师参与比例最高的为资源库建设(52.14%),其次是开发新的教学方法、教材等(48.78%)和专业群的新型人才培养目标构建(43.27%)。但在国际化人才培养项目的新课程开发等方面的参与比例有待进一步提升。

在校生对学校专业群建设内容的认知情况如图3-41所示,学校93.73%的在校生都接触过一项或多项专业群建设活动,其中接触比例最高的建设内容为

项目	比例
专业群的新型人才培养目标构建	43.27%
德智体美劳教育的新课程开发	22.32%
开发新的教学方法、教材等	48.78%
资源库建设	52.14%
实训实践场地的建设或改造升级	33.03%
校企组建的双师团队	33.49%
和企业开展的各种合作育人项目	28.44%
"1+X"证书培训和考证	40.83%
面向社会劳动力、社区等的职业培训	24.01%
信息化建设	32.57%
国际化人才培养项目	10.70%
以上都没参与过	13.15%

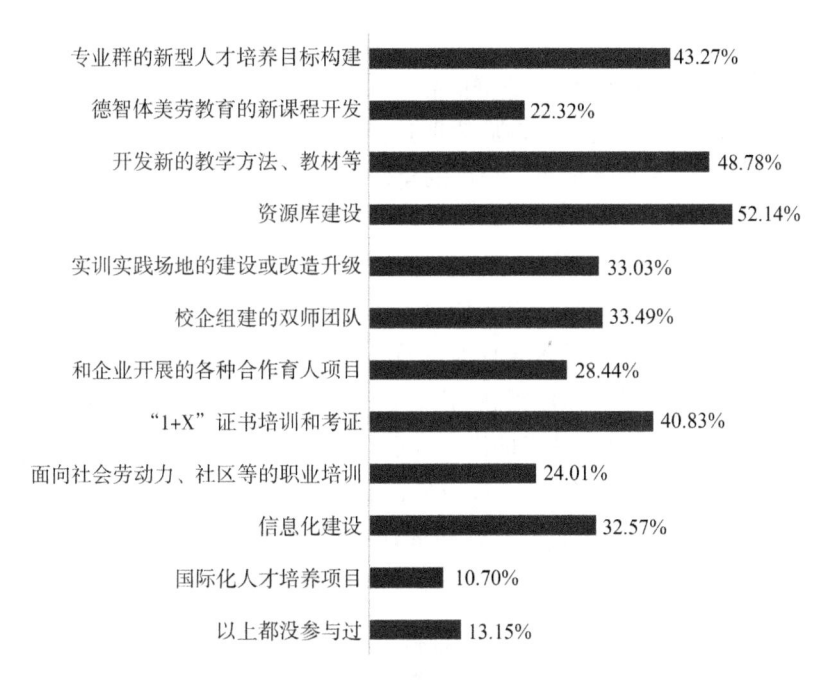

图 3-40 教师对学校专业群建设的参与情况

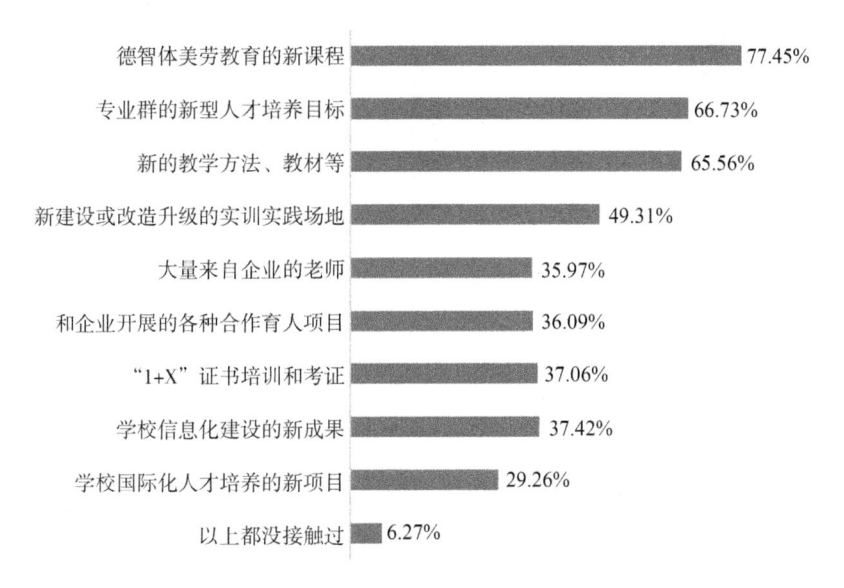

项目	比例
德智体美劳教育的新课程	77.45%
专业群的新型人才培养目标	66.73%
新的教学方法、教材等	65.56%
新建设或改造升级的实训实践场地	49.31%
大量来自企业的老师	35.97%
和企业开展的各种合作育人项目	36.09%
"1+X"证书培训和考证	37.06%
学校信息化建设的新成果	37.42%
学校国际化人才培养的新项目	29.26%
以上都没接触过	6.27%

图 3-41 在校生对学校专业群建设内容的认知情况

德智体美劳教育的新课程(77.45%),其次是专业群的新型人才培养目标(66.73%)和新的教学方法、教材等(65.56%)。

可以发现,学校师生对"专业群的新型人才培养目标"和"新的教学方法、教材等"活动的参与或接触比例较高,表明这是学校专业群整体建设的主要内容。而学校在这些方面也确实取得了很好的建设成效。

(二)满意度

本书分析了各主体对学校汽车检测与维修专业群建设的总体满意度情况,如图3-42所示。调研发现,各主体对学校专业群建设的满意度整体较高,教职工对学校专业群建设的满意度很高,满意度得分为99.77%,用人单位、毕业生、在校生、家长对学校专业群建设的满意度也较高,满意度得分均超过97%,分别为99.44%、98.16%、97.90%、97.07%。各主体对专业群建设较高的满意度充分反映了学校在发挥高水平专业群聚合效应,形成优质教学资源良性发展格局方面取得了看得见、摸得着的成效,赢得了各利益相关方的高度认可。

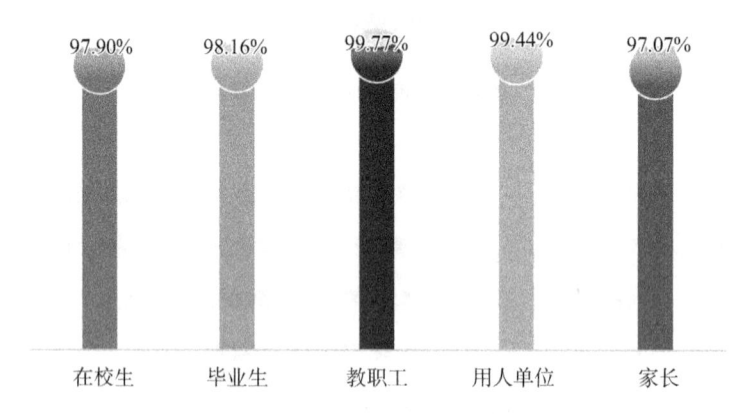

图3-42 各主体对学校专业群建设的满意度得分情况

五、高水平双师队伍

中共中央办公厅、国务院办公厅印发的《关于深化现代职业教育体系建设改革的意见》指出:"加强'双师型'教师队伍建设。加强师德师风建设,切实提升教师思想政治素质和职业道德水平。依托龙头企业和高水平高等学校建设一批国家级职业教育'双师型'教师培养培训基地,开发职业教育师资培养课程体系,开展定制化、个性化培养培训。实施职业学校教师学历提升行动,开展职业学校教师专业学位研究生定向培养。实施职业学校名师(名匠)名校长培养计划。设置灵活的用人机制,采取固定岗与流动岗相结合的方式,支持职业学校公开招聘行业企业业务骨干、优秀技术和管理人才任教;设立一批产业导师特聘岗,按规定聘请企业工程技术人员、高技能人才、管理人员、能工巧匠等,采取兼职任教、合作研究、参与项目等方式到校工作。"

另外,2022年9月教育部办公厅发布的《关于进一步加强全国职业院校教师教学创新团队建设的通知》指出:"创新团队建设是加快职业教育和'双师型'教师队伍高质量发展的有力抓手和重要举措,高职院校应明确创新团队建设目标任务,强化创新团队教师能力建设,形成创新团队建设范式,突出创新团队模块化教学模式,加强创新团队协作共同体建设等。"

2023年7月教育部办公厅《关于实施新时代职业学校名师(名匠)名校长培养计划的通知》提出:"职教'三名'计划旨在培养打造一批理想信念坚定、师德高尚、教育教学能力和专业实践能力突出的'双师型'名师(名匠),一批办学理念先进、办学定位准确、勇于开拓创新、精通现代职业学校治理的教育家型名校长。通过搭建国家级名师、名校长工作室和名匠技艺技能传承创新平台(以下统称工作室),建立推荐、培养、管理、使用一体化的培养体系和管理机制,发挥名师(名匠)名校长示范引领作用,带动职业教育教师校长能力素质整体提升。"

"双高计划"文件中关于"打造高水平双师队伍"明确提出:"以'四有'标准打造数量充足、专兼结合、结构合理的高水平双师队伍。培育引进一批行业有权威、国际有影响的专业群建设带头人,着力培养一批能够改进企业产品工艺、解决生产技术难题的骨干教师,合力培育一批具有绝技绝艺的技术技能大师。聘请行业企业领军人才、大师名匠兼职任教。建立健全教师职前培养、入职培训和在职研修体系。建设教师发展中心,提升教师教学和科研能力,促进教师职业发展。创新教师评价机制,建立以业绩贡献和能力水平为导向、以目标管理和目标考核为重点的绩效工资动态调整机制,实现多劳多得、优绩优酬。"

《河北科技工程职业技术大学高等职业教育质量年度报告2021—2022学年》总结道:学校基于教学工作诊断与改进全面质量管理思想,统筹做好教师层面的顶层设计——教师发展促进体系,保障"双师型"教师队伍建设。该体系按照"从新手到专家"的职业发展一般规律,将教师职业发展划分为入职期、发展期、骨干期、带头人期、专家期"五阶段",以目标标准系统为出发点,以教师培训系统为主体,以教学比赛系统为促进,以条件保障系统和制度激励系统为支撑,以诊断改进系统保良性运行,"四维度"保证教师每个阶段的职业发展需要;着力打造高水平双师"四能"教师队伍,集聚 10 名行业领军人物和技术技能大师,累计培养 400 名"四能"骨干教师,双师比达 86% 以上,企业一线兼职教师占比近 25%;打造了 2 个国家级、3~4 个省级教师教学创新团队,获得全国职业院校教学能力比赛一等奖,建设了一支专兼结合、结构合理的双师"四能"教师队伍。

为探究学校在"打造高水平双师队伍"方面的建设成效,本书对学校的师德师风建设、双师团队、教师发展和满意度进行了调研分析。

(一) 师德师风

1. 师德师风重视度

为分析学校在"师德师风"方面的建设情况,本书调研了学校教职工对"师德师风"相关讲话、论述、政策、原理的了解程度,如图 3-43 所示。

调研发现,学校 99.07% 的教职工表示对"师德师风"相关讲话、论述、政策、原理等活动有一定了解,其中表示"非常了解"的教职工占比为 47.62%,表示"了解"的教职工占比为 43.55%。

可见,学校对师德师风工作的重视程度很高,在师德师风工作宣传、体制机制建设以及师德师风考核评价等方面做出了切实的努力,教职工对"师德师风"相关讲话、论述、政策、原理等的了解程度也很高,有利于提升教师的思想政治素养和职业道德水平。

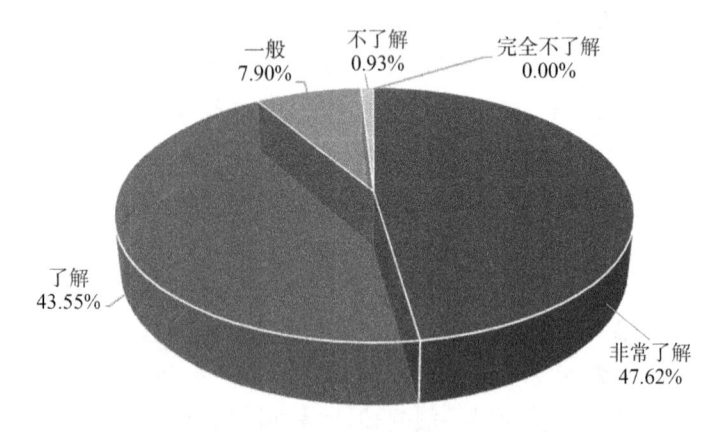

图 3-43 学校教职工对"师德师风"建设活动的了解情况

2. 师德师风活动

在"师德师风"建设活动方面,如图 3-44 所示,学校开展了形式多样、内容丰富的建设活动,包括"学习贯彻重要讲话、政策文件以及党的教育方针等"、"强化爱国主义、国家利益、社会责任等"、"遵守社会主义核心价值观、公序良俗、为人师表等"、"致力于潜心育人、立德树人、教学相长、爱护学生等"、"严守学术规范、公平诚信等"和"坚持廉洁自律、遵纪守法、遵守教学纪律等"方面的活动等。

调研发现,学校 98.84% 的教职工均对一类或多类"师德师风"建设活动有所感知。其中,教职工感知最高的是"学习贯彻重要讲话、政策文件以及党的教育方针等"方面的活动(91.87%),其次是"强化爱国主义、国家利益、社会责任等"方面的活动(87.57%)和"遵守社会主义核心价值观、公序良俗、为人师表等"方面的活动(84.79%)。

由此可见,学校在加强师德师风建设,打造高水平双师队伍方面采取了一系列积极有效的措施,并取得了很好的成效,教职工对学校开展的师德师风建设活动认知度很高,有力支撑了学校多元化高水平双师队伍建设。

类别	比例
学习贯彻重要讲话、政策文件以及党的教育方针等	91.87%
强化爱国主义、国家利益、社会责任等	87.57%
遵守社会主义核心价值观、公序良俗、为人师表等	84.79%
致力于潜心育人、立德树人、教学相长、爱护学生	80.26%
严守学术规范、公平诚信等	75.61%
坚持廉洁自律、遵纪守法、遵守教学纪律等	78.28%
以上都没有	1.16%

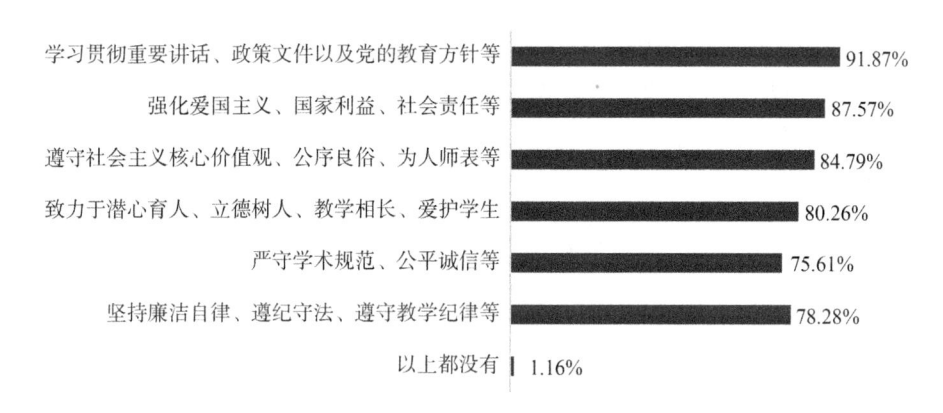

图 3-44 教职工对学校开展的各类"师德师风"活动的认知情况

同时,在"师德师风"活动参与频度方面,如图 3-45 所示,62.48% 的教职工表示"平均每周参加一次"或"平均每月参加一次"。可见,学校教职工参与"师德师风"相关活动的频率整体较高,但存在一定的进步空间。

3. 师德师风提升度

在"师德师风"提升度方面,学校教职工通过积极参与"师德师风"相关活动,

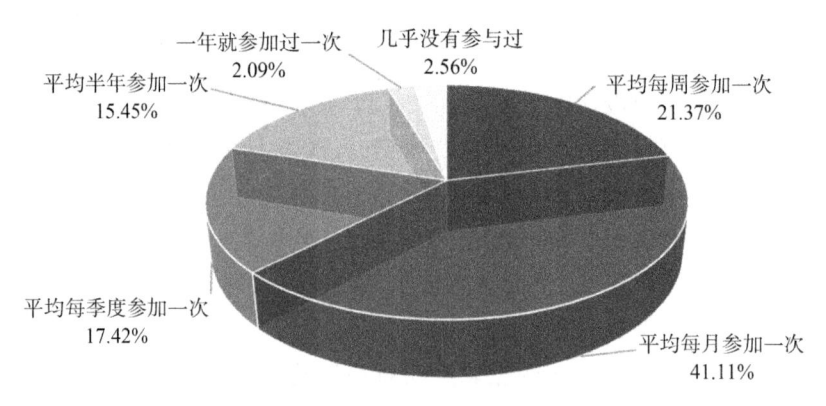

图 3-45　学校教职工参与各类"师德师风"活动的频度情况

其政治性、理想信念、学识业务、创新思维、关爱学生、人格魅力及感召力等方面均得到了一定程度的提升。本书分析了被调研教职工在各方面的提升度情况，如图 3-46 所示。

教职工在"师德师风"各方面的提升度得分均高于99%，其中，提升度得分最高的方面是"政治性强，家国情怀"（99.51%），其次是"关爱学生，引路领航"（99.42%）和"理想远大，信念坚定"（99.38%）。可见，学校师德师风建设活动成效显著，教职工获得感很强。为进一步巩固当前成效，提升教职工的"师德师风"，学校还可建立健全师德建设长效机制，创新师德教育，完善师德规范，引导广大教师以德立身、以德立学、以德施教、以德育德，争做"四有好老师"和"四个引路人"。

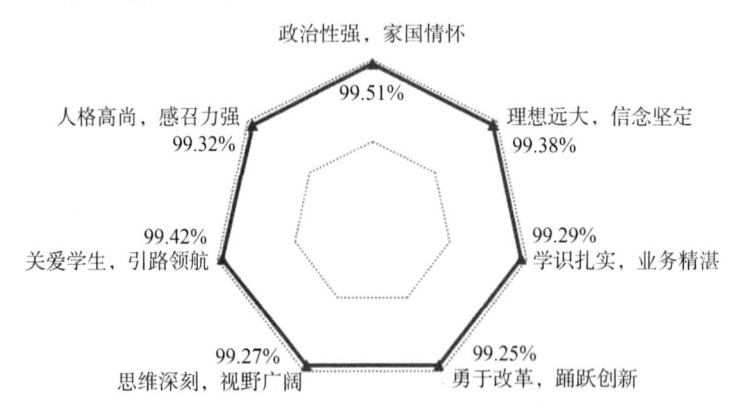

图 3-46　教职工在学校"师德师风"各方面的提升度评价情况

(二) 双师团队

1. 校内教师团队

学校教师团队包括"专业群内老师组成的课程团队"、"校企合作组建成的双师队伍"、"与行业企业领军人才、大师名匠共同组建的团队"、"多个专业的老师联合组成的课程团队"和"与企业实际生产、技术人员组成的技术服务团队"等。

由图3-47可知,教师参与比例最高的团队是专业群内老师组成的课程团队(66.36%),其次是校企合作组建成的双师队伍(46.48%)和多个专业的老师联合组成的课程团队(35.78%)。从学生维度来看,在校生接触最多的是专业群内老师组成的课程团队(80.47%),其次是校企合作组建成的双师队伍(47.92%)和与行业企业领军人才、大师名匠共同组建的团队(40.89%)。

由此可见,学校积极打造多元化高水平双师队伍,支撑学校完善优质人才资源保障,初步建立起了一支适应新时代职业教育高质量发展、支撑高职教育改革核心任务的高水平双师队伍。

	专业群内老师组成的课程团队	校企合作组建成的双师队伍	与行业企业领军人才、大师名匠共同组建的团队	多个专业的老师联合组成的课程团队	与企业实际生产、技术人员组成的技术服务团队	以上都没参与过
教师	66.36%	46.48%	21.71%	35.78%	24.62%	17.58%
在校生	80.47%	47.92%	40.89%	40.61%	35.07%	7.38%

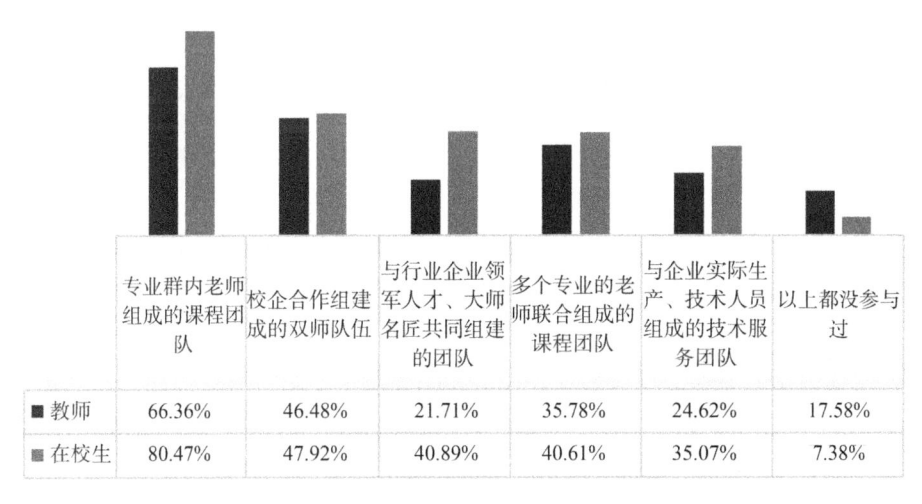

图3-47 学校教师参与和在校生接触的各类教师团队的比例

2. 企业双师团队

本书分析了合作企业为学校提供的"双师型"教师的主要特点,如图3-48所示。其中,82.35%的企业人员表示其为学校提供的"双师型"教师熟知企业实际生产、技术需求等,70.59%的企业人员表示其为学校提供的"双师型"教师承担有学分的课程,64.71%的企业人员表示其为学校提供的"双师型"教师数量充足和由领军人才、大师名匠兼职任教。

由此可见,学校积极引进企业权威、专家、大师、名匠等兼职教师,优化教师队伍结构,打造高水平双师队伍,在"实施'引智'工程、'聚优'工程,打造区域行业技术专家集聚地"任务中的成效显著。

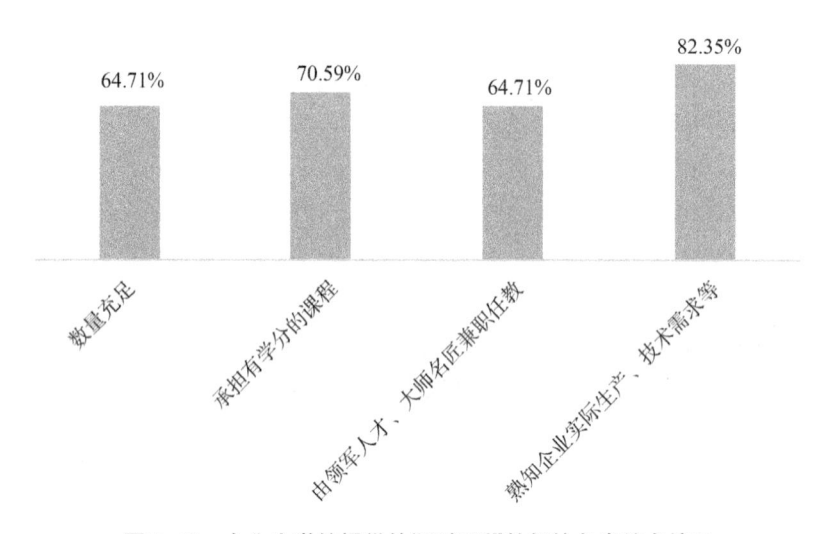

图 3-48　企业为学校提供的"双师型"教师的各类特点情况

3. 教学能力水平

为了解学校教师的教学能力水平,本书统计了学校教师、在校生、毕业生对于教师教学能力和专业技术水平的评价情况。

(1) 教学能力

教师教学能力评价情况如图 3-49 所示,学校 97.38%的教师、87.10%的在校生和 92.10%的毕业生都认可学校教师的教学能力,其中 53.93%的教师、45.60%的在校生、63.93%的毕业生认为其教学能力"非常高"。

由此可见,学校师生都非常认可学校教师的教学能力,这充分体现了学校打造的双师队伍质量较高,得到了绝大部分师生的认可。但也有少部分学生对教师的能力评价较低,学校将进一步完善教师培养培训体系,提升教师的教学能力,打造高水平师资队伍。

(2) 专业技术水平

教师专业技术水平评价情况如图 3-50 所示,学校 95.85%的教师,87.32%的在校生和 92.40%的毕业生都认可学校教师的专业技术水平,其中 52.00%的

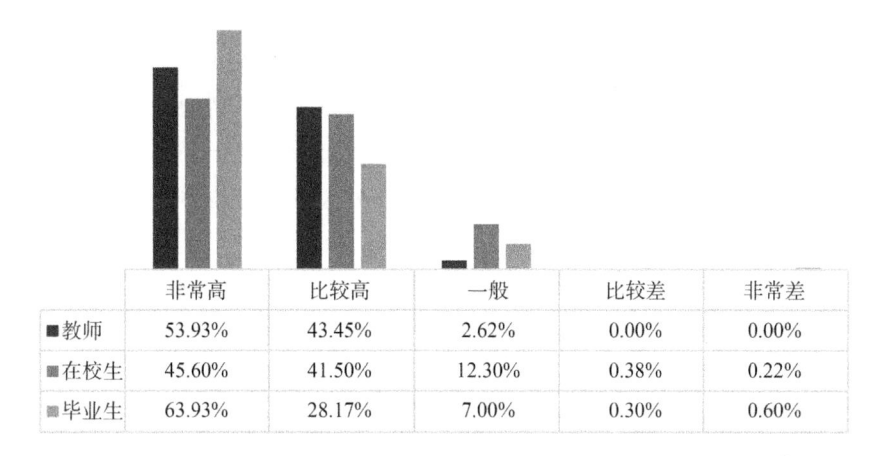

	非常高	比较高	一般	比较差	非常差
■教师	53.93%	43.45%	2.62%	0.00%	0.00%
■在校生	45.60%	41.50%	12.30%	0.38%	0.22%
■毕业生	63.93%	28.17%	7.00%	0.30%	0.60%

图 3-49　学校师生对教师教学能力的评价情况

教师、44.65%的在校生、62.15%的毕业生认为教师专业技术水平"非常高"。

由此可见，学校师生也很认可学校教师的专业技术水平，这充分体现了学校教师不仅在教学能力方面表现突出，同时也拥有良好的专业技术水平，能够有效支撑学生的技术技能学习。

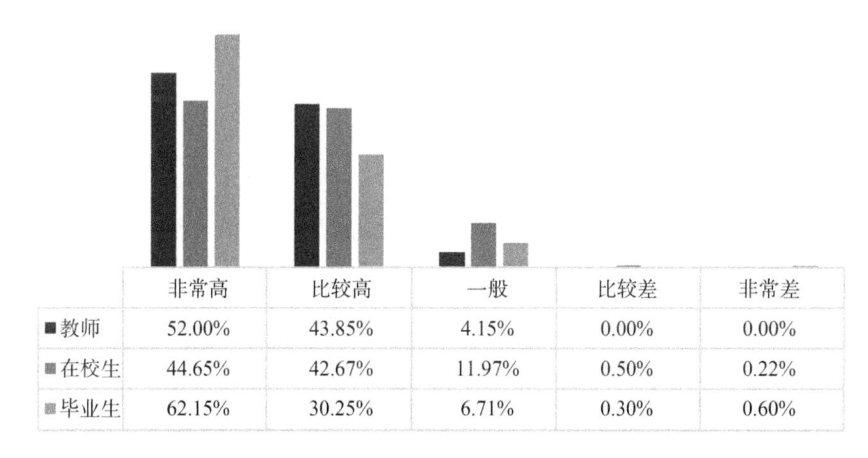

	非常高	比较高	一般	比较差	非常差
■教师	52.00%	43.85%	4.15%	0.00%	0.00%
■在校生	44.65%	42.67%	11.97%	0.50%	0.22%
■毕业生	62.15%	30.25%	6.71%	0.30%	0.60%

图 3-50　学校师生对教师专业技术水平的评价情况

（三）教师发展

1. 教学技能提升

在教师教学技能提升方面，如图 3-51 所示，学校开展了教学能力培训或研修、教学研讨或工作坊、模拟教学或课堂录像、听公开课或观摩教学、共同开发教学工具、信息化素养提升等技能提升活动。调研发现，学校97.55%的教师都参与过一项或多项教学技能提升活动，其中教师参与比例最高的是教学能力培训或研修教学能力培训或研修（88.07%），其次是听公开课或观摩教学（69.72%）和教学研讨或工作坊（69.27%），表明这些活动是学校教师教学技能提升的主要途径。

由此可见，学校在教师培养培训上采取了一系列的举措，积极落实"开发职业教育师资培养课程体系，开展定制化、个性化培养培训"的政策要求。教师对各类培训活动的广泛参与也凸显了教师对自我教学技能提升的积极性，尤其是在教学能力培训或研修、听公开课或观摩教学和教学研讨或工作坊等方面，但在开发教学工具活动上的参与比例较低。

教学技能提升活动	比例
教学能力培训或研修	88.07%
教学研讨或工作坊	69.27%
模拟教学或课堂录像	41.59%
听公开课或观摩教学	69.72%
共同开发教学工具	23.24%
信息化素养提升	47.86%
以上都没参加过	2.45%

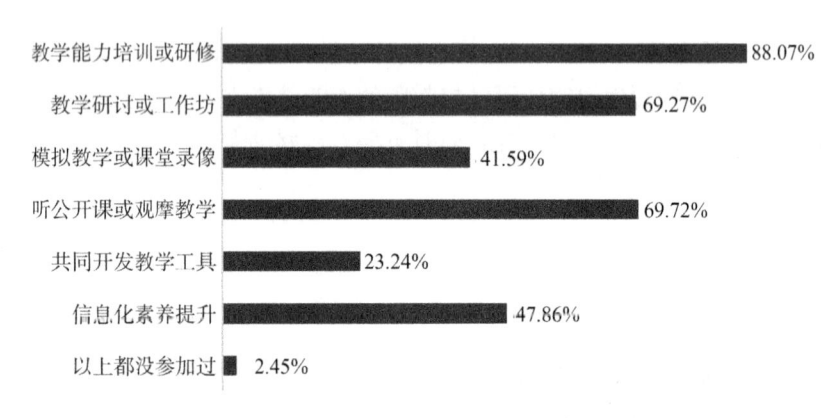

图3-51　学校教师参与各类教学技能提升活动的比例

2. 服务能力提升

在教师服务能力提升方面，如图3-52所示，学校开展了"服务企业的技术研发和产品升级"、"创新成果与核心技术的产业转化"、"与地方政府、产业园区、行业共建产教融合平台"、"校企共同研发、推广技术标准"和"承接企业真实生产项目"等技术服务能力发展活动。

学校73.55%的教师都参与过一项或多项服务能力发展活动，其中，教师参与比例最高的是服务企业的技术研发和产品升级（54.43%），其次是校企共同研发、推广技术标准（35.17%）和创新成果与核心技术的产业转化（32.11%）。

这表明学校与企业开展了形式多样的产学研训创相关合作，增加了教师企业实践经验，提升了教师解决技术难题能力和为企业提供技术服务水平，教师也积极参与各类技术服务能力发展活动。但就教师参与各类服务能力提升活动的比例来看，有待进一步提升。学校有近三成的教师未参与过任何技术服务能力发展活动，学校需进一步鼓励教师参与到各类技术服务活动中，提升教师的服务能力和技术技能水平。

类别	比例
服务企业的技术研发和产品升级	54.43%
创新成果与核心技术的产业转化	32.11%
与地方政府、产业园区、行业共建产教融合平台	26.76%
校企共同研发、推广技术标准	35.17%
承接企业真实生产项目	28.59%
以上都没参与过	26.45%

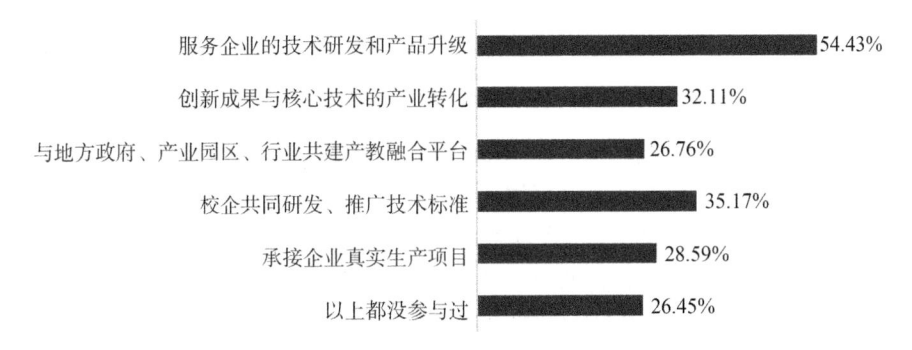

图 3-52　学校教师参与各类技术服务能力发展活动的比例

3. 职业发展活动

在职业发展活动参与方面，如图 3-53 所示，学校 88.23% 的教师在"企业兼职"、"社会挂职锻炼"、"国际交流学习"和"职业发展咨询"等职业发展活动中有所参与。其中，教师参与比例较高的是企业兼职（46.64%）和社会挂职锻炼（44.80%），其次是职业发展咨询（29.66%）。

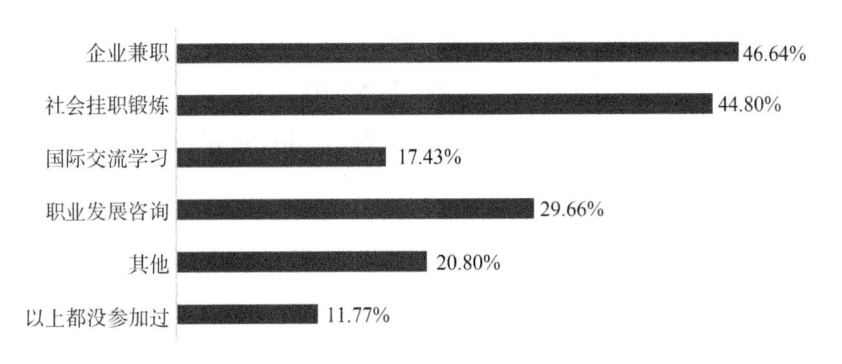

类别	比例
企业兼职	46.64%
社会挂职锻炼	44.80%
国际交流学习	17.43%
职业发展咨询	29.66%
其他	20.80%
以上都没参加过	11.77%

图 3-53　学校教师参与的各类职业发展活动的比例

由此可见，学校为教师提供了多样化的在职培训、进修、职业发展平台，对教师进行差异化、个性化培养，提升教师的整体素质和国际化水平，助推教师职业发展。教师也积极参与各类职业发展活动，尤其是在企业兼职和社会挂职锻炼方面,但在国际交流学习等方面的参与比例有待进一步提升。学校需为教师提供多样化国际交流学习的机会,提升学校教师的国际化水平。

4. 教师培训机构

在教师参与培训机构举办的培训活动方面,如图3-54所示,学校为教师提供了多类培训平台以提升教师教学水平,包括"校内教师发展中心"、"企业教师实践基地、流动站"、"教师国培基地"和"校企共建的'双师型'教师培养培训基地"等,此外还开展过教师"网上培训"活动。数据显示学校在"校内教师发展中心"活动方面具有一定的培训参与量。

调研发现,学校97.86%的教师都参与过一项或多项教师培训机构举办的培训活动,其中参与比例最高的是校内教师发展中心(85.47%),其次是网上培训(74.01%)和教师国培基地(43.12%)。

由此可见,学校充分利用网络资源拓展教师培训形式,提升教师参与度与培训效果,同时发挥教师发展中心和教师国培基地在提升教师专业技能、促进教师快速成长方面的重要作用,对教师进行分层分类培养。学校还应积极提高教师学历提升、定向培养的参与率,落实"实施职业学校教师学历提升行动,开展职业学校教师专业学位研究生定向培养"的政策要求。

类别	比例
校内教师发展中心	85.47%
企业教师实践基地、流动站	40.98%
教师国培基地	43.12%
校企共建的"双师型"教师培养培训基地	33.64%
网上培训	74.01%
以上都没有	2.14%

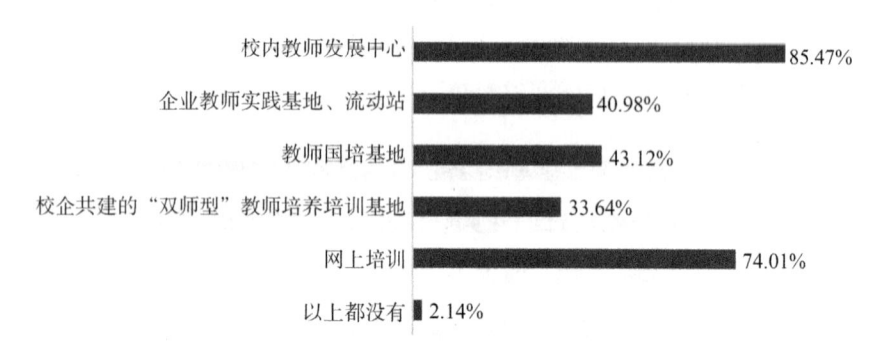

图3-54 学校教师对各类教师培训机构举办的培训活动的参与比例

5. 教学能力提升方式

在教师教学能力提升方式方面,如图3-55所示,学校教师提升途径丰富,包括"自己参加培训或自学"、"和本专业/教研室的老师们共同研讨"、"参加全国同领域的学术共同体活动"和"在本专业常规教学活动中做了安排"等多种方式。

学校98.17%的教师都会通过一种或多种方式提升教学能力,其中,自己参加培训或自学(89.91%)和和本专业/教研室的老师们共同研讨(82.26%)的方式较高,其次是在本专业常规教学活动中做了安排(52.75%)。由此可见,学校教师对提升自我教学能力的自觉性和积极性很高,充分彰显了学校在增强教师发展活力,激励教师争先创优方面的突出成效。

自己参加培训或自学 89.91%
和本专业/教研室的老师们共同研讨 82.26%
参加全国同领域的学术共同体活动 48.32%
在本专业常规教学活动中做了安排 52.75%
以上都没参加过 1.83%

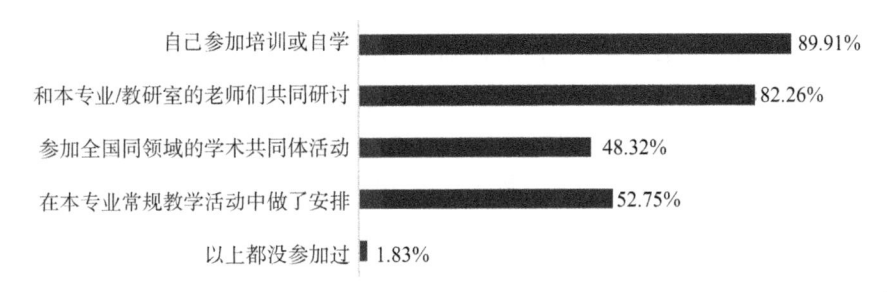

图 3-55 学校教师提升个人教学能力的方式占比

6. 职业评价活动

在职业评价活动方面,教师接受过的各类职业评价活动丰富,包括"培训学时达标"、"师德师风评价"、"职业资格考试"、"教学准入考核"和"职业倦怠测评"。

由图 3-56 所示,学校 97.09% 的教师都参与过一种或多种职业评价活动,其中,培训学时达标(83.79%)和师德师风评价(83.03%)的参与度较高,其次是职业资格考试(74.92%)。由此可见,学校建立了多类型全方位的职业评价体系,学校在"实施分类考核与评价"建设任务中的成效显著,且教师参与培训学时、师德师风以及资格考试等评价的积极性较高,这有利于促进教师自身素质的整体优化,提高学校教育质量。

培训学时达标 83.79%
师德师风评价 83.03%
职业资格考试 74.92%
教学准入考核 53.98%
职业倦怠测评 26.91%
以上都没接受过 2.91%

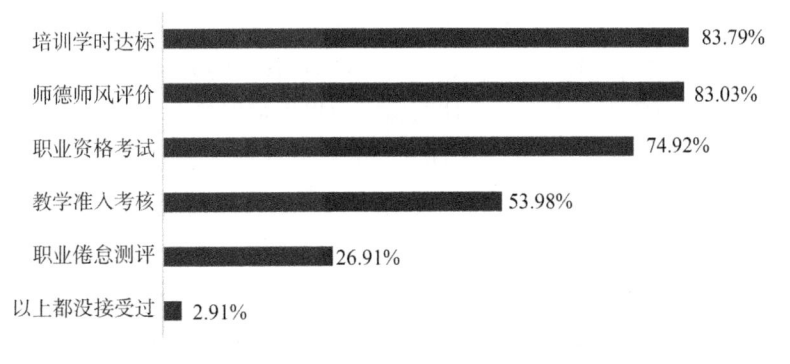

图 3-56 学校教师参与各类职业评价活动的占比

7. 科研能力提升

(1) 科研活动参与度

在科研活动方面,学校开展了多种类型的科研活动,主要包括"横向/纵向科研课题"、"内部学术研讨/学术交流"、"校际/学术组织的学术会议"和"行业企业的技术攻关"等,本书调研了学校教师对各类科研活动的参与情况,如图3-57所示。

调研发现,学校88.97%的教师都参与过一种或多种科研活动,其中,教师参与度较高的是横向/纵向科研课题(73.40%)和内部学术研讨/学术交流(68.64%)。由此可见,学校教师参与各类科研活动的比例整体较高,参与积极性较强。但在校级/学术组织的学术会议、行业企业的技术攻关方面,教师的参与比例较低,学校可通过定向引导,提高教师的参与积极性。

科研活动类型	占比
横向/纵向科研课题	73.40%
内部学术研讨/学术交流	68.64%
校际/学术组织的学术会议	35.66%
行业企业的技术攻关	24.62%
上述均未参加过	11.03%

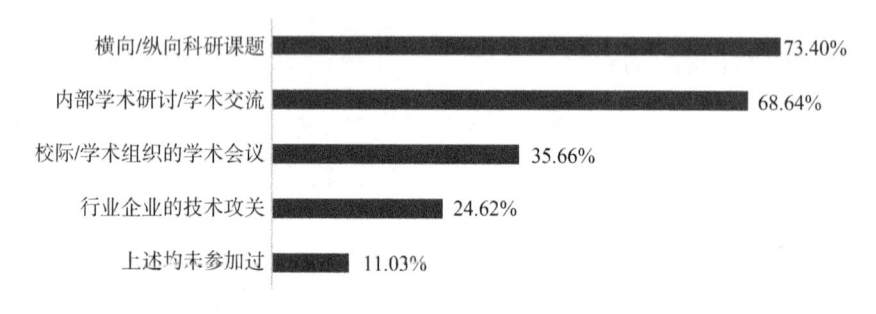

图3-57 学校教师参与各类科研活动的占比

(2) 科研能力提升需求度

教师的科研能力包含了多个方面,包括"科技研发/技术创新能力"、"研究论文/科研报告的撰写能力"、"科研成果转化能力"、"文献检索/收集能力"、"社会服务能力"、"信息加工/整合/总结能力"、"科研成果反哺教学能力"和"团队合作/沟通/交流等非专业能力",为探究学校教师在各项能力上的掌握程度以及需求程度,为学校提高科研水平的具体措施方向提供数据参考,本书调研分析了教师认为其在科研工作中最需提升的能力,如图3-58所示。

调研发现,学校教师对各类科研能力均有一定程度的提升需求,其中,提升需求最高的是科技研发/技术创新能力(64.69%),其次是研究论文/科研报告的撰写能力(56.79%)和科研成果转化能力(52.38%)。由此可见,学校教师对各项科研能力的提升需求较大,学校可继续实施师资"精进"工程,提高教师科研能力,培育"未来职教教师",为达到"建成区域高水平教师发展中心"的建设目标持续努力。

科研能力	百分比
科技研发/技术创新能力	64.69%
研究论文/科研报告的撰写能力	56.79%
科研成果转化能力	52.38%
文献检索/收集能力	48.08%
社会服务能力	45.99%
信息加工/整合/总结能力	48.43%
科研成果反哺教学能力	40.30%
团队合作/沟通/交流等非专业能力	30.89%
其他	7.78%

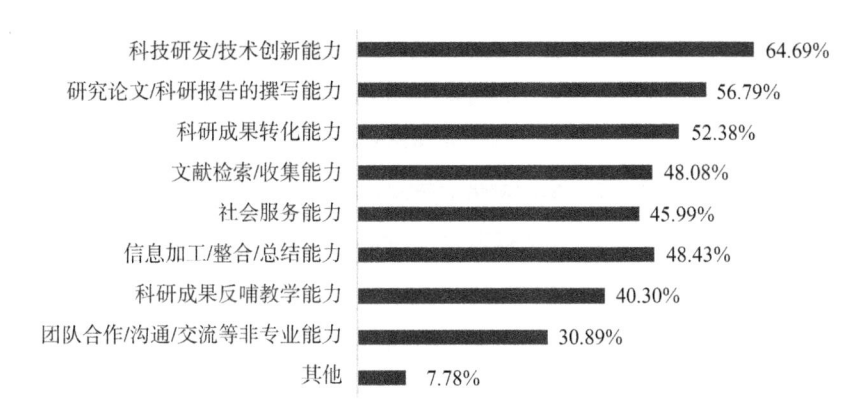

图 3-58 学校教师对各类科研能力的提升需求情况

（3）科研能力提升影响因素

影响教师科研能力提升的因素包括"科研能力的培训和指导"、"学校对教师的科研管理和考核"、"科研意识和意愿"、"国家对教师的科研要求"、"职称晋升需要"和"日常教学实际需要"等，为有效提升教师团队教科研能力，除了明确教师的科研能力提升需求外，还需深入探究驱动教师主动/被动提升其科研能力的关键因素，因此，本书调研分析了学校教师认为对其科研能力提升影响最大的因素占比情况，具体如图 3-59 所示。

调研发现，60.39%的教师认为科研能力的培训和指导对其科研能力的提升影响较大，59.47%的教师认为科研意识和意愿对其科研能力的提升影响较大，54.59%的教师认为学校对教师的科研管理和考核对其科研能力的提升影响较大。

由此可见，学校超过一半的教师认为自身的科研意识和意愿对其科研能力提升影响较大，说明学校教师对所从事的研究工作要具有一定的主观能动性，这在科研活动中尤为重要；此外，大部分的教师还认为"科研能力的培训和指导"以及"学校对教师的科研管理和考核"这类外部因素对其科研能力提升影响也较大。因此，学校将持续探索实施岗位绩效 KPI 考核，加强岗位聘任质量管理，提升教师教学、科研等绩效，提高教师参与科研活动的积极性，从而增强教师团队的科研能力。

（4）科研对教学的影响

科研工作对教学的积极影响包括"将产业新成果、新技术、新业态等引入教学内容"、"吸收、应用了先进的教育理念和教育方法"、"为带领学生共同开展研

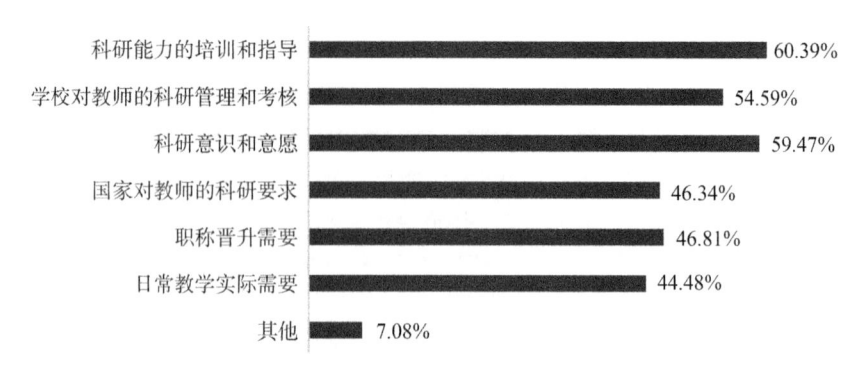

科研能力的培训和指导	60.39%
学校对教师的科研管理和考核	54.59%
科研意识和意愿	59.47%
国家对教师的科研要求	46.34%
职称晋升需要	46.81%
日常教学实际需要	44.48%
其他	7.08%

图 3-59　影响学校教师科研能力提升的因素情况

究工作提供了内容和机会"、"为学生的学业发展/职业发展提供了方向性指导"和"为学生营造了良好的科研和学习氛围"等。

如图 3-60 所示,学校教师对科研工作的积极影响评价中,占比较高的是"将产业新成果、新技术、新业态等引入教学内容"(69.22%)和"吸收、应用了先进的教育理念和教育方法"(64.11%),其次是"为带领学生共同开展研究工作提供了内容和机会"(59.12%)、"为学生营造了良好的科研和学习氛围"(58.07%)和"为学生的学业发展/职业发展提供了方向性指导"(56.33%)。

由此可见,学校教师对科研的评价较高,超过六成的教师肯定了科研工作在教学内容、教学方法改进中的积极作用,同时,还有超过半数的教师肯定了科研工作在研究工作、学业发展/职业发展方向、科研和学习氛围等方面带给学生的积极影响。

将产业新成果、新技术、新业态等引入教学内容	69.22%
吸收、应用了先进的教育理念和教育方法	64.11%
为带领学生共同开展研究工作提供了内容和机会	59.12%
为学生的学业发展/职业发展提供了方向性指导	56.33%
为学生营造了良好的科研和学习氛围	58.07%
其他	10.80%

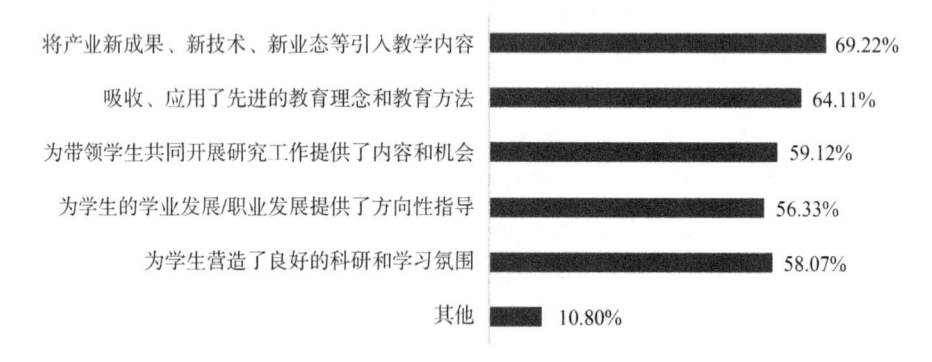

图 3-60　学校教师认为科研工作具备的积极影响占比

(5) 教学科研氛围

在教师对学校总体教学科研氛围评价方面,如图 3-61 所示,仅有不足 1%

的教师对总体教学科研氛围表示"非常差"或"比较差",教师对学校教学科研氛围的评价得分①为 98.32%,可见,学校教师对学校教学科研氛围的评价较高。

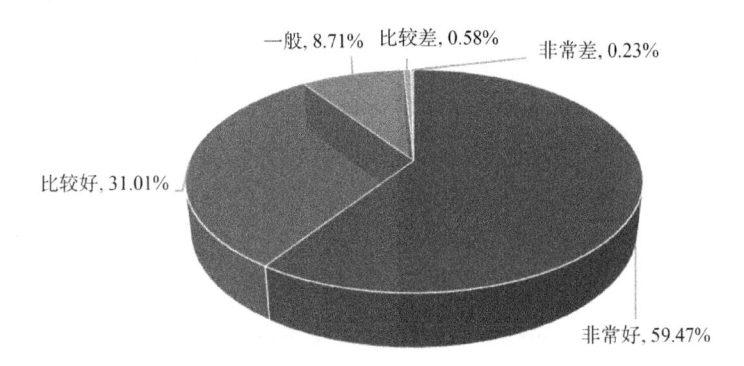

图 3-61　学校教师对学校教学科研氛围评价情况

(四) 满意度

1. 师德师风满意度

在"师德师风"建设工作的满意度方面,如图 3-62 所示,大部分的教职工对学校"师德师风"建设相关活动表示"非常满意"或"满意",满意度得分为 99.38%,表明学校"师德师风"建设工作落实较好,教职工对学校师德师风建设活动、工作机制满意度很高。

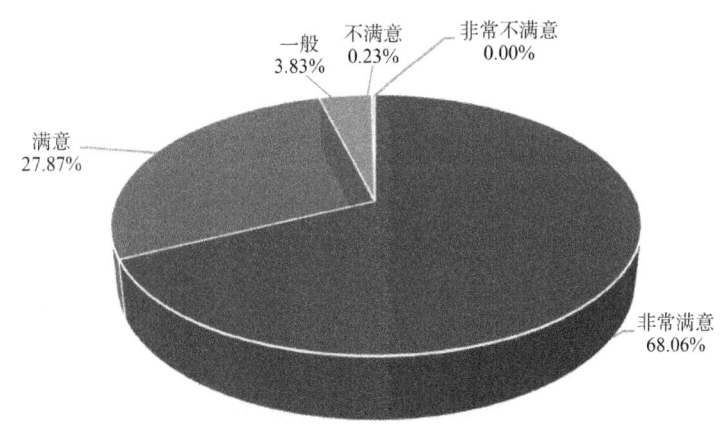

图 3-62　教职工对学校"师德师风"建设相关活动的满意情况

---

① 科研氛围评价得分根据对教师不同评价程度占比加权平均计算所得,下文同。

同时，为探究学校学生对教职工"师德师风"各方面的满意度情况，本书分析了学生对教职工在政治性、理想信念、学识业务、创新思维、关爱学生、人格魅力及感召力等方面的满意情况，如图3-63所示。

调研发现，在校生和毕业生对教职工在"师德师风"各方面的评价均很高。其中，在校生满意度较高的是"思维深刻，视野广阔"（98.33%）、"关爱学生，引路领航"（98.31%）、"政治性强，家国情怀"（98.26%）和"学识扎实，业务精湛"（98.26%）；毕业生满意度较高的是"政治性强，家国情怀"（97.85%）、"理想远大，信念坚定"（97.76%）、"学识扎实，业务精湛"（97.72%）和"勇于改革，踊跃创新"（97.72%）。

图3-63中用○圈出的数据表示获得所有主体一致认同较高的方面，可见，在校生、毕业生均对学校教职工的"政治性强，家国情怀""学识扎实，业务精湛"方面的评价较高，表明这是学校教职工在"师德师风"活动中的显著特点。

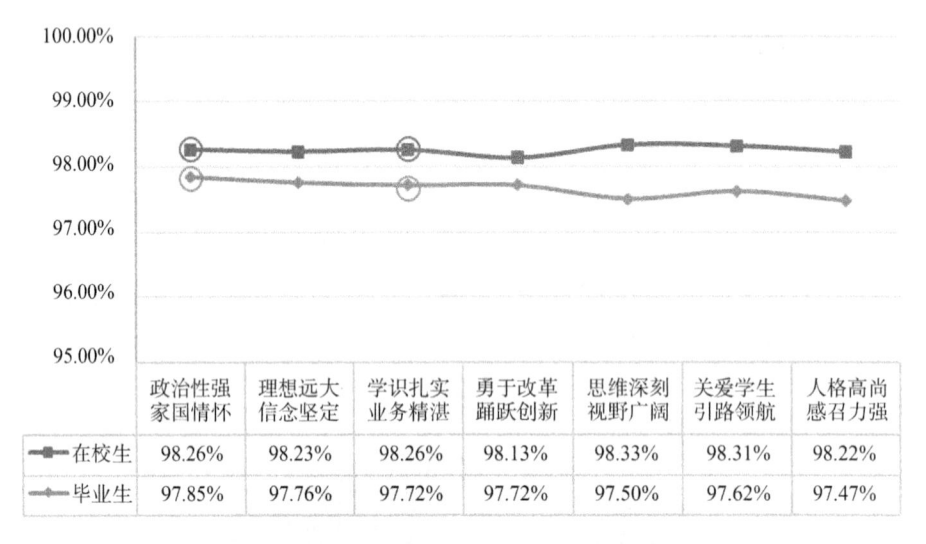

	政治性强 家国情怀	理想远大 信念坚定	学识扎实 业务精湛	勇于改革 踊跃创新	思维深刻 视野广阔	关爱学生 引路领航	人格高尚 感召力强
在校生	98.26%	98.23%	98.26%	98.13%	98.33%	98.31%	98.22%
毕业生	97.85%	97.76%	97.72%	97.72%	97.50%	97.62%	97.47%

图3-63 学生对学校"师德师风"建设各方面的满意度得分情况

2. 教师发展满意度

在教师发展工作的满意度方面，如图3-64所示，学校教师对其在教学技能提升、职业发展活动、教育教学信息化、教师培训机构、专业化提升、职业评价活动等方面的满意度均较高，其中，满意度得分最高的是"教学技能提升"（98.97%），其次是"教育教学信息化"（98.96%）和"职业评价活动"（98.86%）。这表明学校在教师发展工作上实施的一系列举措成效很好，得到了教师的高度认可。

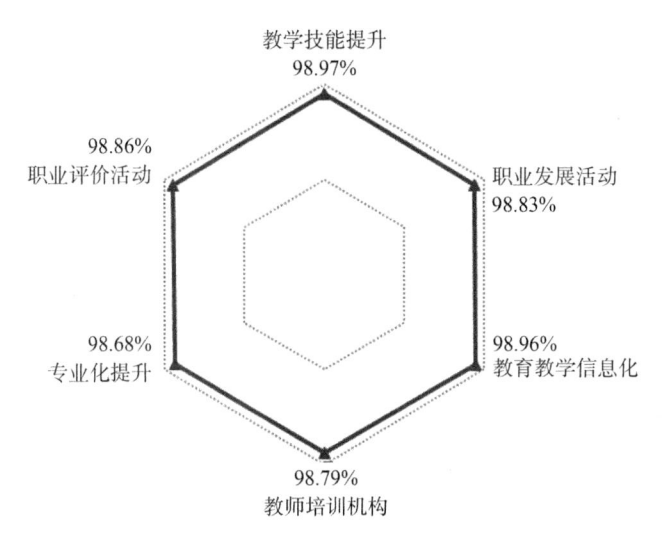

图 3-64 教师对学校教师发展工作的满意度得分情况

3. 教师队伍满意度

在教师队伍建设工作的满意度方面,如图 3-65 所示,大部分教师对学校教师队伍建设工作很满意,满意度得分为 98.96%,在校生满意度为 97.59%,可见,学校在打造多元化高水平双师队伍,支撑学校完善优质人才资源保障方面取得了很好的成效,教师及在校生满意度均很高。

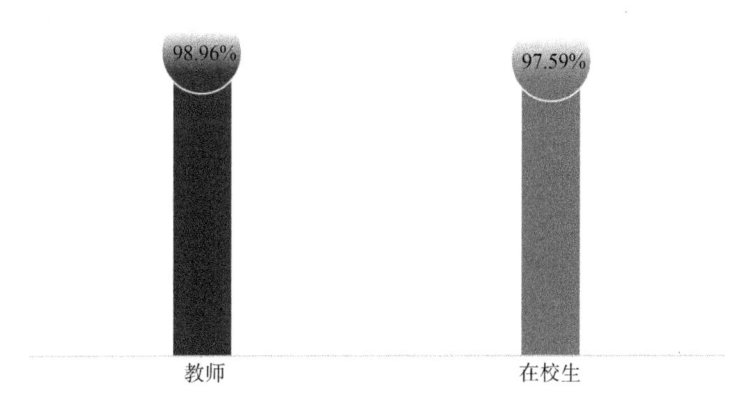

图 3-65 教师及在校生对学校教师队伍建设工作的满意度得分情况

4. 支持条件满意度

在教师对学校提供的支持条件的满意度方面,如图 3-66 所示,教师对各方面的支持条件满意度均较高,均在 98%以上。其中,教师对工作环境的满意度评价得分较高,为 98.80%,其次是资源支持(98.45%)和行政服务(98.39%)。可见,学校的支持条件较好,教师对各方面支持的满意度均较高。

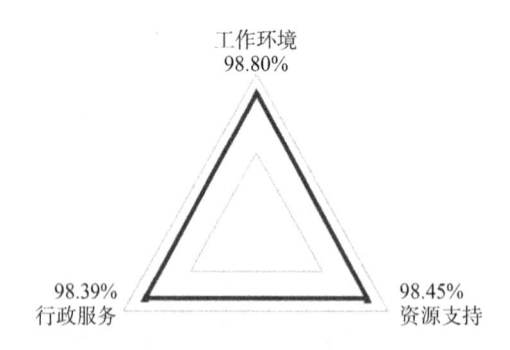

图 3-66 教师对学校提供的支持条件满意度得分情况

5. 教学团队建设质量满意度

在教师团队的建设质量方面,如图 3-67 所示,学校家长对教师的教学能力水平、教学态度、公正性、责任心、创新性的满意度得分均较高,且差距不大,得分均在 96%~98%之间,其中,家长对教师的教学态度的满意度评价得分(97.48%)较高,其次是创新性(97.36%)和教学能力水平(97.29%)。可见,本专业群在"打造高水平双师队伍"任务中的建设成效显著,得到了家长的高度认可。

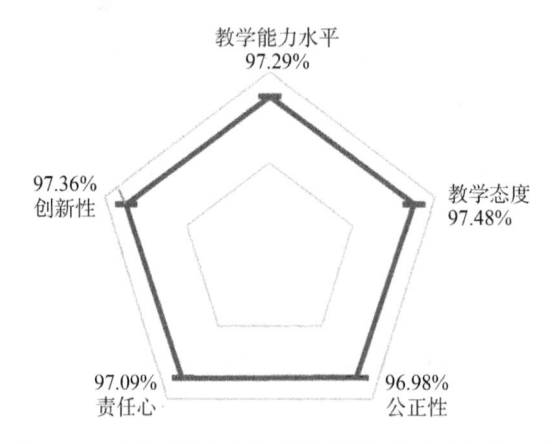

图 3-67 家长对教师团队建设质量的满意度评价得分

六、校企合作

《中华人民共和国职业教育法》指出:"国家鼓励行业组织、企业等参与职业教育专业教材开发,将新技术、新工艺、新理念纳入职业学校教材,并可以通过活页式教材等多种方式进行动态更新";"鼓励职业学校在招生就业、人才培养方案制定、师资队伍建设、专业规划、课程设置、教材开发、教学设计、教学实施、质量评价、科学研究、技术服务、科技成果转化以及技术技能创新平台、专业化技术转移机构、实习实训基地建设等方面,与相关行业组织、企业、事业单位等建立合作机制"。

2022年12月中共中央办公厅、国务院办公厅印发的《关于深化现代职业教育体系建设改革的意见》提出:"打造行业产教融合共同体……支持龙头企业和高水平高等学校、职业学校牵头,组建学校、科研机构、上下游企业等共同参与的跨区域产教融合共同体,汇聚产教资源,制定教学评价标准,开发专业核心课程与实践能力项目,研制推广教学装备……建设技术创新中心,支撑高素质技术技能人才培养,服务行业企业技术改造、工艺改进、产品升级。"同时提出"建设开放型区域产教融合实践中心。对标产业发展前沿,建设集实践教学、社会培训、真实生产和技术服务功能为一体的开放型区域产教融合实践中心……鼓励学校、企业以'校中厂'、'厂中校'的方式共建一批实践中心,服务职业学校学生实习实训,企业员工培训、产品中试、工艺改进、技术研发等"。

"双高计划"文件中关于"提升校企合作水平"明确提出:"与行业领先企业在人才培养、技术创新、社会服务、就业创业、文化传承等方面深度合作,形成校企命运共同体。把握全球产业发展、国内产业升级的新机遇,主动参与供需对接和流程再造,推动专业建设与产业发展相适应,实质推进协同育人。施行校企联合培养、双主体育人的中国特色现代学徒制。推行面向企业真实生产环境的任务式培养模式。牵头组建职业教育集团,推进实体化运作,实现资源共建共享。吸引企业联合建设产业学院和企业工作室、实验室、创新基地、实践基地。"

《河北科技工程职业技术大学高等职业教育质量年度报告2021—2022学年》总结道:面向新能源汽车、高端装备制造、新一代信息技术等区域高端产业,学校大力推进汽车类生产性实训基地、高端装备智能制造实训基地等7个省级高水平实训基地建设(年度新增3个),以及华为鲲鹏信息技术、河北佳诺电子商务、邢台交通建设等7个省级、校级产教融合实训基地建设,实施"1+X"职业技能等级证书培训与认证,组织技能大赛备赛训练与校内实训实习,开展合作企业员工在线培训以及企业项目技术服务等。7家省级高水平实训基地年度开展专业实训,接收实习实训学生 8 800 人次(含在线实训),"1+X"证书技能培训学员近 1 000 人次。2022 年,校企累计共建李明、阚有波、陈国学、高佃新等 3 个省级、7 个校级技能大师工作室,建设 2 个智能制造、环境艺术设计方向的省级虚拟仿真实训基地,以及 3 个省级应用技术协同创新中心。学校高标准完成省级创意设计产业创新实训中心建设,支持服装、制鞋、传媒、装饰设计等专业校企共建 20 多个创新工作室、企业工作室、非遗传承工坊等,教学、科研互动互补。

为探究学校在"提升校企合作水平"任务方面的建设成效,本书对学校的校企合作形式、合作内容和满意度进行了调研分析。

(一) 合作形式

在校企合作形式方面,学校与企业合作开展的活动包括"共同开发专业群人才培养方案"、"共同开发新课程、新教材"、"共建实训实践场地"、"提供'双师型'老师"、"开展技术技能合作"、"开展职工培训"、"开展校企双元合作育人项目"、"开展国际化人才培养项目"、"共建职教集团、产业学院"、"开展'1+X'证书合作"和"开展信息化建设合作"等。

企业与学校合作开展的各类建设活动的比例如图 3-68 所示,合作企业中,92.59%的企业人员均表示参与过一项或多项校企合作建设活动,其中参与比例较高的活动是共同开发专业群人才培养方案(53.09%)和共建实训实践场地(53.09%),其次是开展技术技能合作(48.15%)。

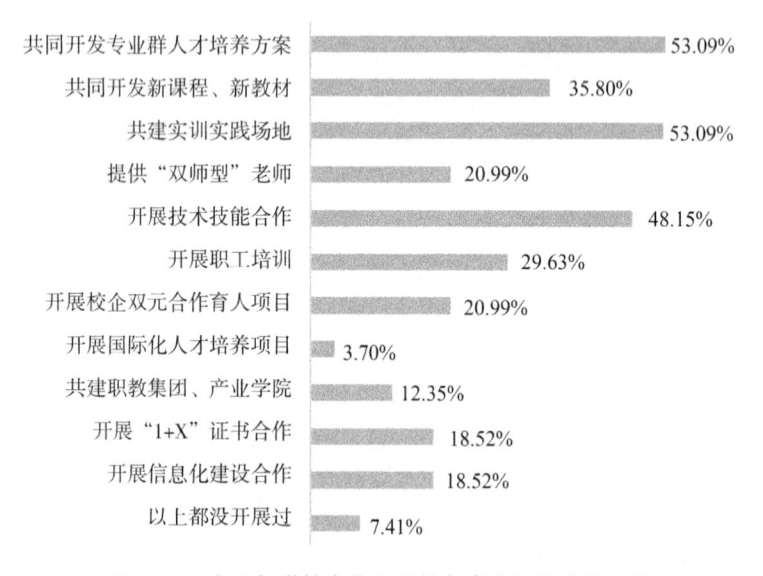

活动	比例
共同开发专业群人才培养方案	53.09%
共同开发新课程、新教材	35.80%
共建实训实践场地	53.09%
提供"双师型"老师	20.99%
开展技术技能合作	48.15%
开展职工培训	29.63%
开展校企双元合作育人项目	20.99%
开展国际化人才培养项目	3.70%
共建职教集团、产业学院	12.35%
开展"1+X"证书合作	18.52%
开展信息化建设合作	18.52%
以上都没开展过	7.41%

图 3-68 企业与学校合作开展的各类建设活动的比例

这表明学校严格按照《中华人民共和国职业教育法》所鼓励的校企合作形式，积极深化与企业在人才培养、技术创新、社会服务、就业创业、文化传承等方面的合作，形成校企深度合作融通机制。

(二) 合作内容

1. 双元课程开发

学校与企业合作开发的课程具有多项特点，包括"面向新兴产业、高端产业或产业高端"、"纳入了新技术、新工艺、新规范等产业先进元素"、"科学规范性强"、"具有国际先进性"和"向社会、企业和其他院校开放、共享"等。

企业对与学校合作开发的课程的各项特点的认知情况如图3-69所示，学校合作开发的课程最鲜明的特点是面向新兴产业、高端产业或产业高端（86.21%），其次是纳入了新技术、新工艺、新规范等产业先进元素（75.86%）和向社会、企业和其他院校开放、共享（55.17%）。

由此可见，学校与企业在合作开发课程时，聚焦新兴产业、高端产业或产业高端，同时及时将新技术、新工艺、新规范等产业先进元素纳入课程体系中，开发具有科学规范性和国际先进性课程，并面向社会开放共享，从而实现产教精准对接。

	面向新兴产业、高端产业或产业高端	纳入了新技术、新工艺、新规范等产业先进元素	科学规范性强	具有国际先进性	向社会、企业和其他院校开放、共享
企业	86.21%	75.86%	51.72%	31.03%	55.17%

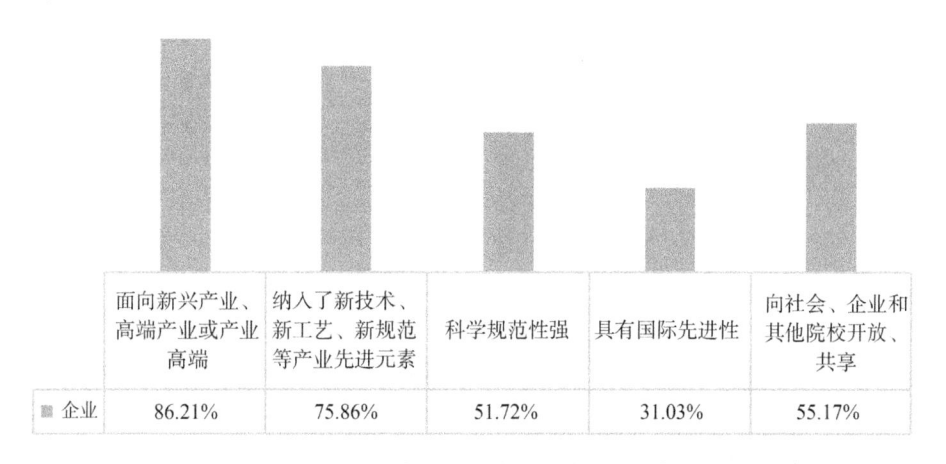

图3-69　企业对与学校合作开发的课程的各项特点的认知比例

2. 职教集团运行

企业与学校合作建立的职教集团、产业学院的特点情况如图3-70所示，企业与学校合作建立的职教集团、产业学院具有多项特点,包括"有校企双方的日常管理机构"、"能够实体化运行"、"有具体的年度工作计划"、"有明确的人才、技术等产出"、"带动其他企业、院校等参加"和"实现了混合所有制"等。其中,学校校企合作建立的职教集团、产业学院的特点主要是有明确的人才、技术等产出(80.00%),其次是有校企双方的日常管理机构(70.00%)和带动其他企业、院校等参加(60.00%)等特点。

由此可见,学校与企业共建的职教集团、产业学院有明确的人才和技术等产出,以及完整的组织结构和制度体系,能够进行实体化运作,同时也积极带动其他企业、院校等参加,促进资源共享。

	有校企双方的日常管理机构	能够实体化运行	有具体的年度工作计划	有明确的人才、技术等产出	带动其他企业、院校等参加	实现了混合所有制
企业	70.00%	50.00%	50.00%	80.00%	60.00%	20.00%

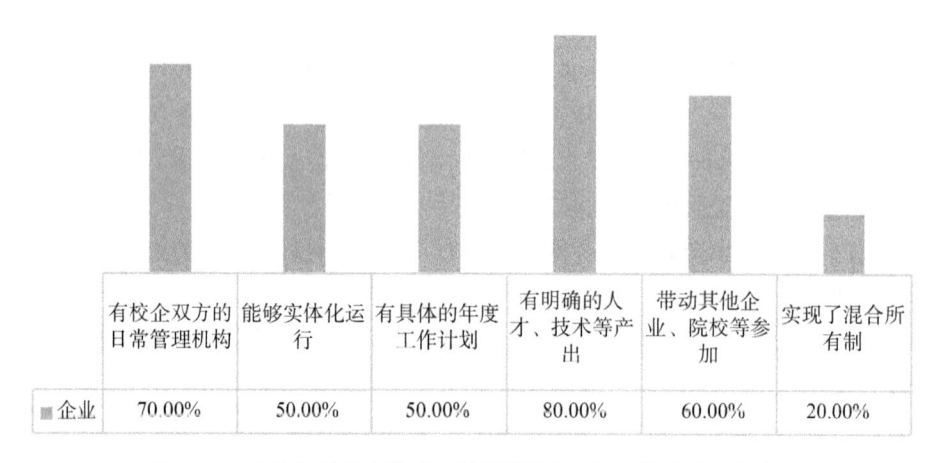

图 3-70　企业与学校合作建立的职教集团、产业学院的特点情况

3. 人才培训服务

在人才培训服务方面,学校为合作企业开展了多种人才培训服务,包括"面向在岗职工开展继续教育活动"、"面向新员工开展'入职即入学'的培训"、"为企业员工开展资格证书、岗位证书培训"、"为企业员工开展专科和本科文凭培训"等,如图 3-71 所示。其中,合作企业接受较多的培训活动为面向新员工开展"入职即入学"的培训、为本单位员工开展资格证书、岗位证书培训和面向在岗职工开展继续教育活动,占比均为 62.50%。

这表明,学校构建了学校反哺企业的共赢机制,通过开展继续教育活动、新员工培训、资格证书培训等活动,提升学校服务企业、服务社会的能力,这对于进一步深化校企合作具有重要意义。

企业	面向在岗职工开展继续教育活动	面向新员工开展"入职即入学"的培训	为本单位员工开展资格证书、岗位证书培训	为本单位员工开展专科、本科文凭培训
	62.50%	62.50%	62.50%	29.17%

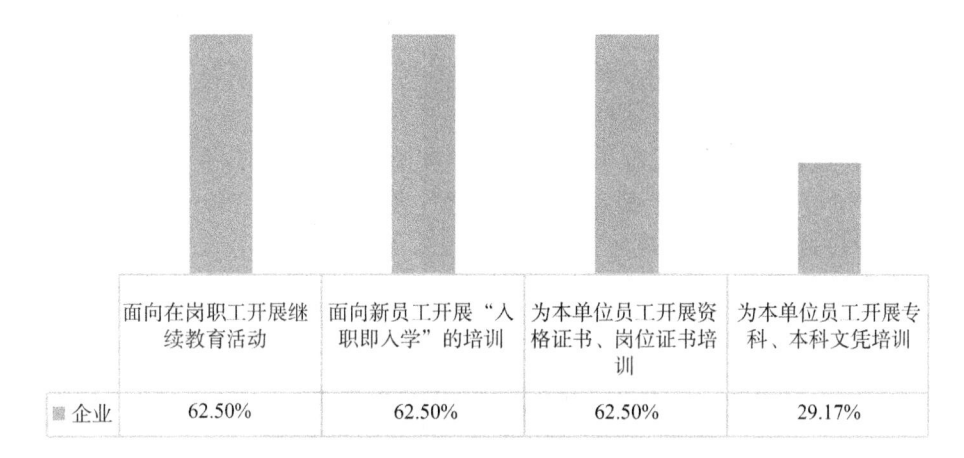

图 3-71 企业接受学校开展的各类型人才培训服务的比例

（三）满意度

为探究合作企业对学校在校企合作各方面的满意度情况，本书分析了合作企业对学校在课程合作、双师队伍、实训基地、技术技能服务、双元育人、人才培训、技术成果转化服务、职教集团或产业学院、国际化项目等方面的满意情况，如图 3-72 所示。

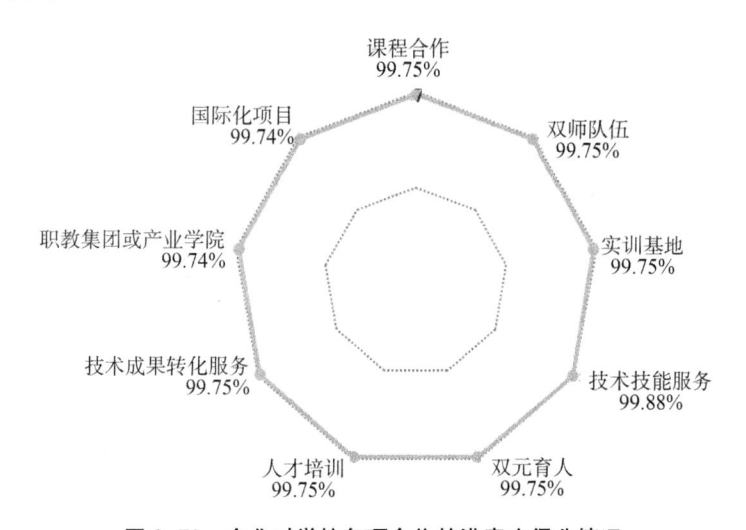

- 课程合作 99.75%
- 双师队伍 99.75%
- 实训基地 99.75%
- 技术技能服务 99.88%
- 双元育人 99.75%
- 人才培训 99.75%
- 技术成果转化服务 99.75%
- 职教集团或产业学院 99.74%
- 国际化项目 99.74%

图 3-72 企业对学校各项合作的满意度得分情况

调研发现，合作企业对校企合作的整体满意度非常高，各个方面的满意度得分均超过 99%，其中，满意度得分最高的是技术技能服务，得分为 99.88%，其次是课程合作、双师队伍、实训基地、双元育人、人才培训和技术成果转化服务,均为99.75%。这表明学校在形成校企深度合作融通机制建设目标上取得了满意的成绩,赢得了企业的高度认可。

同时,在教师对校企合作满意情况方面,如图3-73所示,仅有不足1%的教师对校企合作表示"非常不满意"或"不满意",满意度得分为98.85%。这进一步说明学校校企合作工作成效很好。

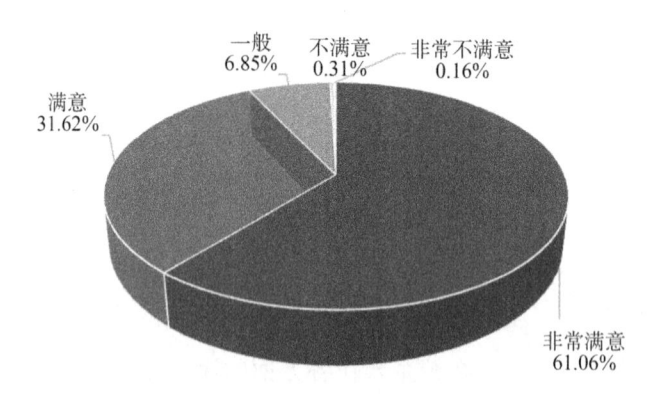

图 3-73　学校教师对校企合作的满意情况

七、服务发展

《关于深化现代职业教育体系建设改革的意见》指出:"建设共性技术服务平台,打通科研开发、技术创新、成果转移链条,为园区企业提供技术咨询与服务,促进中小企业技术创新、产品升级。""面向行业企业员工开展岗前培训、岗位培训和继续教育,为行业提供稳定的人力资源;建设技术创新中心,支撑高素质技术技能人才培养,服务行业企业技术改造、工艺改进、产品升级。"

"双高计划"文件中关于"提升服务发展水平"明确提出:"培养适应高端产业和产业高端需要的高素质技术技能人才,服务中国产业走向全球产业中高端。以应用技术解决生产生活中的实际问题,切实提高生产效率、产品质量和服务品质。加强新产品开发和技术成果的推广转化,推动中小企业的技术研发和产品升级,促进民族传统工艺、民间技艺传承创新。面向脱贫攻坚主战场,积极吸引贫困地区学生到'双高计划'学校就学。服务乡村振兴战略,广泛开展面向农业农村的职业教育和培训。面向区域经济社会发展急需紧缺领域,大力开展高技能人才培训。积极主动开展职工继续教育,拓展社区教育和终身学习服务。"

《河北科技工程职业技术大学高等职业教育质量年度报告2021—2022学

年》总结道：依托科技服务工作站搭建县校互动平台，推出立地式技术服务举措，落实支持区域制造业产业链发展政策，建立"一系一链""一系一龙头""一师一企"等服务模式，围绕链主企业及上下游企业开展校企合作项目165项，不断增加合作项目数量和深度，提升服务区县产业发展贡献度。依托"内坊外站（校内'守敬科坊'、校外科技服务工作站）""科技特派员工作室"，开展"带动式科技服务"专项行动10余次，引导组织师生深入县域产业企业及乡村，开展技术推广、技术服务、技术培训等1 000余次，开展技术研发与技术服务项目230项，科研项目到款2 478万元。

为探究学校在"提升服务发展水平"任务方面的建设成效，本书对学校的技术转化、职业培训和满意度进行了调研分析。

（一）技术转化

在成果转化服务方面，如图3-74所示，有32.11%的教师表示参与过创新成果与核心技术的产业转化相关活动，参与调研的企业中有53.85%的企业人员表示接受了学校提供的创新成果与核心技术的产业转化服务。

可见，学校在助推科技共享和成果转化方面取得了一定的成效，但教师参与创新成果与核心技术的产业转化相关活动的比例有待提升。学校须进一步提高教师参与创新成果与核心技术的产业转化的能力与积极性，促进技术成果转化与推广，为区域经济社会发展提供内生动力。

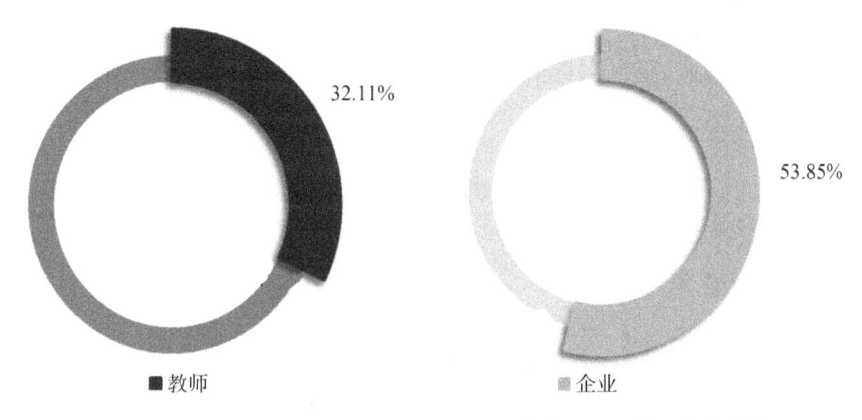

图3-74 学校教师、企业对创新成果与核心技术的产业转化的参与情况

（二）职业培训

在教师职业培训活动参与方面，如图3-75所示，学校开展了"面向农业农村

的职业培训"、"面向急需紧缺领域人才培训"、"职工继续教育"和"社区教育和终身学习服务"等多项培训活动。

学校72.32%的教师均参与过一项或多项这些活动,其中教师参与比例最高的为职工继续教育(54.59%),其次是面向急需紧缺领域人才培训(30.58%)和社区教育和终身学习服务(25.69%)。

可见,学校在服务发展方面以国家政策为导向,广泛开展多种形式的职业培训,积极落实"面向行业企业员工开展岗前培训、岗位培训和继续教育,为行业提供稳定的人力资源"。超七成的教师都参与过一项或多项职业培训活动,参与积极性较高。学校将进一步提升其社会服务能力,面向社会开展各类职业培训、技能提升培训、职业教育师资培训等,并加大在面向农业农村的职业培训、面向急需紧缺领域人才培训以及社区教育和终身学习服务等方面的培训力度,形成具有学校特点的职业培训模式并进行经验推广。

	面向农业农村的职业培训	面向急需紧缺领域人才培训	职工继续教育	社区教育和终身学习服务	以上都没参加
■ 教师	21.41%	30.58%	54.59%	25.69%	27.68%

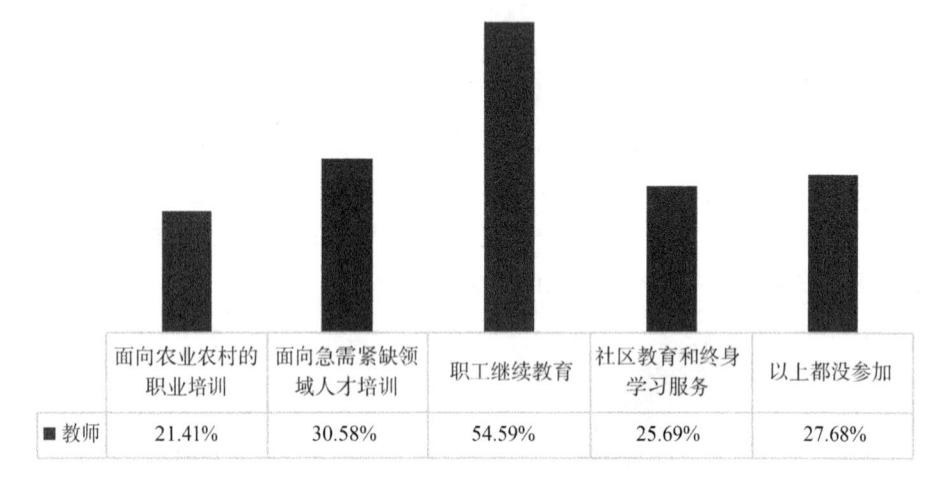

图3-75 学校教师参与各类职业培训活动的比例

(三)满意度

1. 技术成果转化满意度

在技术成果转化满意度方面,由图3-76可知,合作企业对学校技术成果转化能力的满意度很高,满意度得分为99.75%。可见,企业对学校技术成果转化能力认可度很高,学校在对接企业开展技术服务方面成效显著。

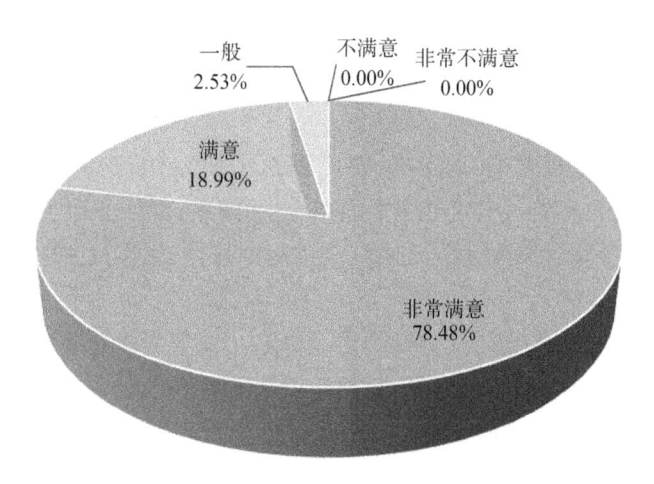

图 3-76 企业对学校技术成果转化的满意情况

2. 职业培训满意度

在职业培训满意度方面,教师和企业对学校职业培训的满意度均较高,如图 3-77 所示,其中,教师和企业的满意度得分分别为 98.95%、99.75%。可见,学校在职业培训服务方面也得到了相关主体的一致认可,学校较好地实现了"搭智慧大平台建高技能人才培训中心,领跑区域职业培训市场"的双高建设目标。

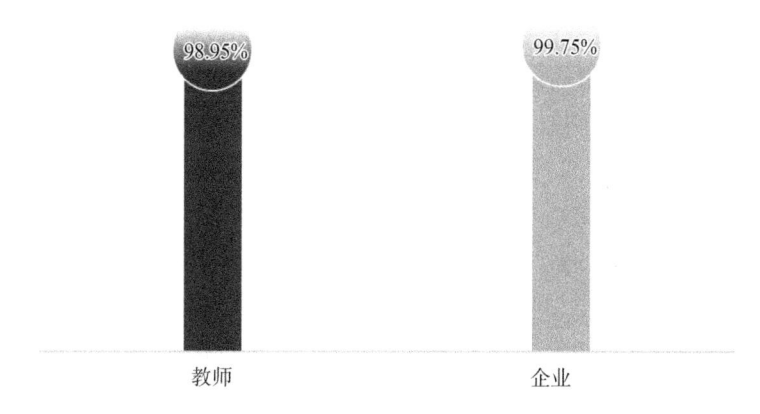

图 3-77 教师、企业对学校职业培训的满意度得分情况

八、学校治理

2020年9月教育部等发布的《职业教育提质培优行动计划（2020—2023年）》提出："完善以章程为核心的校内规则制度体系，健全职业学校内部治理结构，深入推进职业学校教学工作诊断与改进制度建设，切实发挥学校质量保证主体作用。"

党的二十大报告提出："完善社会治理体系。健全共建共治共享的社会治理制度，提升社会治理效能。"教育治理是国家治理体系的重要组成部分。高职院校要实现高质量发展，就必须要基于职业教育类型教育的定位，重塑治理理念、优化治理结构、完善治理制度、变革治理方法，建立系统完备、科学规范、运行有效的现代治理体系，推进治理能力现代化。

2022年12月，中共中央办公厅、国务院办公厅印发《关于深化现代职业教育体系建设改革的意见》，持续推进现代职业教育体系建设改革，优化职业教育类型定位；进一步深化职业教育体系建设改革，着力破解一些长期制约职业教育改革发展的瓶颈问题。

"双高计划"文件中关于"提升学校治理水平"明确提出："健全内部治理体系，完善以章程为核心的现代职业学校制度体系，形成学校自主管理、自我约束的体制机制，推进治理能力现代化。健全学校、行业、企业、社区等共同参与的学校理事会或董事会，发挥咨询、协商、议事和监督作用。设立校级学术委员会，统筹行使学术事务的决策、审议、评定和咨询等职权。设立校级专业建设委员会和教材选用委员会，指导和促进专业建设和教学改革。发挥教职工代表大会作用，审议学校重大问题。优化内部治理结构，扩大二级院系管理自主权，发展跨专业教学组织。"

《河北科技工程职业技术大学高等职业教育质量年度报告2021—2022学年》总结道：学校紧扣职教类型特点，从高职育人目标出发设计教育评价体系，建立了包括德育评价、教学评价、教研评价、科研评价等在内的多元评价体系。紧扣院校治理效能，从评价技术和方法出发设立教育评价指标，对教育教学质量进行过程评价、增值评价、结果评价和综合评价。比如，系部教学质量评价小组对教师评价从"现场听课、教学组织过程、教学效果、教学信息反馈情况、专业能力及各系部根据各专业特点制定的其他考核方面"设置具体评价指标，系部可结合实际制定本系部的评价实施方案，提交评价结果时需附上评价方案和打分依据。通过教育教学评价改革，学生评教实现了即时评价、过程评价和结果评价，其中结果评价次数近 10 000 人课/学期,极大提升了教学评价的效度。2021 年度,资源与环境工程系、汽车工程系、机电工程系等部门考核绩效为 A 档,140 名教师个人考核为优秀,激发了干部职工干事创业、争先创优的动力。

为探究学校在"提升学校治理水平"任务方面的建设成效,本书对学校的治理活动、治理成效和满意度进行了调研分析。

(一) 治理活动

学校积极落实"完善以章程为核心的校内规则制度体系"的政策要求,开展了多项治理活动,包括"重大事项论证或意见征集活动"、"校、院两级的学术委员会活动"、"校、院两级的制度制/修订活动"、"党代会、教职工代表大会"、"工、青、妇或民主党派活动"和"教师权益保护相关活动"等。学校教职工参与学校各项治理活动的情况如图 3-78 所示。

学校 71.54% 的教职工都参与过一项或多项治理活动,其中,教职工参与比例最高的是重大事项论证或意见征集活动(36.82%),其次是参加党代会、教职工代表大会(35.77%)和参与教师权益保护相关活动(25.90%)。

可见,学校的内部治理体系较为健全,形成了民主参与、共同治理的权力格局,教职工参与学校各项治理活动的积极性也较高,有利于提升学校治理能力与治理水平现代化。

	重大事项论证或意见征集活动	校、院两级的学术委员会活动	校、院两级的制度制/修订活动	参加党代会、教职工代表大会	参与工、青、妇或民主党派活动	参与教师权益保护相关活动	以上都没参加过
■教职工	36.82%	24.74%	25.67%	35.77%	15.91%	25.90%	28.46%

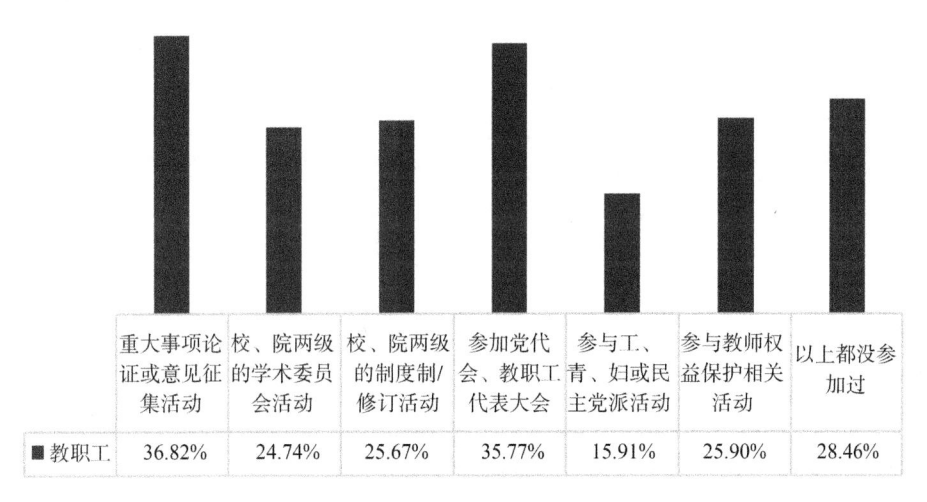

图 3-78 学校教职工参与学校各项治理活动的比例

(二) 治理成效

1. 职能部门服务质量

学校治理机构健全，参与治理的职能部门种类丰富，包括"校、行、企、社共同参与的校理事会或董事会"、"基层党组织、双带头人组织"、"校级学术委员会"、"校级专业建设委员会"、"校级教材选用委员会"、"教职工代表大会"、"校院两级管理"和"跨专业教学组织"等。

在职能部门服务质量方面，如图3-79所示，学校教职工对各职能部门的评价均较高，其评价得分均超过97%。其中，职能部门服务质量评价得分最高的是基层党组织、双带头人组织（98.47%）和校级专业建设委员会（98.46%），其次是教职工代表大会（98.38%）。

学校教职工对各类型治理机构服务质量的高度评价也反映了学校内部治理体系改革取得了看得见、摸得着的成效，尤其是"基层党组织、双带头人组织"、"校级专业建设委员会"和"教职工代表大会"在参与学校治理中效果尤为显著，得到了教职工的广泛认可，这对于扩大基层人员参与学校事务管理和决策的权力，激发基层教职工参与学校"双高"建设的积极性，提升学校二级管理水平具有重要作用。

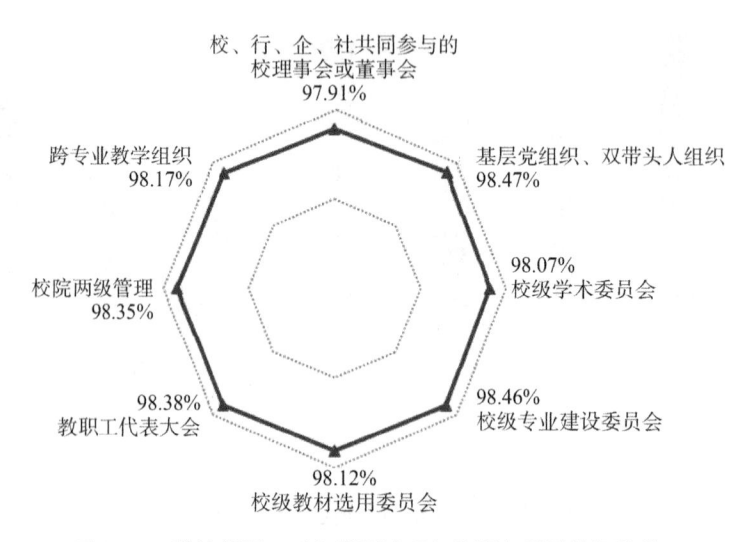

图3-79 学校教职工对各类型治理机构服务质量的评价情况

2. 新型组织治理效果

学校参与治理的新型组织包括"专业群"、"教师教学创新团队"、"跨专业课程团队"、"跨课程教学团队"、"产业学院"、"技术创新平台"、"大师工作室"、"企业实训基地"、"劳动教育基地"和"国、境外办学机构"等，为探究这些新型组织的治理效果，本书分析了教职工对各组织的评价得分情况，如图 3-80 所示。

调研发现，学校教职工对各类新型组织的评价均较高，其评价得分均超过 98%。其中，治理效果评价得分最高的是专业群（99.37%），其次是企业实训基地（99.14%）和教师教学创新团队（99.09%）。

这表明学校开展的新型组织治理建设成效明显，且教师教学创新团队、专业群和企业实训基地在参与学校治理中成效较为显著。学校在坚持放权赋能，推进校院管理改革，构建民主参与、共同治理的权力格局，激发基层办学活力，以及创新社会参与机制，吸引政府、行业、企业、社区等利益相关方参与学校治理等方面取得了实实在在的效果。

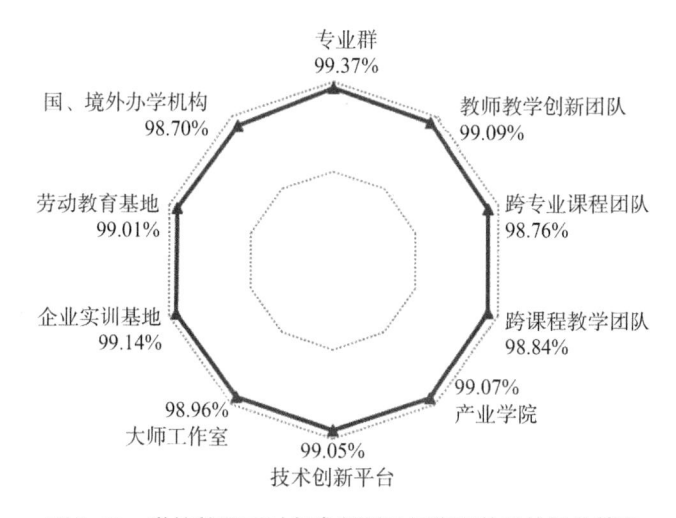

图 3-80 学校教职工对各类新型组织治理效果的评价情况

（三）满意度

为探究教职工对学校治理活动的满意度情况，本书分析了教职工对学校依法治校、制度完善、决策民主、学术自由、校院两级管理、保障教职工权益、职能部门责任清晰、管理者有服务精神、校友治校等各项治理活动的满意情况，如图 3-81 所示。

调研发现，学校教职工对各项治理活动的评价均较高，各项活动的满意度评分均高于98%。其中，教职工满意度较高的是依法治校(99.64%)，其次是制度完善(99.40%)和学术自由(99.03%)。

这充分表明学校在完善内部治理体系，提升治理能力和治理水平方面的资金、人力、物力等投入取得了实质性的效果，得到了教职工的高度认可。

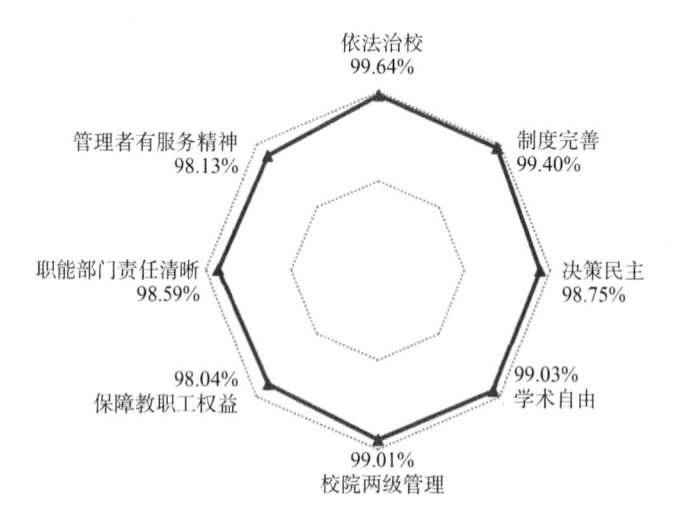

图3-81 学校教职工对各类治理活动的满意度得分情况

九、信息化

《关于深化现代职业教育体系建设改革的意见》指出："做大做强国家职业教育智慧教育平台，建设职业教育专业教学资源库、精品在线开放课程、虚拟仿真实训基地等重点项目，扩大优质资源共享，推动教育教学与评价方式变革。"

《关于进一步推进职业院校数字校园建设试点的通知》提出：①持续建设优质资源。进一步加强专业教学资源库、虚拟仿真实训基地等数字化教学资源建设，构建知识图谱和技能图谱，以此为基础探索开发数字化教育资源，积极向国家职业教育智慧教育平台提供优质数字化教育资源。②加强平台资源应用。在学校课程教学、教师培训、辅导答疑、课后服务等工作中，广泛使用国家智慧职教平台提供的各类国家级优质教学资源和应用服务。③丰富拓展应用场景。聚焦差异化教、个性化学、精准化管、智能化评、虚拟化研等现实需要，加大智慧校园、智慧教室、虚拟仿真实训中心、智慧图书馆等建设力度，打造在线学校空间，拓展智慧化应用场景。④深化教育评价改革。深入运用大数据技术，开展精准评价、诊断、改进，推动教学方法革新和人才培养模式改革，服务学生专业知识、职业技能和信息素养等的培养。⑤提高数字化管理能力。建设校本数据中心，涵盖职业学校基本办学条件、教学管理、教职工管理、学生管理、党建思政、资产与设备管理、科研管理、服务管理等基础数据，打造学校管理、教育分析评估的综合平台。教育管理相关数据要与教育部职业院校数据平台做好对接，确保接入教育部数据中心。

"双高计划"文件中关于"提升信息化水平"明确提出："加快智慧校园建设，促进信息技术和智能技术深度融入教育教学和管理服务全过程，改进教学、优化管理、提升绩效。消除信息孤岛，保证信息安全，综合运用大数据、人工智能等手段推进学校管理方式变革，提升管理效能和水平。以'信息技术＋'升级传统专业，及时发展数字经济催生的新兴专业。适应'互联网＋职业教育'需求，推进数字资源、优秀师资、教育数据共建共享，助力教育服务供给模式升级。提升师生信息素养，建设智慧课堂和虚拟工厂，广泛应用线上线下混合教学，促进自主、泛在、个性化学习。"

《河北科技工程职业技术大学高等职业教育质量年度报告 2021—2022 学年》总结道：2022 年，学校组织各教学单位充分利用信息化平台及专业资源库、在线开放课、虚拟仿真平台等资源，实施线上线下混合式教学。高效运行"一平三端"教学平台，以泛雅网络教学平台为中心，实现对课堂教学、学生自学和教务管理的全流程管理，覆盖课前、课中、课后日常教学全过程。2022 年教学运行大数据显示，教师访问量 760 万余次，学生访问量 4 亿余次，活跃课程门数 1 069 门，上传资源总量 2.5 万个，运行 5 580 班次，教学使用效果良好。教务系统增加专业分流新功能等，解决本科课程模块化教学分班管理，有效配合学校人才培养模式的创新；教务系统和喜鹊儿 APP（手机客户端）年均师生访问量 70 余万人次。学校智慧教室占比逐步提升，专业课程教学常态化使用智慧教室；东、西校区 110 间多媒体教室更新安装云桌面，打造教师个性化教学空间，解决传统教学环境的局限性，有效减少运维成本。

为探究学校在"提升信息化水平"任务方面的建设成效，本书对学校的信息化变革、信息化素养和满意度进行了调研分析。

（一）信息化变革

1. 信息化建设内容

在信息化建设方面，如图 3-82 所示，学校开展了多项活动来"提升职业学校关键办学能力",包括"参与教育教学管理信息系统开发"、"以'信息技术+'升级传统专业"、"开办数字经济催生的新兴专业"、"开发、建设数字化教学资源库"、"建设虚拟仿真实训中心"、"推进数字资源和教育数据共建共享"、"开展线上线下混合教学"和"为学生培训信息化基本知识"等活动。

调研发现,学校接近九成的教师都参与过一项或多项信息化建设活动,其中,教师参与比例最高的是开展线上线下混合教学(70.49%),其次是开发、建设数字化教学资源库(35.63%)和为学生培训信息化基本知识(29.82%)。

由此可见,学校在提升信息化水平方面做出了诸多努力,实施了多种形式的信息化变革举措,以促进信息技术和智能技术深度融入学校教育教学、管理服务全过程。线上线下混合教学活动在全校得到广泛应用,推动了教学方式的变革。

活动	比例
参与教育教学管理信息系统开发	29.20%
以"信息技术+"升级传统专业	26.91%
开办数字经济催生的新兴专业	15.60%
开发、建设数字化教学资源库	35.63%
建设虚拟仿真实训中心	24.31%
推进数字资源和教育数据共建共享	25.08%
开展线上线下混合教学	70.49%
为学生培训信息化基本知识	29.82%
以上都没有	11.31%

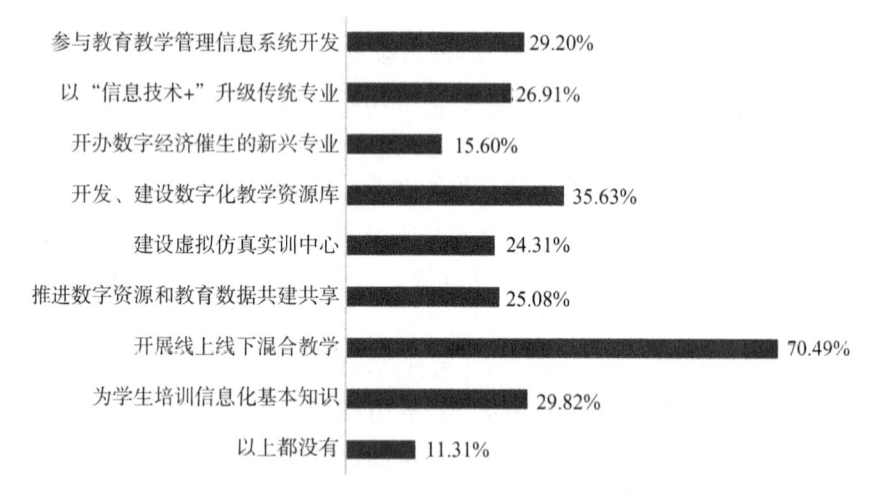

图 3-82 教师参与的教育教学信息化变革各类活动比例

2. 信息化教学要素

在信息化教学要素方面,如图 3-83 所示,学校课堂教学包含多种信息化要素,如投影仪和 PPT,台式机,笔记本电脑或 PAD,智慧教室,在线学习平台或 APP,线上课程和学习资源,在线考试或测评系统,虚拟仿真类可穿戴设备等。

调研发现,学校超过 98% 的教师和学生均对各类信息化教学要素有一定感知。其中教师、在校生和毕业生感知比例最高的均为投影仪和 PPT(96.18%、92.83%、91.11%),其次是在线学习平台或 APP(77.22%、69.59%、73.19%)和线上课程和学习资源(76.15%、64.37%、66.81%)。

可见,学校积极利用现代信息技术来"推动教育教学与评价方式变革",为师生创造良好的教学环境,充分利用先进技术实现教学过程可视化、智能化管控,全面提高了教学管理的效率与质量。

	投影仪和PPT	台式机、笔记本或PAD	智慧教室	在线学习平台或APP	线上课程和学习资源	在线考试或测评系统	虚拟仿真类可穿戴设备	以上都没有
教师	96.18%	60.09%	42.20%	77.22%	76.15%	56.27%	9.79%	1.68%
在校生	92.83%	44.82%	48.57%	69.59%	64.37%	53.02%	13.89%	0.75%
毕业生	91.11%	61.93%	65.33%	73.19%	66.81%	56.74%	19.41%	0.59%

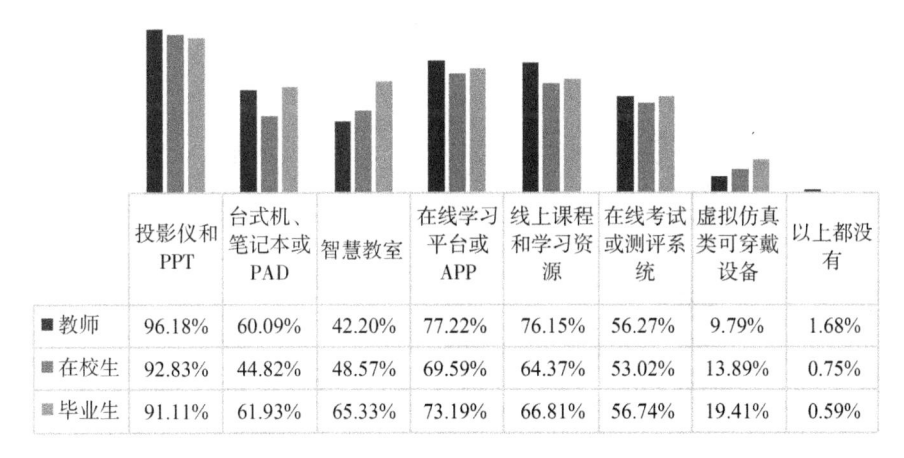

图 3-83　学校教师、学生对信息化课堂教学各类要素的感知比例

(二) 信息化素养

在教师信息化素养提升方面,如图 3-84 所示,有 47.86% 的教师参与过学校信息化素养提升活动,这充分反映了学校在信息化建设过程中,十分注重教师的信息化素养提升。学校可进一步完善信息化素养培训内容与形式,借助互联网手段,扩大教师的参与范围,提升教师参与信息化素养提升活动的积极性。

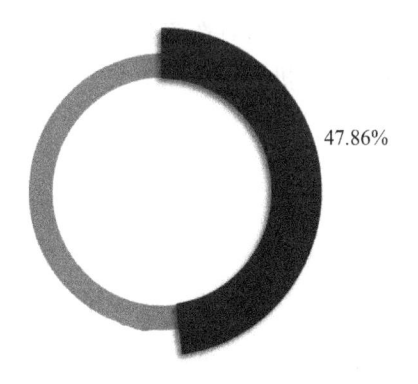

图 3-84　学校教师对信息化素养提升活动的参与情况

(三) 满意度

在教育教学信息化满意度方面,如图 3-85 所示,学校绝大部分教师对学校

教育教学信息化表示满意,满意度得分达到98.96%,在校生、毕业生对学校教学信息化的满意度也很高,满意度得分均超过97%,分别为97.82%、98.31%。这表明学校信息化建设成效很好,赢得了师生的一致好评。

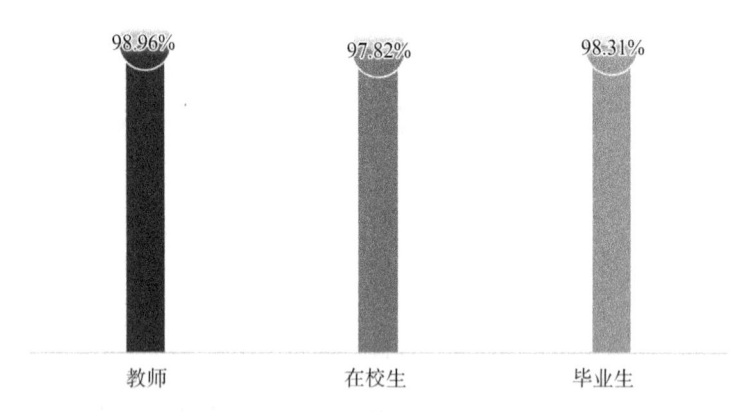

图 3-85　学校教师及学生对教育教学信息化的满意度得分情况

十、国际化

《关于深化现代职业教育体系建设改革的意见》指出:"立足区域优势、发展战略、支柱产业和人才需求,打造职业教育国际合作平台。教随产出、产教同行,建设一批高水平国际化的职业学校,推出一批具有国际影响力的专业标准、课程标准,开发一批教学资源、教学设备。打造职业教育国际品牌,推进专业化、模块化发展,健全标准规范、创新运维机制;推广'中文+职业技能'项目,服务国际产能合作和中国企业走出去,培养国际化人才和中资企业急需的本土技术技能人才,提升中国职业教育的国际影响力。"

《加快推进现代职业教育体系建设改革重点任务的通知》提出:"各地各校要坚持'教随产出、产教同行',立足学校骨干(特色)专业,'走出去'和'引进来'双线发展并有所侧重,引进国外优质职业教育资源,扩大来华留学和培训规模,做强若干中国职业教育国际合作品牌,有组织地打造具有中国特色的职业教育境外办学项目、海外职业技术学院和海外应用技术大学,培养一批适应国际化教学需要的职教师资,培养一批服务中国企业海外发展的本土化技术技能人才,整体提升职业学校国际化水平。"

"双高计划"文件中关于"提升国际化水平"明确提出:"加强与职业教育发达国家的交流合作,引进优质职业教育资源,参与制订职业教育国际标准。开发国际通用的专业标准和课程体系,推出一批具有国际影响的高质量专业标准、课程标准、教学资源,打造中国职业教育国际品牌。积极参与'一带一路'建设和国际产能合作,培养国际化技术技能人才,促进中外人文交流。探索援助发展中国家职业教育的渠道和模式。开展国际职业教育服务,承接"走出去"中资企业海外员工教育培训,建设一批鲁班工坊,推动技术技能人才本土化。"

《河北科技工程职业技术大学高等职业教育质量年度报告2021—2022学年》总结道:学校与德国施马卡尔登应用技术大学共同举办中德合作项目4个,中德合作项目入选2019年河北省高水平职业教育中外合作办学优秀案例。合作院校德国施马卡尔登应用技术大学成为河北省教育厅授牌的首个高职院校学生海外实习基地。学校注重项目运营与管理工作,多点对接,多方发展,为项目良好运营持续发力。一是引进德方教学资源;二是加强内涵建设;三是项目招生情况良好;四是搭建交流平台;五是发挥媒介作用。

为探究学校在"提升国际化水平"任务方面的建设成效,本书对学校的国际化项目和满意度进行了调研分析。

(一)国际化项目

在国际化项目方面,学校开展了"引进优质职业教育资源"、"参与制订职业教育国际标准"、"开发国际通用的专业标准和课程体系"、"参与'一带一路'建设和国际产能合作"、"援助发展中国家职业教育"、"承接'走出去'中资企业海外员工教育培训"和"建设'鲁班工坊'类国际办学实体"等项目。

学校教师对各类国际化项目的参与情况如图3-86所示,由图3-86可知,学校教师参与比例最高的项目类型是引进优质职业教育资源(33.03%),其次是参与制订职业教育国际标准(14.37%)、参与"一带一路"建设和国际产能合作(13.61%)。

由此可见,学校坚持开放办学,积极引进国际职业教育先进理念,参与国际职业教育标准制定,提升学校的国际影响力。《河北科技工程职业技术大学高等职业教育质量年度报告2021—2022学年》显示,学校引进德方优质课程和数字化资源30余个,共同制定开发课程标准31项。学校可持续加强国际交流合作,不断拓宽合作办学领域,通过搭建国际合作平台,开展国际化教师培训工作,提升师资队伍整体素质,进而提升教师参与国际化项目的能力与积极性。

项目	引进优质职业教育资源	参与制订职业教育国际标准	开发国际通用的专业标准和课程体系	参与"一带一路"建设和国际产能合作	援助发展中国家职业教育	承接"走出去"中资企业海外员工教育培训	建设"鲁班工坊"类国际办学实体
教师	33.03%	14.37%	11.93%	13.61%	10.24%	7.34%	3.36%

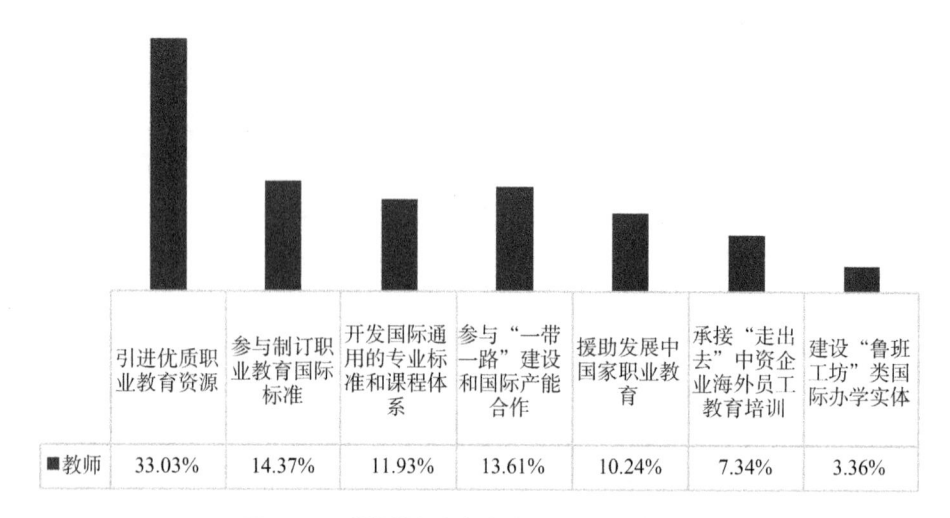

图 3-86 学校教师参与各类国际化项目的比例

（二）满意度

在国际化建设满意度方面，如图 3-87 所示，学校教师对国际化建设的满意度较高，满意度得分为 97.68%，企业人员对学校开展的国际化合作的满意度也较高，满意度得分为 99.74%。可见，学校在推动国际化交流合作项目，提升学校国际化影响力方面取得了不错的成效。

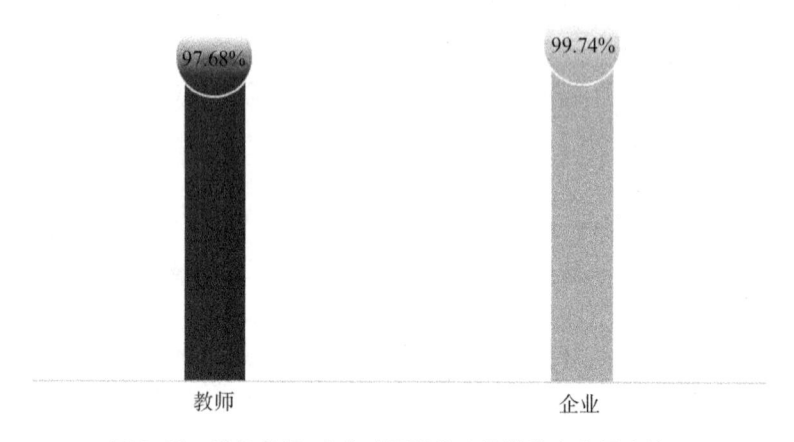

图 3-87 学校教师、企业对国际化建设的满意度得分情况

十一、评价结论

（一）主要结论

为全面评价学校高质量建设的实施情况以及截止到2023年底的建设成效，本书以"职教20条""双高计划"申报及评价系列文件、职业教育改革发展各相关重要文件等为依据，对该校"双高计划"校级建设成效进行了系统调研、分析和数据解读，并对教职工、在校生、毕业生、用人单位、家长和各调研对象在学校建设各项任务中的满意度得分进行算术平均计算，结果如表3-1至表3-3所示。

表3-1 各调研对象对学校"双高"建设质量的总体满意度得分

调研维度	调研对象	总体满意度
学校	在校生	97.80%
	毕业生	97.95%
	教职工	98.91%
	用人单位	99.45%
	家长	97.93%

表3-2 学校各项任务满意度数据

调研对象	指标	指标细项	满意度得分	总体满意度
在校生		立德树人满意度	98.21%	97.80%
	课堂教学满意度	教学方法	98.05%	
		教学团队	98.10%	
		教材	97.91%	
		在线教学/网络教学	97.82%	
		前沿内容	98.04%	
		课时数量	97.74%	
		教学安排	97.77%	
		课程设置	97.71%	
	双高建设满意度	教师队伍建设	97.59%	
		课程建设	97.63%	
		实训基地建设	97.46%	
		职业证书	97.41%	

续表

调研对象	指标	指标细项	满意度得分	总体满意度
毕业生	课堂教学满意度	教学方法	98.30%	97.95%
		教学团队	98.36%	
		教材	98.10%	
		在线教学/网络教学	98.31%	
		前沿内容	98.19%	
		课时数量	98.30%	
		教学安排	98.30%	
		课程设置	98.07%	
	立德树人满意度		97.63%	
	师德师风满意度	政治性强,家国情怀	97.85%	
		理想远大,信念坚定	97.76%	
		学识扎实,业务精湛	97.72%	
		勇于改革,踊跃创新	97.72%	
		思维深刻,视野广阔	97.50%	
		关爱学生,引路领航	97.62%	
		人格高尚,感召力强	97.47%	
教职工	立德树人满意度		99.34%	98.91%
	课堂教学满意度	教学方法	99.75%	
		教学团队	99.20%	
		教材	99.48%	
		在线教学/网络教学	99.31%	
		前沿内容	98.29%	
		课时数量	98.31%	
		教学安排	98.74%	
		课程设置	99.05%	
	专业建设满意度	团队建设	98.96%	
		课程建设	99.18%	
		基地建设	98.73%	
		技能服务	98.91%	
		职业证书	99.25%	
		职业培训	98.95%	
		国际化	97.68%	

续表

调研对象	指标	指标细项	满意度得分	总体满意度
教职工	专业建设满意度	校企合作	98.85%	98.91%
	教师发展满意度	教学技能提升	98.97%	
		职业发展活动	98.83%	
		教育教学信息化	98.96%	
		教师培训机构	98.79%	
		专业化提升	98.68%	
		职业评价活动	98.86%	
	师德师风满意度		99.38%	
	学校治理满意度	依法治校	99.64%	
		制度完善	99.40%	
		决策民主	98.75%	
		学术自由	99.03%	
		校院两级管理	99.01%	
		保障教职工权益	98.04%	
		职能部门责任清晰	98.59%	
		管理者有服务精神	98.13%	
用人单位	人才供给满意度	学校声誉	99.88%	99.45%
		道德品质	99.52%	
		所学专业	99.64%	
		能力胜任	99.52%	
		职业素养	99.52%	
		学习能力	99.04%	
		进取精神	99.04%	
家长	学习成长满意度		98.08%	97.93%
	高等教育满意度		97.78%	

表3-3 各调研对象对学校"双高"建设各项任务的满意度得分

建设任务	在校生满意度	毕业生满意度	教职工满意度	企业满意度	家长满意度
立德树人	98.21%	97.63%	99.34%	—	—
技术技能人才培养高地	97.92%	98.26%	99.01%	99.45%	97.93%

续表

建设任务	在校生满意度	毕业生满意度	教职工满意度	企业满意度	家长满意度
技术技能创新服务平台	—	—	98.91%	99.88%	—
高水平专业群	98.16%	99.77%	97.90%	99.44%	97.07%
高水平双师队伍	98.17%	97.66%	98.94%	—	—
校企合作	—	—	98.85%	99.76%	—
服务发展	—	—	98.95%	99.75%	—
学校治理	—	—	98.82%	—	—
信息化	97.82%	98.31%	98.96%	—	—
国际化	—	—	97.68%	99.74%	—

学校层面的社会认可度较高,在校生、毕业生、教职工、用人单位和学生家长等利益相关主体对学校建设满意度较高,得分均高于97%。

在校生对学校建设总体满意度为97.80%。其中,在立德树人方面,学校落实立德树人工作,满意度为98.21%,对思政课程和课程思政各方面满意度均高于97%;在打造高水平专业群建设任务方面也取得显著成效,满意度为98.16%;在提升信息化水平方面同样取得了显著成效,满意度为97.82%。

毕业生对学校建设总体满意度为97.95%。其中,在立德树人方面,毕业生对学校立德树人总体满意度为97.63%,对思政课程和课程思政各方面满意度均高于97%,毕业生对所在行业、能力胜任和工作地点等就业现状满意度均超过90%,对学校信息化水平方面的满意度为98.31%。

教职工对学校建设总体满意度为98.91%。在立德树人方面,教职工对学校立德树人总体满意度为99.34%,对思政课程和课程思政各方面满意度均高于99%;在高水平双师队伍建设方面,学校教职工通过积极参与"师德师风"相关活动,其政治性、关爱学生、理想信念等方面提升度均超过99%,此外,教职工对师德师风活动满意度为99.38%;在学校治理方面,教职工对学校推进治理体系和治理能力认可度高,突出体现在依法治校、制度完善和学术自由方面,满意度达99%以上。

用人单位满意度为99.45%。其中,所有参与调研的用人单位人员对毕业生的就业胜任力有较高评价,认为其能在专业知识和技术技能方面,学习能力和一专多能方面以及团队合作、职场应对和社会交往方面等某个或多个方面胜任当前工作。

学生家长对学校建设总体满意度达 97.93%。其中,家长对学生进入学校以来的学习成长满意度为 98.08%,对学校的推荐度为 96.23%;不同收入家庭的家长认为孩子接受高等职业教育后,对提高一家人的生活质量认可度得分存在差异,认可度得分分布在 92%~98%;家长对高等职业教育的满意度为 97.78%。

(二) 分项结论

1. 立德树人:立德树人改革成效显著

"立德树人"工作部署方面,学校很好地落实了"三全育人"工作,思想政治理论课教师、专业课老师和团委、辅导员等学生工作老师等均不同程度参与到"立德树人"工作之中(参与度分别为 85.13%、76.77%、73.05%);在校生、毕业生对此的感知情况与教职工的评价相一致。此外,学校领导或管理部门的老师、企业劳动模范、技术能手以及互联网思政主体等也参与到学校"立德树人"工作之中,得到了教职工和学生的认可。

"立德树人"活动参与类型与教育质量方面,在校生和毕业生参与度最高的均为上思想政治理论课(84.74%、83.56%)、接受专业课中的思想政治内容(63.36%、74.52%)和思政类专题实践活动(55.04%、62.07%)。教职工、在校生和毕业生对"思政课程"各方面教学质量的满意度得分均在 97% 以上,其中"课时量充足""理论性很强""紧密联系现实"方面得到了三个群体的一致较高认同;三个群体对"课程思政"各方面教学质量的满意度均在 97% 以上,其中"占用的时间恰当"方面得到了三个群体的一致较高认同。

学校"立德树人"工作带来了学生各项思政素质的提升,教职工、在校生和毕业生均认为学生在爱国情怀(提升度得分分别为 99.45%、97.74%、97.73%)方面提升幅度很大。教职工、在校生和毕业生对学校"立德树人"工作的满意度得分均较高,分别为 99.34%、98.21%、97.63%。这进一步表明学校在落实立德树人根本任务上取得了显著成效,获得了教职工、在校生、毕业生的一致认可。

2. 技术技能人才培养高地:人才培养质量得到认可,人才培养"高地"效应明显

人才培养培训模式改革方面,学校进行了深度的教学方法改革工作,教师采用比例最高的为线上/线下混合式教学法(84.10%)、案例式教学法(79.97%)和启发式教学法(75.69%);在校生、毕业生感知度最高均为线上/线下混合式教学

法(85.09%、96.00%),其次是案例式教学法(55.97%、66.22%)和参与式教学法(54.53%、51.26%)。学校教学内容的先进性和前沿性较好,94.95%的教师、94.66%的在校生和95.55%的毕业生均表示在教学中会涉及专业领域或社会前沿动向。在职业技能等级证书方面,有49.69%的教师、26.58%的在校生、29.63%的毕业生均表示其参与了"1+X"证书培训、考证等相关活动。在教学考核方式参与度方面,各类教学考核方式均有教师参与,有81.50%、60.55%、59.02%的教师分别实施了实践技能与理论知识考试结合、终结性与过程性考试结合和教师评价与学生自评、互评结合方式。

就业质量方面,学校2023届毕业生就业流动以省内生源、省内就业为主(占比为68.15%),参与调研的毕业生在本省就业的比例为69.18%,可见学校较好地服务了地方经济发展,同时也向全国其他地方输送了一定比例的技术技能人才;毕业生当前从事工作的岗位前沿性较好,58.91%的毕业生的岗位属于前沿性岗位。

能力达成及能力优势方面,学校强化了四项能力培养,大部分的毕业生和家长认为学生在校期间的认知能力、合作能力、创新能力和职业能力都有很大的提升。学校有70.84%的学生家长对孩子在学校的表现了解程度表示"了如指掌"或"基本了解",家长对学生当前各项能力、素养、职业能力的提升度评价得分均超过93%。用人单位对毕业生各项核心能力的需求度评价得分均超过97%,分布在97%～99%之间,满足度评价得分均超过88%,分布在88%～97%之间。就胜任力而言,毕业生在当前工作中的就业胜任力非常好,98.97%的毕业生和所有参与调研的企业人员均认为毕业生能在某些方面胜任当前工作,其中毕业生、企业均认为学生在"专业知识和技术技能"和"学习能力和一专多能"方面较为胜任。就竞争力而言,62.05%的毕业生认为其相较其他高职院校同届毕业生存在一定优势,92.77%的企业人员认可毕业生的竞争优势;此外,与本科院校毕业生相比,学校66.44%的毕业生表示其工作态度更踏实,50.68%的毕业生表示其动手能力更强,40.41%的毕业生表示其综合素质更高,说明学校所培养的技术技能人才质量较高,与更高层次人才相比也具有一定的优势。

在学校课堂教学满意度方面,师生各方面满意度得分均超过97%,尤其是"教学方法"方面得到了三个主体的一致高度认可。在学校课程教学满意度方面,在校生对当前各类课程的满意度得分均超过了97%,对学校各类课外学习活动的满意度得分均超过了96%,对学校各类活动的认可度均超过了96%。此外,学校2023届毕业生对就业现状的满意度较高,满意度得分最高的方面是所在行业(92.95%)、能力胜任(92.12%)和工作地点(91.37%)。企业对学校人才供给各方面的满意度也非常高,满意度得分最高的是学校声誉(99.88%);同时,有90.47%的企业人员明确表示会继续招聘毕业生。就家长满意度而言,学生家长对孩子进入学校以来的学习成长的满意度得分为98.08%,大多数学生家长表示愿意把学校推荐给其他亲朋好友的孩子就读,学生家长推荐度得分为96.23%。学校参与调研的家长中,有80.18%的家长表示孩子是家庭的第一代大学生,年收入在30万以下的家庭的家长对高等职业教育的认可度得分均高于97%,而年收入为30万以上的家庭的家长认可度相对较低。家长对高等职业教育的满意度总体得分为97.78%,对学校环境设施和管理满意度分布在94%~97%之间。

3. 技术技能创新服务平台:学校在"打造技术技能创新服务平台"建设任务上取得了不错的成效

技术技能平台建设和平台服务方面,有48.15%的企业人员表示与学校开展了技术技能合作。在平台服务活动方面,73.55%的教师参与过平台服务活动,其中教师参与比例最高的是服务企业的技术研发和产品升级(54.43%),其次是校企共同研发、推广技术标准(35.17%)和创新成果与核心技术的产业转化(32.11%)。从企业视角来看,学校合作企业中97.44%的企业人员均表示接受过一项或多项学校提供的技术技能平台服务,其中,企业接受最多的是服务本单位的技术研发和产品升级(79.49%),其次是为本单位提供创新成果与核心技术的产业转化(53.85%)和与本单位共同研发、推广技术标准(43.59%)。

教师和企业对学校技术技能服务均较为满意,其满意度得分分别为98.91%、99.88%。这表明学校在打造技术技能创新服务平台方面取得了很好的成效,获得了教师和企业的一致较高认可。

4. 高水平专业群:各主体对专业群建设的满意度均较高,学校在打造高水平专业群建设任务方面取得了显著成效

学校86.85%的教师参与过一项或多项专业群建设活动,其中参与比例较高的为资源库建设(52.14%),其次是开发新的教学方法、教材等(48.78%)和专业群的新型人才培养目标构建(43.27%);93.73%的在校生都接触过一项或多项专业群建设活动,其中接触比例较高的为德智体美劳教育的新课程(77.45%),其次是专业群的新型人才培养目标(66.73%)和新的教学方法、教材等(65.56%)。

各主体对学校专业群建设的满意度整体较高,教职工对学校专业群建设的

满意度很高,满意度得分为99.77%,用人单位、毕业生、在校生、家长对学校专业群建设的满意度也较高,满意度得分均超过97%,分别为99.44%、98.16%、97.90%、97.07%。专业群建设较高的满意度充分反映了学校在打造高水平专业群建设任务方面取得了看得见、摸得着的成效。

5. 高水平双师队伍:师生对学校师德师风建设满意度较高,且教师对学校教师发展工作、教师队伍建设的满意度也较高

师德师风活动方面,学校对师德师风工作的重视程度很高,建立了行之有效的师德师风教育、考核评价与监督治理机制,99.07%的教职工对"师德师风"相关讲话、论述、政策、原理有一定了解。师德师风建设活动形式多样、内容丰富,同时,教职工参与师德师风相关活动的频率整体较高,98.84%的教职工均对一类或多类"师德师风"建设活动有所感知,其中,教职工感知最高的是"学习贯彻重要讲话、政策文件以及党的教育方针等方面的活动"(91.87%)。通过师德师风教育,教职工的政治性、理想信念、学识业务、创新思维、关爱学生、人格魅力及感召力等方面均得到了一定程度的提升,其中提升度最高的是"政治性强,家国情怀"(99.51%)。

双师团队建设方面,教师参与比例最高的团队是专业群内老师组成的课程团队(66.36%),其次是校企合作组建成的双师队伍(46.48%)和多个专业的老师联合组成的课程团队(35.78%)。从学生维度来看,在校生接触最多的是专业群内老师(80.47%),其次是校企合作组建成的双师队伍(47.92%)和与行业企业领军人才、大师名匠共同组建的团队(40.89%)。同时,企业也参与了学校的"双师队伍"建设,82.35%的企业人员表示其为学校提供的熟知企业实际生产、技术需求等,70.59%的企业人员表示其为学校提供的承担有学分的课程,64.71%的企业人员表示其为学校提供的"双师型"教师数量充足和由领军人才、大师名匠兼职任教。学校97.38%的教师、87.10%的在校生和92.10%的毕业生都认可学校教师的教学能力,95.85%的教师、87.32%的在校生和92.40%的毕业生都认可学校教师的专业技术水平。

教师发展方面,学校为教师开展了多种形式的能力提升活动,在教学技能提升活动方面,97.55%的教师都参与过一项或多项教学技能提升活动,其中参与比例最高的是教学能力培训或研修(88.07%);在服务能力提升活动方面,73.55%的教师均参与过能力发展活动,其中参与比例最高的是服务企业的技术研发和产品升级(54.43%);在职业发展活动方面,88.23%的教师均参与过职业发展活动,其中参与比例最高的是企业兼职(46.64%)和社会挂职锻炼

(44.80%);在教师参与培训机构举办的培训活动方面,97.86%的教师都参与过一项或多项教师培训机构举办的培训活动,其中参与比例最高的是校内教师发展中心(85.47%);在教师教学能力提升方式方面,98.17%的教师都通过一种或多种方式提升个人教学能力,其中自己参加培训或自学(89.91%)和和本专业/教研室的老师们共同研讨(82.26%)的方式最高;在职业评价活动方面,97.09%的教师都参与过一种或多种职业评价活动,其中参与比例最高的是培训学时达标(83.79%)和师德师风评价(83.03%);在科研能力参与度方面,88.97%的教师都参与过一种或多种科研活动,其中,教师参与度最高的是横向/纵向科研课题(73.40%)和内部学术研讨/学术交流(68.64%);在科研能力提升度需求度方面,教师对各类科研能力均有一定程度的需求,其中,提升需求占比最高的是科技研发/技术创新能力(64.69%);在科研能力提升影响因素方面,60.39%的教师认为科研能力的培训和指导对其科研能力的提升影响较大;在科研对教学的影响方面,超过六成的教师肯定了科研工作在教学内容、教学方法改进中的积极作用,同时还有超过半数的教师肯定了科研工作在研究工作、学业发展/职业发展方向、科研和学习氛围等方面带给学生的积极影响;在教学科研氛围方面,教师的评价得分为98.32%。

教职工对学校"师德师风"建设相关活动满意度很高,满意度为99.38%,同时,在校生和毕业生对学校师德师风各方面的满意度得分均在97%以上,其中在校生、毕业生均对学校教师的"政治性强,家国情怀""学识扎实,业务精湛"评价较高。此外,在教师发展方面,学校教师对其在教学技能提升、职业发展活动等方面的满意度均较高,其中,满意度得分最高的是"教学技能提升"(98.97%)、"教育教学信息化"(98.96%)和"职业评价活动"(98.86%)。在教师队伍满意度方面,教师、在校生对学校教师队伍建设工作的满意度得分为98.96%、97.59%。在支持条件满意度方面,教职工对各方面的支持条件满意度较高,均在98%以上。在家长满意度方面,家长对教师各方面的满意度均较高且差距不大,分布在96%~98%之间,其中,家长对教师的教学态度(97.48%)的满意度评价得分较高。

6. 校企合作:校企合作内容涉及人才培养的方方面面,教师和合作企业对校企合作的满意度较高

校企合作形式方面,在调研的合作企业中,92.59%的企业人员表示与学校开展过一项或多项校企合作建设活动,其中参与比例较高的是共同开发专业群人才培养方案(53.09%)和共建实训实践场地(53.09%),其次是开展技术技能

合作(48.15%)。

校企合作内容方面,校企合作开发课程的主要特点是面向新兴产业、高端产业或产业高端(86.21%),其次是纳入了新技术、新工艺、新规范等产业先进元素(75.86%)和向社会、企业和其他院校开放、共享(55.17%);校企合作建立职教集团、产业学院的主要特点是有明确的人才、技术等产出(80.00%),其次是有校企双方的日常管理机构(70.00%)和带动其他企业、院校等参加(60.00%);校企合作开展的人才培训服务活动中合作企业接受最多的是面向新员工开展"入职即入学"的培训、为本单位员工开展资格证书、岗位证书培训和面向在岗职工开展继续教育活动,占比均为62.50%。

合作企业对校企合作的满意度非常高,各方面满意度得分均超过99%,其中对学校满意度较高的方面是技术技能服务,得分为99.88%。同时,教师对校企合作的满意度得分也达98.85%,这进一步说明学校校企合作工作成效较好,企业和教师的满意度均较高。

7. 服务发展:教师和企业人员均对学校技术成果转化能力与职业培训满意度很高

学校有32.11%的教师表示参与过创新成果与核心技术的产业转化,53.85%的企业人员表示接受了学校提供的创新成果与核心技术的产业转化,72.32%的教师均参与过一项或多项职业培训活动,其中教师参与比例最高的为职工继续教育(54.59%)。

合作企业人员对学校技术成果转化服务的满意度得分为99.75%,满意度非常高;此外,教师、合作企业对学校职业培训的满意度得分也很高,分别为98.95%、99.75%。

8. 学校治理:学校开展的各项治理活动得到了教职工的一致好评

治理活动方面,71.54%的教职工都参与过一项或多项治理活动,其中参与比例最高的是重大事项论证或意见征集活动(36.82%),其次是参加党代会、教职工代表大会(35.77%)和参与教师权益保护相关活动(25.90%)。

治理成效方面,在学校职能部门服务质量方面,教职工认为服务质量最好的是基层党组织、双带头人组织(98.47%)和校级专业建设委员会(98.46%),其次是教职工代表大会(98.38%);在新型治理组织的治理效果方面,学校教职工认为治理效果最好的是专业群(99.37%),其次是企业实训基地(99.14%)和教师教学创新团队(99.09%)。

学校教职工对各项治理活动的满意度得分均高于98%,其中,满意度得分较高的是依法治校(99.64%),其次是制度完善(99.40%)和学术自由(99.03%)。

9. 信息化:教师对学校教育教学信息化建设满意度较高

信息化变革方面,学校接近九成的教师都参与过一项或多项信息化建设活动,其中教师参与比例最高的是开展线上线下混合教学(70.49%),其次是建设数字化教学资源库(35.63%)和为学生培训信息化基本知识(29.82%)。同时,在信息化教学要素方面,学校超过98%的教师和学生均对各类信息化教学要素有一定感知,其中教师、在校生和毕业生感知比例最高的均为投影仪和PPT(96.18%、92.83%、91.11%),其次是在线学习平台或APP(77.22%、69.59%、73.19%)、线上课程和学习资源(76.15%、64.37%、66.81%)。

信息化素养方面,有47.86%的教师参与了学校信息化素养提升活动。

学校教师、在校生及毕业生对教育教学信息化的满意度得分分别为98.96%、97.82%、98.31%,可见,学校在信息化建设方面取得了不错的成效。

10. 国际化:坚持"引进来"与"走出去"相结合,提升学校国际化办学实力

学校教师参与比例最高的项目类型是引进优质职业教育资源(33.03%),其次是参与制订职业教育国际标准(14.37%)、参与"一带一路"建设和国际产能合作(13.61%)。

学校教师对国际化建设满意度得分为97.68%,同时,企业人员对与学校开展的国际合作满意度也很高,满意度得分为99.74%。

(三) 调研评价附表

本次调研遵循"双高计划"政策要求,符合利益相关者治理模式,面向不同调研对象精选与其身份最相符的问题来设计问卷、开展调研。调研对象为"双高计划"的核心服务对象,即在校生、毕业生、教职工、行业企业、用人单位和家长。调研对象的有效样本量如表3-4所示,从中可见有效样本量满足统计分析需要。

表 3-4　各调研对象样本数量情况

调研对象	有效样本量(个)
在校生	5 038
毕业生	675
教职工	861
行业企业	139
其中:用人单位	84
家长	1 584

模块四 建设成效

学校以习近平新时代中国特色社会主义思想为指导，贯彻落实党的十九大、二十大精神，聚焦深化现代职教体系建设改革要求，面向京津冀高端装备制造业及区域支柱产业高端，以立德树人为根本，深入探索职业本科发展路径，深化职普融通、产教融合、科教融汇，培养军地两用高层次技术技能人才，服务贡献和社会影响力不断提高，为创建国家高水平职业本科教育品牌奠定了坚实基础。

一、总体情况

（一）项目绩效目标达成和建设任务完成情况概述

学校层面绩效指标159个、建设任务点272个，终期达成度分别为142.91%、100%，新增国家级标志性成果378项；汽车专业群层面绩效指标111个、建设任务点114个，终期达成度分别为158.38%、100%，新增国家级标志性成果86项。如期建成区域特色鲜明、改革成效卓著、支撑发展强劲的高水平职业技术大学。

党建引领高质量发展能力全面增强。实施党建"136"领航计划，构建新时代高校思想政治教育"一主两辅、三风育人"模式。获评全国党建工作样板支部2个，获批全国五四红旗团委、河北省首批党建工作示范高校、省先进基层党组织。

德技并修技术技能人才培养走在全国前列。获评国家教学成果二等奖2项、国家在线精品课程8门、国家课程思政示范课程1门、国家规划教材27部；获技能大赛国赛一等奖5项，"互联网+"国赛金奖1项、银奖3项，学生就业去向落实率99%。图4-1所示为师生团队建设显性成效。

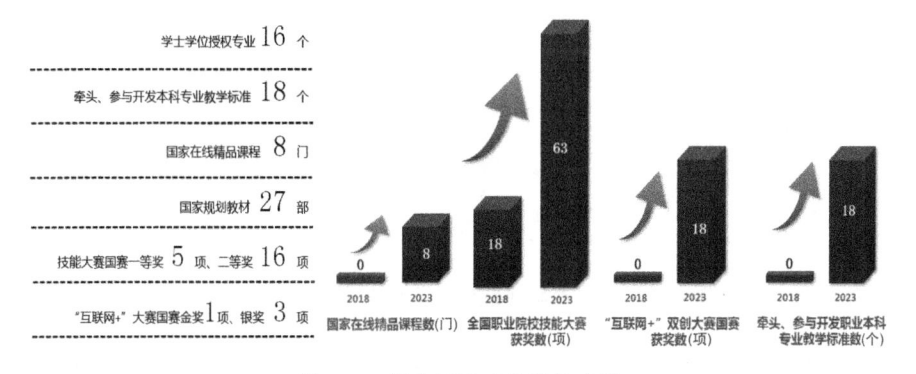

图4-1 师生团队建设显性成效

技术创新服务区域产业升级贡献突出。建设国家级产教融合发展工程规划项目2个，省级重点实验室1个、工程研究中心4个、院士工作站1个；获批国家知识产权信息公共服务网点、国家级高技能人才培训基地3个，连续3年获评全国高职院校服务贡献典型学校、服务贡献卓越高等职业学校。图4-2所示为科研平台建设显性成效。

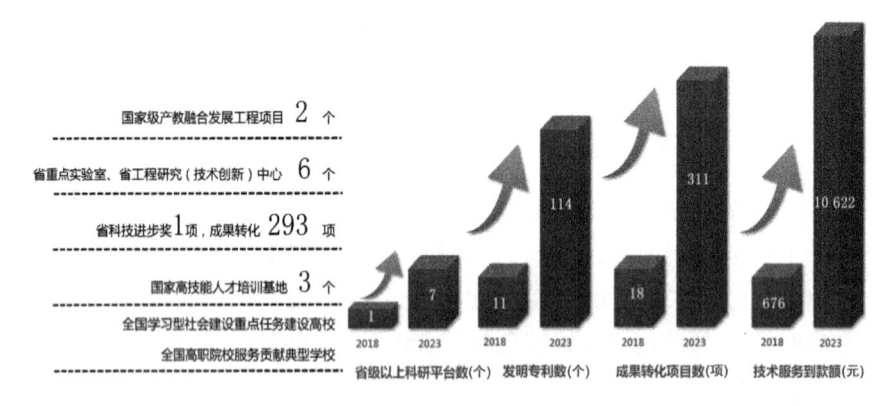

图4-2　科研平台建设显性成效

引智培优师资队伍水平位居全国一流。培育"万人计划"教学名师1人、黄炎培杰出校长1人；获批国家级教师创新团队3个、国家级课程思政教师团队1个、国家级"双师型"教师培养培训基地3个；获全国职业院校教学能力比赛一等奖3项、二等奖4项。图4-3所示为教师团队建设与辐射显性成效。

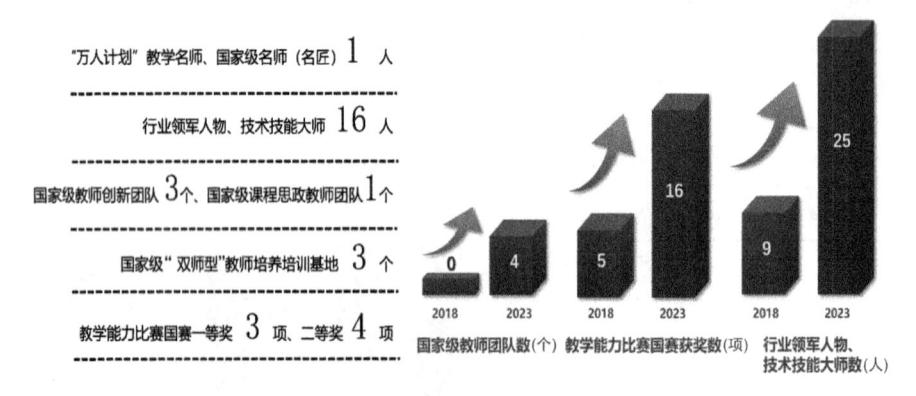

图4-3　教师团队建设与辐射显性成效

中外互鉴国际化办学格局开放有力。开设中德合作办学项目4个，发展国外办学项目4个，获批境外合作交流项目14个，入选教育部"中国-东盟特色高职合作院校"。图 4-4 所示为中外合作办学与交流成效示意图。

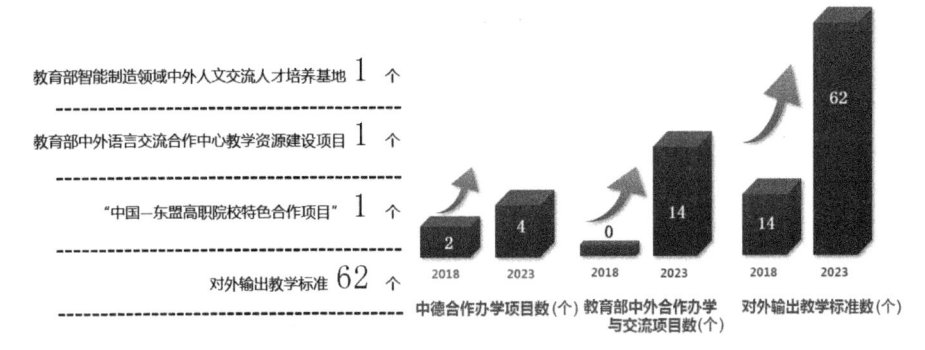

教育部智能制造领域中外人文交流人才培养基地 1 个
教育部中外语言交流合作中心教学资源建设项目 1 个
"中国—东盟高职院校特色合作项目" 1 个
对外输出教学标准 62 个

图 4-4　中外合作办学与交流成效

赓续传统军民融合办学特色独树一帜。建成全国高职首家军民融合产学研用示范基地,研制军民两用技术标准 7 项,转化"军转民、民参军"技术 52 项。获省教学成果特等奖 1 项、省科技进步奖 1 项,获批省退役军人职业技能培训基地。图 4-5 所示为军民融合产学研用成效示意图。

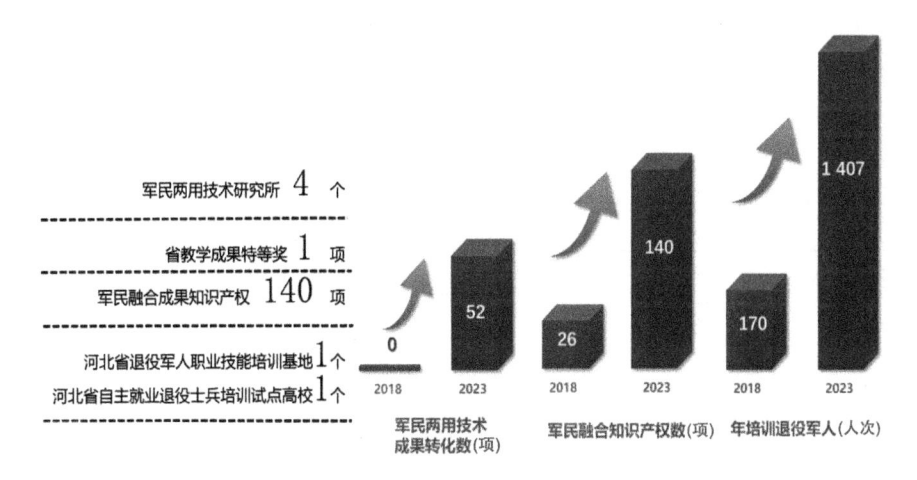

军民两用技术研究所 4 个
省教学成果特等奖 1 项
军民融合成果知识产权 140 项
河北省退役军人职业技能培训基地 1 个
河北省自主就业退役士兵培训试点高校 1 个

图 4-5　军民融合产学研用成效

(二) 项目预算执行情况概述

经第三方审计认定,学校"双高计划"资金筹措得力、到位足额、守信履约,预算安排结构合理;资金管理规范、支出有凭有据,项目成效显著。学校层面项目预算总额 36 903 万元,资金到位总额 42 078.39 万元,预算资金到位率 114.02%、预算支出执行率约 114.02%。汽车专业群层面项目预算总额

15 161万元,资金到位总额 16 522.22 万元,预算资金到位率约 108.98%、预算支出执行率 108.98%。项目建设收支情况如表 4-1 所示。

表 4-1 "双高计划"项目建设收支总体情况表

资金来源	项目预算总额(万元)	资金到位总额(万元)	资金到位率(%)	到位资金使用总额(万元)	预算支出执行率(%)
中央财政投入资金	5 000	5 000	100.00	4 999.86	100.00
地方财政投入资金	14 100	17 197.2	121.97	17 197.2	121.97
举办方投入资金	—	—	—	—	—
行业企业支持资金	7 180	8 108.56	112.93	8 108.56	112.93
学校自筹资金	10 623	11 772.63	110.82	11 772.63	110.82
合计	36 903	42 078.39	114.02	42 078.25	114.02

(三) 项目建设自评分和自评结论

学校"双高计划"建设质效高、特色明、成效强,连续 3 年入选《中国职业教育质量年度报告》全榜单,在 2023 年软科中国大学排名——职业院校本科竞争力位居全国第二。对照验收评价标准,学校自评分为 98 分,自评结论等级为"优秀"。项目建设自评情况如表 4-2 所示。

表 4-2 "双高计划"建设绩效自评简表

一级指标	二级指标	自评分
产出指标(40分)	数量指标(15分)	15
	质量指标(15分)	15
	水平指标(10分)	9
效益指标(20分)	社会效益指标(10分)	9.5
	可持续影响指标(10分)	9.5
满意度指标(10分)	服务对象满意度指标(10分)	10
管理与执行指标(30分)	资金到位率指标(8分)	8
	资金预算执行率指标(8分)	8
	资金使用合规性指标(10分)	10
	项目管理指标(4分)	4
自评分合计	—	98

二、绩效目标达成情况

(一) 产出指标超额达成,重点任务产出多绩效高

建设期预设产出指标共 131 个,百分百达成,超额完成指标 70 个。其中,国家水平精品在线课数、科研成果转化数、国际先进水平专业教学标准数等 21 个指标在投入相当的前提下超高水平完成任务,平均超额完成度 177.5%。学校在国家在线精品课程、国家规划教材、国家教师创新团队、国家级教学名师、师生全国职业技能大赛奖项等方面位居全国前列。项目建设产出指标如表 4-3 所示。

表 4-3 学校层面产出指标达成一览表

"双高"建设一级任务	产出数量指标(个)	产出质量指标(个)	终期达成度(%)
打造技术技能人才培养高地	11	12	163.21
打造技术技能创新服务平台	5	6	241.97
打造高水平专业群	1	2	195.56
打造高水平双师队伍	7	7	129.77
提升校企合作水平	5	4	143.42
提升服务发展水平	8	6	113.51
提升学校治理水平	6	9	100.72
提升信息化水平	7	7	118.90
提升国际化水平	6	5	163.93
深耕军民融合发展	6	6	111.18
合计	62	64	142.95

注:该表未含 5 个产出时效指标。

(二) 社会效益指标高质效达成,项目建设贡献度高

建设期预设社会效益指标 16 个,均百分百达成。

1. 引领职业本科教育改革发展

一是"三重两化"培养体系提供了职业本科人才培养新路径。确立了"一基

四能"人才培养定位,构建了重技术、重实践、重发展、模块化、综合化的培养体系,探索多元化贯通培养模式,高端论坛发声 14 次,来访院校 60 余所。二是校企协同凝练了中国特色高层次学徒制培育新经验,探索了一套中国特色高层次学徒制培养模式、标准与制度,河北中煤旭阳能源有限公司将该模式推广至全国 7 个园区。三是项目教学提质升级打造了职业本科课堂新模式。提升项目挑战度、真实度和自主完成度,本科课程获评国家在线精品课程 6 门、国家规划教材 2 部,持续助力全国职业本科教学改革。

2. 服务国家战略和区域经济社会发展

一是契合军民融合发展战略,科教融汇牵引区域军民技术转化互通。开发军民两用技术标准 7 项,转化军民两用技术 63 项,被誉为河北省五大军民融合产业发展区的高职"预备役"高地。二是服务河北省建设产业转型升级试验区,打造院校助力装备制造现代化样板。服务周边装备制造企业技术改造 390 项,协助本地龙头企业建设智慧工厂、技术中心,助力园区数字化升级。培训高技能人才 2 万人,《光明日报》等媒体报道了学校协助企业人力再开发的典型经验。三是深度服务城乡融合发展,彰显助力乡村振兴院校担当。完成电商等农村劳动力特色培训 1 万人次,乡村休闲旅游、农村污水再处理等技术服务项目带动太行山区发展、改善乡村生态环境。

3. 推动形成国家层面政策、制度与标准

一是作为公办职业技术大学的探索者,为推动形成国家层面职业本科系列政策提供改革试验田。贡献了发展职业本科的路径探索经验,与同类院校一道为职业本科政策制定提供了强大推力和实践参考。二是牵头制定国家专业教学标准,为提高职业教育办学质量贡献河北科工大智慧。牵头制定国家专业教学标准 5 个,行业标准 10 个,技能等级标准 5 个,大赛标准 1 个。三是参与政策文件制定、政策咨询,为区域经济社会与职教事业发展出谋划策。为省、市政府部门提供政策咨询 70 余份,获省市领导批示 20 余份,参与制定省级政策文件 10 余份。

(三)可持续影响指标优质达成,成果影响远辐射广

建设期预设可持续影响指标 7 个,均百分百达成。健全了学校现代化治理体系,产出一系列标准与制度、一大批标志性成果,彰显了军民融合特色,树立了职业本科品牌,对学生未来成长、学校"十五五"发展、现代职教体系改革和区域

产业发展产生广泛而深远的影响。

1. 为把学生发展为中国式现代化合格建设者和可靠接班人奠基

构建了"五育并举""德技并修"育人体系,打造了全国党建样板党支部、全国五四红旗团委、国家课程思政示范团队,生均技能大赛获奖1.6项,学生完成专利240余项,毕业生相比项目建设前具有更强的责任担当意识和社会适应力,遍布邢台区域、雄安新区及河北战略性新兴产业高端岗位,未来将成为中国式现代化建设的能工巧匠、大国工匠和技术领导者。

2. 为学校领跑职业本科教育实现跨越式发展积蓄澎湃动能

项目建设极大提升了综合办学实力,锤炼了一支以国家教学团队、省级黄大年教学团队为引领的高水平双师队伍,打造了一批以国家资源库、精品课为样板的高质量课程与教材,建设了一批以省级重点实验室为核心的高水平科研平台,构建了以章程为统领的"五位一体"职业本科治理体系,为学校"十五五"跨越式发展奠定了雄厚基础。

3. 为深化现代职业教育体系建设改革行稳致远蓄力扬帆

形成了"五融五进"高水平专业群建设范式,100余所省内外高职院校前来考察交流,辐射带动了校内外高水平专业群建设;打造了一批国家精品在线课程、国家规划教材等优质教学资源,被国内职教同仁广泛使用,影响辐射"一带一路"共建国家;打造了"军教融合"品牌特色的国家教学成果奖,持续性深耕办学特色的经验向全国范围推广,为同类院校特色发展蓄力助能;固化了"三重两化"培养体系等职教本科实践成果,被《中国教育报》等国家级媒体多次报道,为职教战线持续性提升教本科品牌形象和社会地位奠基赋能。

4. 为河北省先进制造业高质量发展汇聚未来新动能

契合河北省制造业高质量发展"十四五"规划,构建"一体两翼"专业群布局,实施"分流分类"人才培养模式,培养能创造关键核心技术的战略人才和熟练掌握先进生产技术的技术骨干,为制造业深度转型升级培养未来生力军;与邢台经济开发区共建省级市域产教联合体,携手行业产教融合共同体,聚焦产业关键技术和成果中试,构建"四链融通"技术创新平台体系,为促进区域装备制造业迈向创新链高端夯基筑台。

（四）满意度指标超预期达成，相关方认可度高

建设期预设满意度指标5个，五大利益相关方满意度均超过目标值。一是在校生的学习需求得到充分满足，97%以上的在校生对课程设置、课程内容、教学方法、课外活动等满意或非常满意。二是毕业生的就业胜任需求得到充分满足，97%以上的毕业生对在校学习的课程、教材、师德师风等满意或非常满意。三是教职工的职业价值得到充分满足，98%以上的教职工对课程建设、教学技能提升、教育教学信息化、校企合作等满意或非常满意。四是用人单位的人才需求得到充分满足，99%以上的行业企业对学校声誉、毕业生所学专业、道德品质、能力胜任、职业素养等满意或非常满意。五是家长的教育期待得到充分满足，97%以上的家长对子女学习成长、学校高职教育质量等满意或非常满意。满意度指标达成如表4-4所示。

表4-4　学校层面满意度指标达成一览表　　　　　　　　　　　　单位：%

满意度指标	实施期满目标值	终期实现值	终期达成度
在校生满意度	≥90	97.87	108.74
毕业生满意度	≥95	97.95	103.11
教职工满意度	≥95	98.91	104.12
用人单位满意度	≥95	99.45	104.68
家长满意度	≥90	97.93	108.81

三、建设任务完成情况

（一）创新"党建＋项目"模式，职业本科党建品牌效应持续深化

一是实施党建"136"领航计划，开展"红雁"统领、"红心"引领、"红源"强基、"红网"肃纪等"四红"行动；二是构建新时代高校思想政治教育"一主两辅、三风育人"模式，深入推进习近平新时代中国特色社会主义思想"三进"工作。获评全国党建工作样板支部2个，获批全国五四红旗团委、河北省首批党建工作示范高校，典型经验被《光明日报》等央媒多次报道。

（二）创立分类多样成才模式，本科人才培养高地建设成效显著

一是"五育并举"服务学生全面发展。打造数字化思政教育体系，获评全国高校思政课教学展示活动一等奖1项；开发美育劳育类课程23门，创新公益劳动周实践课。二是"3615"分流分类模式促进人人成才。细分三类人才定位，匹配实施六类人才培养模式，紧跟行业产业"四新"，建成在线课程239门、新形态教材187部，开发个性选修课172门；获全国职业院校技能大赛奖项45项、"互联网＋"国奖18项。三是"多形式衔接"打造职教本科贯通培养新路径。与河北城乡建设学校等3所中职学校实施"3＋4"贯通培养；与河北康德重工等开展"2＋2＋2"贯通培养试点；新能源汽车工程技术等6个专业开展"专升本"培养，首批招生580人。

（三）创建"产学研共生"模式，科教融汇技术创新高地成效突出

一是军民融合技术研究院担当军民两用技术成果源泉地。军工特种车辆、军警特种服等4家研究所开展军民两用技术合作140项，完成军民融合技术转化63项，专家智库年服务政府、企业咨询25项。二是高新技术研究院助推产业转型升级。新增国家级创新服务平台1个、省重点实验室等省级科研平台6个；18个科研团队以承包制服务冀中南装备制造等8个主导产业转型高端，技术研发550项、联合攻关195项。三是产教深度融合打造优质人才供给高地。建有发展改革委产教融合工程项目2个、省级开放型产教融合实践中心8个，培养了产业急需的复合型、创新型技术技能人才3 000余名。

（四）构建"一体两翼"生态格局，高水平专业群集群效应显著增强

一是"一体两翼"集群化服务河北现代化制造业体系建设。围绕2个万亿级先进制造业集群，打造高端装备制造为主体的专业群，建成新能源汽车等10个本科专业群。二是"五融五进"引领专业群内涵和服务能力双跃升。打造国家高水平专业群1个，推动建成省级专业群8个，学校生源整体向好，毕业生起薪升至5 014元，科研服务总额破亿元。三是"三轮三驱"机制优化专业群与产业群同频共振。专业群结构动态优化，与区域主导产业匹配度达95%。

（五）深化高水平双师培养路径，师资队伍整体水平实现大幅跃升

一是建成区域高层次人才集聚高地。引进双一流等高校博士 50 人，柔性引进俄罗斯外籍院士、985 高校博导等高层次人才 40 人，聘任产业顾问岗、技术技能大师 41 人。二是建成高水平结构化教师创新团队。培育具有教育家精神、校企融通的教师创新团队标杆，获批国家级教师创新团队 3 个、国家级课程思政教师团队 1 个、河北省黄大年式教师团队 1 支。三是成为高水平"双师"培养优秀院校。创新"五阶段四维度"教师发展促进体系，建成国家级"双师型"教师培训基地 3 个，连续两年入选高职院校教师发展指数优秀院校。

（六）探索"双链融合"本科路径，校企命运共同体科工大品牌彰显

一是升级"八个一"标准建成本科产业学院。联合头部企业共建产业学院 10 个，获批省级 1 个，实施卓越现场工程师项目 3 个，入选省级校企合作示范项目"十佳"1 项。二是推广培养框架扩大现代学徒制学院影响。与旭阳集团共建现代学徒制学院，开办学徒制专业（方向）19 个，培养框架推广至全国 7 个园区，带动 5 省 10 市相关院校学徒培养，入选教育部产教融合案例。三是拓深共同体路径推动产业链创新链融合。新增省级市域产教联合体 1 个、行业产教融合共同体 3 个，开展技术升级改造 120 余项，获批国家示范性职教集团 1 个，入选国家发展改革委产教融合典型案例。

（七）创新"内坊外站"共生态模式，服务产业转型技术升级效益显著

一是助推县域支柱产业技术转型增效。创新"内坊外站、设站进区"技术服务模式，建"守敬科坊"20 个、县域科技服务站 11 个，服务雄安新区、冀南县域企业研发和技术升级 757 项，到款 1.06 亿元。二是建成区域全链条成果孵化基地。建立"创新成果孵化中试"培育机制，依托国家知识产权信息公共服务网点、省级技术转移中心培育专利 1 763 件，转化成果 293 项，产生经济效益 2.6 亿元。三是担当冀南技能型社会建设桥头堡。创新"一站式"培训服务模式，年度培训到款 1 301 万元；获批国家级高技能人才培训基地 3 个，获评 2023 年教育部学习型社会建设重点任务建设高校。

（八）构建"五位一体"治理体系，职业本科现代化治理水平持续提高

一是建立以章程为统领的职业本科治理制度体系，建立健全职业本科治理制度280余项。二是构建以多元参与为核心的职业本科治理结构，健全学位委员会、学术委员会等学术治理组织。三是健全以绩效考核为重点的治理保障机制，实施二级单位目标绩效考核和教职工岗位聘期考核。四是形成以军风育人为特色的治理文化，营造了"开放创新、军风铸魂"治理文化生态。五是夯实以数字化治理为引领的院校治理支持体系，实施智慧校园"1121"计划，强化智慧校园融合应用，荣获黄炎培杰出校长奖。

（九）打造科工大智慧教育生态，数智赋能信息化教学改革效用彰显

一是升级数字化软硬件领跑智慧校园建设，获批教育部首批职业院校数字校园建设试点院校、首批数字校园建设省级示范校、职业教育信息化标杆校。二是数字技术赋能教育教学信息化改革，升级改造专业33个，建成校内SPOC1104门、数字教材42部，建成智慧教室60间，核心课程混合教学比例100%。三是在线学习体系服务学习型社会发展，主持国家级专业资源库1个、省级11个，在国家智慧教育平台共享优质课程133门，选课人次超192万。

（十）拓展"中文＋职业技能"发展路径，国际化办学影响力持续增强

一是建成东南亚本土化技能人才培育基地。培养泰国等留学生126名；为中煤旭阳等"走出去"企业培训本土员工2万余人次；共建老挝乌多姆赛职业技能发展中心。二是推动海外办学提质发展。发展国外办学项目4个、合作交流项目14个，输出课程标准48个。三是打造中外合作办学品牌。与德方大学合作举办专业4个，获评教育部中德职业教育汽车机电合作项目示范学校、省示范性中外合作办学项目。

（十一）深耕"军教融合"办学特色，高职教育助力军民融合标杆树立

一是锻造培育军工精神的"军教融合"育人模式。牵头成立军民融合职教产学研协同发展联盟，开设军工特色专业8个，形成"标准嵌入-平台支撑-项目纽

带-军风育人"模式,获省教学成果特等奖。二是建成军民两用技术产学研用示范高地。新增特种车改装等军民两用技术研究所 4 个;开展军民融合项目 258 项,技术服务到款 1 800 万元,获省科技进步奖 1 项。三是推行精准化培训服务退役军人再就业。建成省退役军人职业技能培训基地,"一站式"培训精准服务退役军人 1 407 人次,满意度达 98%。

四、项目建设采取的措施

(一) 项目推进机制建设与运行

一是机构健全、组织有力,任务达成效率高。成立双高建设领导小组、项目办等机构,依托双高项目管理平台,以一级项目为横向、归口部门为纵向实行矩阵式管理、常态化监测。

二是制度规范、机制长久,项目管理效益高。制定双高管理办法、绩效考核等 5 个专项制度,建立重大项目校领导"分包"机制及校长办公会党委会督导机制,实施月推进、季报告制度,借鉴"PDCA"理念实现项目质量螺旋式提升。

三是 KPI 考评点面支撑,学校发展绩效高。建立双高目标导向的 KPI 考评体系,年度 KPI 融入各单位承接的任务并与干部考核、绩效奖励挂钩,绩效评价点面支撑;依托项目管理平台矫正 KPI 达成,抓实风险控制,实现监测、改进与多元评价"三位一体"。

(二) 项目资金管理与使用

1. 实施多元投入,确保资金充足

建立资源筹集与配置机制,统筹国家、地方专项资金和学校自筹并获取行企多方资源,形成政行企校合作共建、多元投入格局,且各类资金足额到位。

2. 完善资金管理,加强过程管控

一是出台《"双高计划"建设项目专项资金管理办法》等配套管理制度,保障专项资金合理利用;二是常态化监测、评估建设进度、绩效目标完成度,专项资金安排有章可循、有据可查。

3. 加强预算审核,保证专款专用

项目建设单位依据任务书编制专项资金项目年度预算,学校领导小组审核

确定额度,财务处建立经费指标核算簿,专项核算、专款专用。

4. 规范资金使用,强化绩效管理

一是专项资金严格执行项目预算及支出审批程序,会计核算、资金管理规范,杜绝截留、卡扣、占用等。二是专项资金管理以结果为导向,强调成本效益,全过程监督绩效管理与资金执行。

五、特色经验与做法

(一) 以人为本分类发展,提供职业院校学生多路径发展范式

贯彻二十大对职业教育的战略要求,落实河北省构建现代职教体系工作部署,服务职业院校学生全面发展、多路径成才,探索中职高职本科贯通培养、"3615"分流分类培养模式和"三重两化"职业本科人才培养体系,相关经验在高端论坛发言交流50余次、在《光明日报》等国家媒体发声60余次。

一是探索"3+4""2+2+2"等多元化贯通培养路径,满足中职学生向上发展需求。回应民生关切,服务中职学生学历提升,携手中职学校、区域龙头企业联合探索多形式衔接路径。探索"3+4"中本贯通。面向机电技术应用等制造类紧缺专业,与河北城乡建设学校等3所学校联合实施"3+4"中本贯通培养,转段考试按5%比例实行末位淘汰,培养区域紧缺高层次技术技能人才。探索"2+2+2"中高贯通。与柏乡县职教中心、河北康德重工装备科技有限公司合作,探索"中职2年+企业2年+高职2年"校企协同中高贯通培养路径,以学徒制模式实施订单培养,联合组织招生与转段考试,中职学段和高职学段三方均签订学徒培养协议。多类型贯通培养模式有效拓宽中职毕业生成长通道。如图4-6所示为职业院校学生多路径发展范式示意图。

二是创新"3615"模式,适应专科学生差异化发展需求。面对生源基础多样化和企业人才需求多样化,实施"分流培养,分类成才"培养模式改革。细分三类人才定位:具备岗位胜任力的高素质技能型人才、具备职业适应力的技术应用型人才和具备创新能力的技术创新型人才。适配六种培养模式:以"守敬科坊"工作室为载体培养技术创新型人才,以"双创卓越班"为载体培养双创拔尖人才,以中外合作办学培养具有国际视野的技术创新型人才,以产业学院"高端定制"培养技术应用型人才,以共享型实践基地和学徒制学院为载体工学交替培养高素质技能型人才。每个模式适配一个个性化制度以及五个共性机制制度,使基础

		顶层设计			
本科学生个性化发展		"一基四能"人才定位：扎实的技术基础知识、过硬的专业技能、较强的数字化能力、创新能力、复杂问题解决能力 "三重两化"培养体系：重技术、重实践、重发展、模块化、综合化 "两平台三模块课程体系"：通识课程平台、基础课程平台、专业能力模块、个性选修模块、综合实践模块			
	两类人才定位	培养模式	培养特色	深度参与主体	
	拔尖创新人才	校企双元 学徒制	工学交替 真题真做	精雕集团、长城汽车、汇川机器人	
	高层次技术技能人才	强化实践 项目贯穿	春夏秋三学期 校内实训、项目实践和企业实习三类实践环节 课程—课程群—专业三级实践项目	区域头部企业	
高职学生差异化发展	三类人才定位	六种培养模式	一个个性化制度	五个共性制度	
	技术创新型人才	"守敬科坊" 双创卓越班 中外合作	导师制 实战制 双轨制	专业动态调整 学分制 严进严出 小班化教学 过程性考核	
	技术应用型人才	高端定制 现代学徒制	企业技术认证制度 员工制		
	高素质技能型人才	工学结合	多学期制		
中职学生向上发展	三个升学通道	贯通层次	参与主体	升学机制	培养模式
	3+4	中本贯通	河北城乡建设学校、涿州市职教中心 河北省机电工程师学院 河北科技工程职业技术大学	转段考试、5%末位淘汰	中职以文化课为主 初步技能积累
	2+2+2	中高贯通 企业学习2年	柏乡县职教中心 河北康德重工集团 河北创力机电科技有限公司 河北科技工程职业技术大学	中职、企业、高职学校联合考核	学徒制 订单班 工学交替
	3+2	中高贯通	张家口职教中心 石家庄交通运输学校 石家庄旅游学校 邯郸职教中心 河北科技工程职业技术大学	转段考试	中职以文化课为主 初步技能积累

图 4-6 职业院校学生多路径发展范式

不同的学生都有适合自己的发展路径。

三是构建"三重两化"培养体系，适应本科学生个性发展需求。确定扎实技术基础知识、过硬专业技能、较强数字化能力、创新能力和复杂问题解决能力的"一基四能"人才定位，遵循"重技术、重实践、重发展、模块化、综合化"理念，开发注重基础、突出实践、个性发展的"平台＋模块"课程体系。双元深度融合培养拔尖创新人才。实施"卓越现场工程师培养计划"，遴选优秀学生组建试点班，携手区域龙头企业，合作培养本科层次拔尖创新人才，工学交替、真题真做，丰富了现代学徒制的新内涵。强化实践培养高层次技术技能人才。构建"三三三"实践教学体系，设置春、夏、秋三学期，安排校内实训、项目实践和企业实习三类实践环节，实施"课程—课程群—专业"三级实践项目，真题仿做，提升学生的专业技能和解决复杂问题的能力。

（二）创新"五融五进"路径，贡献高水平专业群建设范本

紧跟新能源与智能网联汽车产业发展趋势，携手产业链主企业，抓住专业群建设五个关键要件，创新"五融五进"路径（如图4-7所示），面向产业新质生产力场景培养高层次技术技能人才，着力提升专业群服务产业发展能力，提供中国特色高水平专业群建设实践范本。

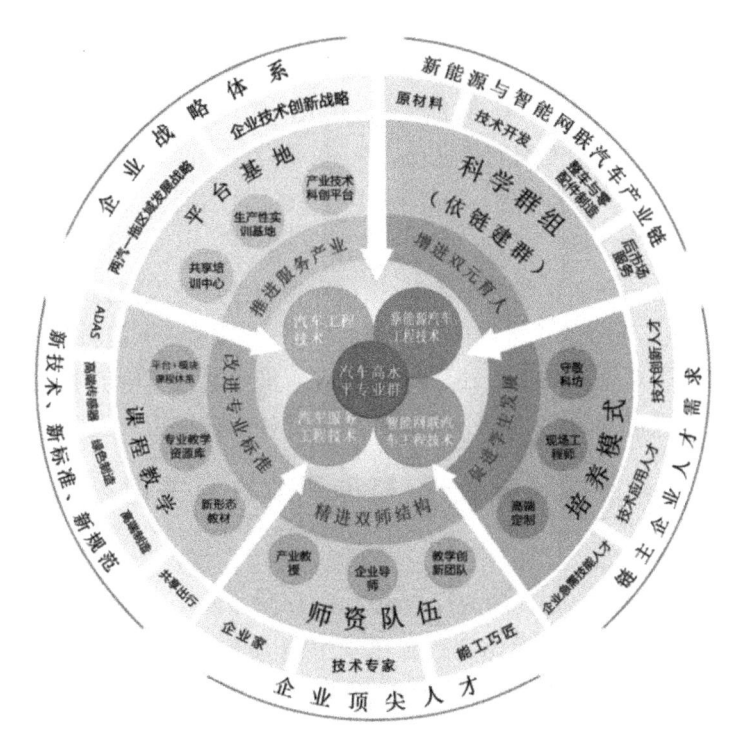

图 4-7 "五融五进"专业群建设范式

一是组群逻辑融入产业新质场景,增进双元育人双链融合。适应汽车产业新质生产力场景对数智化、创新性、复合型人才需求,对接新能源汽车和智能网联汽车产业关键技术环节,组建本科引领的汽车专业群。校企共建长城汽车产业学院,紧密对接地方特色企业百余家,强化双元育人,服务汽车及其部件制造全产业链。"六协同"校企育人机制获省教学成果一等奖。

二是培养模式融入产业链主需求,促进学生发展人人出彩。携手行业头部企业共建职业本科专业,匹配链主企业人才需求,设计了高端定制、现场工程师、"守敬科坊"三条学生发展路径,与特斯拉等十大品牌车企开展高端定制班,培养高技能人才;开设卓越现场工程师实验班,储备高层次技术技能人才;创新"守敬科坊"培养模式,项目贯穿培养未来技术领导者。专业群"三路径、四阶段"分流分类人才培养模式获省教学成果一等奖。

三是课程教学融入产业先进技术,改进教学标准专业资源。联合中车行、长城汽车等企业共同研制国家专业教学标准、行业企业标准、技能大赛等级标准,驱动新技术、新标准、新规范融入教学内容,共建共享优质教学资源。牵头研制职业本科国家专业教学标准3个;建成国家级专业资源库1个,获评国家在线精

221

品课程 3 门、国家规划教材 8 部。

四是师资队伍融入企业顶尖人才，精进双师结构双向支撑。建立校企师资互通机制，柔性引进技术专家、技能大师、能工巧匠，培育名师名匠，构建大师名师领衔的钻石结构校企混编双师队伍；实行校企"双向导师"机制，校企技术专家联合教学、共同攻关技术难题，建成首批国家教师教学创新团队，获教学能力比赛国赛一等奖 2 项。

五是平台基地融入企业战略体系，推进专业服务产业发展。对接邢台市"两汽一拖"发展战略和龙头企业技术创新战略体系，共建高水平教科创平台。建成国家级汽车类生产性实训基地、区域新能源及智能网联汽车培训中心、首个车用先进复合材料重点实验室，服务域内整车及零部件产业链迈入尖端。

（三）产教互融科教互通，打造职业本科关键办学能力提升样板

服务教育强国战略和技能型社会建设，贯彻职业教育高质量发展理念，深化产教融合、科教融汇，坚持面向实践强化学生能力培养，打造"金师、金课、金教材"，形成了职业本科关键办学能力提升范式，获评国家级教学团队 3 个、在线精品课程 8 门、规划教材 27 部、教学能力国赛一等奖 3 项。

一是"五阶段四维度"体系创新职业本科"双师型"金师发展路径。以提升教师教育教学、企业复杂问题解决能力为重点构建教师发展体系，基于各阶段教师发展定位，开发以方法为核心的校本培训项目提升教育教学能力，围绕课程体系开发、课程整体设计、课堂教学实施关键环节，贯通性设置 7 个培训项目，成果固化为国培项目，并在全国高校教师网络培训中心开展线上工作坊。构建以技术为核心的递升型任务提升工程实践能力，对接技术专家职业成长历程，设置由技能训练到技术研发的 5 个发展性任务，共建教师企业实践基地，创新"一企一师不断线""一课一兼职"机制，打造高水平双师队伍。"五阶四维"系统化设计教师发展体系如图 4-8 所示。

二是"四新引领"打造职业本科产教融合型"金课、金教材"建设样板。建立"一书一课"一体化建设机制，校企双元开发课程教材内容，对接区域重点产业发展需求，组建职教专家指导下的产教融合型混编团队，确立"五融合"理念，对接四新，"两分析一转化"做实岗位职业能力分析，采集蕴含复杂问题解决方法的企业典型案例，开发以技术知识为核心的课程内容。数字技术赋能课程教材资源打造，夯实学校数字化基座，创新"标准引领、要素打包、路径匹配"资源开发范式，打造"三级三类"教学训评资源包，建设沉浸式、智慧化实训体系，推动教育教

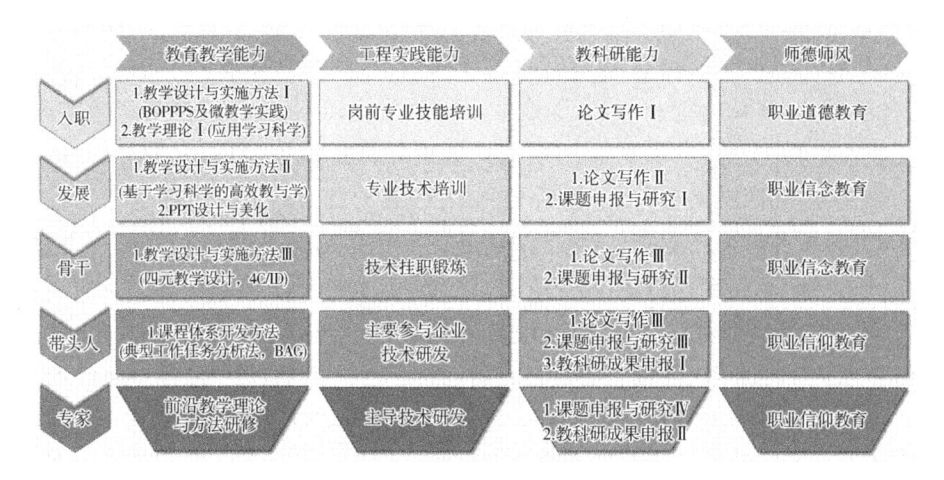

	教育教学能力	工程实践能力	教科研能力	师德师风
入职	1.教学设计与实施方法Ⅰ(BOPPPS及微教学实践) 2.教学理论Ⅰ(应用学习科学)	岗前专业技能培训	论文写作Ⅰ	职业道德教育
发展	1.教学设计与实施方法Ⅱ(基于学习科学的高效教与学) 2.PPT设计与美化	专业技术培训	1.论文写作Ⅱ 2.课题申报与研究Ⅰ	职业信念教育
骨干	1.教学设计与实施方法Ⅲ(四元教学设计，4C/ID)	技术挂职锻炼	1.论文写作Ⅲ 2.课题申报与研究Ⅱ	职业信念教育
带头人	1.课程体系开发方法(典型工作任务分析法，BAG)	主要参与企业技术研发	1.论文写作Ⅲ 2.课题申报与研究Ⅲ 3.教科研成果申报Ⅰ	职业信仰教育
专家	前沿教学理论与方法研修	主导技术研发	1.课题申报与研究Ⅳ 2.教科研成果申报Ⅱ	职业信仰教育

图 4-8 "五阶四维"系统化设计教师发展体系图

学变革，提升学生数字化工程实践能力。如《汽车转向、行驶与制动系统检修》课程对接行业标准，采集奔驰等品牌车型维修典型案例，开发"八要素学习包"，位居"智慧职教"全国最热慕课 TOP10 榜首，获评国家精品在线开放课、国家规划教材。

三是"科教融汇"提质升级职业本科项目化教学模式。契合本科人才定位，提升项目挑战度、真实度，选取行业头部企业真实工作任务，构建科研项目库，动态更新并及时转化为教学项目，助力科研反哺教学。提升学生自主完成度，以学生为主体，以科研平台为依托，以项目为载体，以启发深度思考问题为引领，课内课外相结合、线上线下相结合，小组合作探究达成项目化教学目标，培养学生高阶思维和解决复杂问题的能力。如《PLC 应用技术》课程，引入行业最新伺服控制器，节选团队完成的真实企业项目，经教学化处理形成 7 个课程项目，学生在教师指导下真题仿做，获评国家在线精品课程。

（四）打造市域产教融合新场景，支撑特色产业集群提质升级

契合邢台"工业立市、制造强市"战略和"县县有集群、个个有特色"产业格局，牵头共建市域产教联合体，构建"四链融通"创新体系、强基赋能产学研合作，助推特色产业集群化发展，打开了服务县域产业高质量发展的新场景、新路径。

一是搭建信息平台优化专业布局，有力助推产业集群的升级调整。契合区域产业转型发展需求，建设冀中南中小企业人才供需信息平台，分类编制羊绒服

装、自行车(童车)等特色产业集群发展报告、行业人才需求预测报告。面向邢台市9个传统优势产业、44个县域特色产业集群，在市域产教联合体内进行同领域、分阶段、一体化专业布点；紧随产业集群数字化转型、绿色制造等调整方向，优化职业本科、专科、中职专业布局，与产业集群契合度达100%。

二是创建"四链融通"技术创新平台体系，有力提升产业集群的竞争力。面向11个县域的特色产业链，新建区域高新技术研究院、军民融合技术研究院；面向市域主导产业高端创新链，新建省重点实验室、省院士工作站等省级科研平台6个；面向区域成果转化链，打造省级技术转移中心等成果孵化平台5个；面向区域技术人才培育链，建设"守敬科坊"等师生科创平台35个，建设国家发展改革委产教融合发展工程项目2个；逐步打造了"四链融通"的技术创新平台体系，如图4-9所示。与河北伊克赛吉科技有限公司联合攻关的低氮燃烧技术填补了国内空白，主持完成北京冬奥会冰鞋科研专项，近三年服务产业集群成果转化项目数增幅300%，协助晶澳太阳能等3家企业申报国家技术创新示范企业。

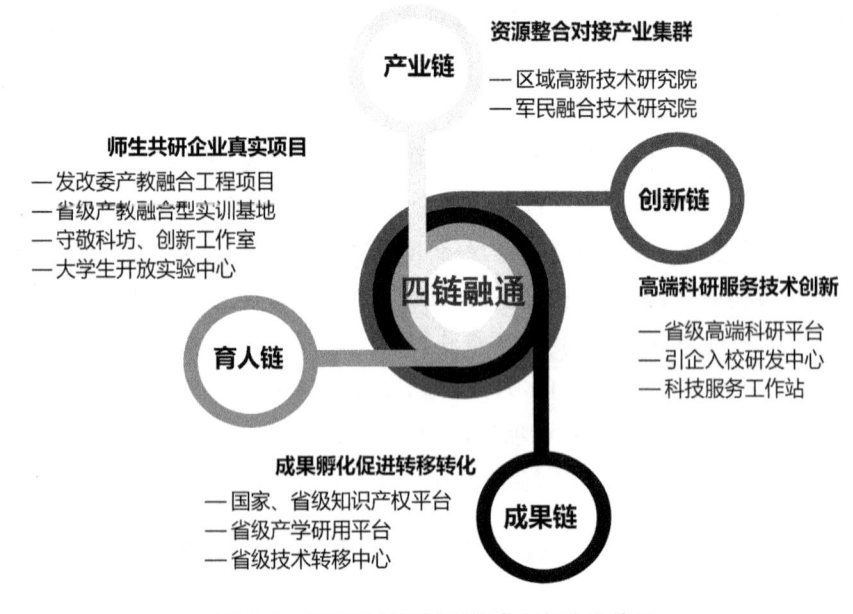

图4-9 学校"四链融通"技术创新平台体系

三是首创"内坊外站、设站进区"服务模式，有力破解产业集群发展技术难题。吸引周边县域产业集群企业主动加强与学校的合作，将企业技术研发中心引入学校，校内建设产业导师领衔的"守敬科坊"20个，引入冀中能源、纳科诺尔等龙头企业技术专家30名，师生共研并完成真实技术研发任务200项，开展技术服务 320 项。对接企业技术升级与成果转化需求,校外建立下沉企业一线的"技术服务站"11 个,建立"政校企定期沟通""驻站巡站有机结合""服务记录备忘备案"创新服务三机制,深入邢台周边县域园区,解决技术服务"最后一公里"难题。联合攻关产业共性技术难题 250 项,实现"产业出题-院校解题-政府助题";"伴生式"服务产业园区数百家中小微企业技术升级和产品研发,年度技术服务到款超 2 000 万元。

(五)深化国际化开放办学,赋能"职教出海"行稳致远

服务"一带一路"共建,构建"中文+职业技能"国际化办学格局,推动海外办学提质发展,打造对外开放办学新高地,入选教育部"中国-东盟特色高职合作院校"。

一是拓展"中文+职业技能"培养路径,建成东南亚本土化技能人才培育基地。创新"强中文拓技能融文化"教育教学模式,培养泰国等国家留学生 126 名;开展"中文+新能源汽车技术"等专业特色教学,积极输出中国技能标准;开展"中文+冶金""中文+钢铁"项目,培训德龙集团等"走出去"企业本土员工 20 000 余人次,推动职业教育与企业发展共生共荣。联合河北建工集团,共建国家级教育援助项目——老挝乌多姆赛职业技能发展中心,输出河北职教方案。

二是推动优质职业教育资源"走出去",服务海外办学提质发展。创办第一家海外"守敬科坊"——中泰语言与技术中心,与泰国敏布理技术学院等共建中泰汽车产业学院等海外办学项目 4 个。推进课程资源、国际师资培训与"走出去"深度融合,开发建筑、汽车等双语教学资源 300 余个;省内最早面向柬埔寨、老挝等"一带一路"国家培训职教师资 3 500 余人次。连续五年被评为世界职教大会国际交流优秀案例。

三是借鉴国外先进办学经验,打造中外合作办学品牌。联合德方大学举办机制专业等办学项目 4 个,形成应用型人才培养标准 4 个,共建全省高职首家大学生海外实习基地,探索中德本科-硕士联合培养路径。联合德国优质企业开展"中德先进职业教育合作项目(SGAVE)""戴姆勒铸星教育项目",获评教育部中德职业教育汽车机电合作项目示范学校。

(六)深耕"军教融合"特色,打造服务军民融合高职标杆

赓续服务军地办学传统,契合军民融合发展国家战略,锻造军工精神培育高辨识度的技术技能人才,打造军民两用技术的科教融汇高地,筑牢军民融合校企

命运共同体,深耕"军教融合"特色,打造服务军民融合的高职教育标杆。

一是军工特质融入人才培养,锻造军工精神的军教融合育人模式。研制军地贯通型技术技能人才标准,绘制军工特质的高技能人才画像,开设军工特色专业,搭建军地产教互动平台,实施军工特质进目标、军工思政进课堂、军工项目进实践、军工文化进日常、军工精神进社团,时时处处锻造军工精神,形成"标准嵌入-平台支撑-项目贯穿-军风育人"的"军教融合"育人模式(如图 4-10 所示),获国家教学成果二等奖、省教学成果特等奖。

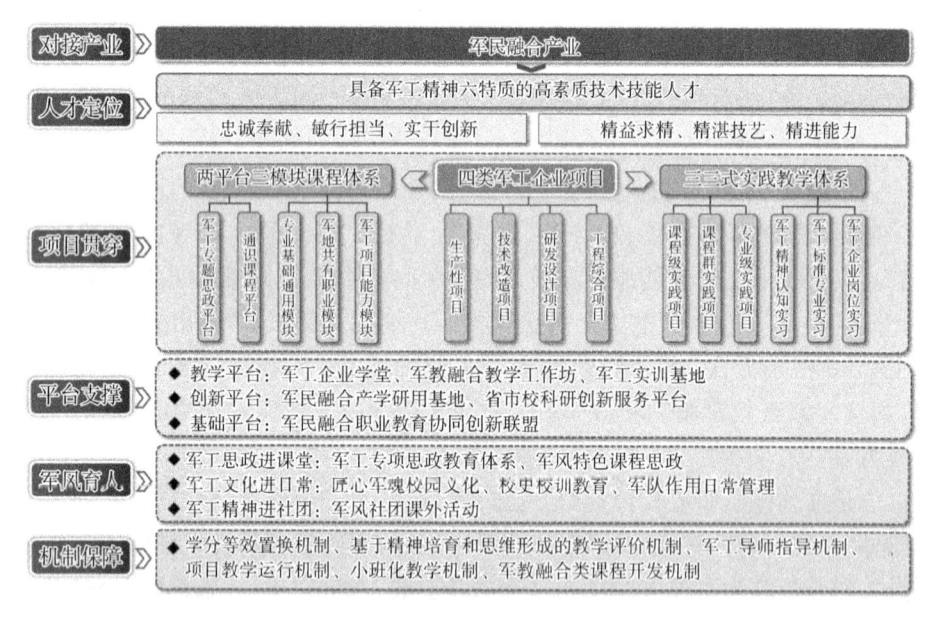

图 4-10 学校"军教融合"育人模式

二是军融项目注入科研平台,打造军民两用技术的科教融汇高地。依托军民融合产学研用示范基地,搭建军工特种车、军警防护服等军民两用技术科研平台,面向航空航天热控与蓄能等领域开发军民两用技术标准 7 项,开展军民融合项目、转化军民两用技术 63 项。体系化构建军教资源融合转化机制,以项目为纽带,转化实践教学三级项目 38 项、学生参与军融科研项目 23 项,突破科教融汇新方向。

三是退役培训汇入社会服务,筑牢高职院校服务退役军人的技能高地。建设退役军人职业技能培训基地,搭建集教育培训、就业创业服务于一体的信息化平台,创新"一站式"培训模式,构建以社会适应性、职业技能、就业创业为核心的立体化培训体系,年培训退役军人 1 407 人次,培训满意度 98.9%,获批河北省退役军人职业技能提升行动定点培训基地。

六、问题与改进措施

一是职业本科高质量发展亟须更多高水平领军人才。高层次人才相对不足是学校建成高水平职业技术大学的关键制约因素,学校将从科学规划、建设机制、考核激励等方面发力,深化与京津知名高校优质资源合作,引培一批学科专业领军人物。

二是职业本科高质量发展亟须加强职业教育理论研究。针对支撑学校领跑职业本科教育的政策和理论研究不足,学校将组建团队、政策倾斜,加大职业本科办学规律与建设路径研究,总结办学规律与经验,形成指导职业本科办学的创新理论。

模块五 典型案例

一、高标引领，围绕赋能和提升抓党建
——加强党的建设典型案例

党的建设是中国共产党领导人民进行伟大社会革命和建设的重要法宝，我们党历来高度重视党的建设。河北科技工程职业技术大学党委全面贯彻落实新时代党的建设总要求，以习近平新时代中国特色社会主义思想为指导，切实履行管党治党、办学治校主体责任，紧扣立德树人根本任务，坚持以高质量党建工作为引领，着力打造"1+3+2"党建工作模式（一个格局、三点聚焦、两项举措，如图5-1所示），全面开启以一流党建引领学校高质量发展的"奋进之笔"，为培养德智体美劳全面发展的社会主义建设者和接班人提供了坚强的政治、思想和组织保证。

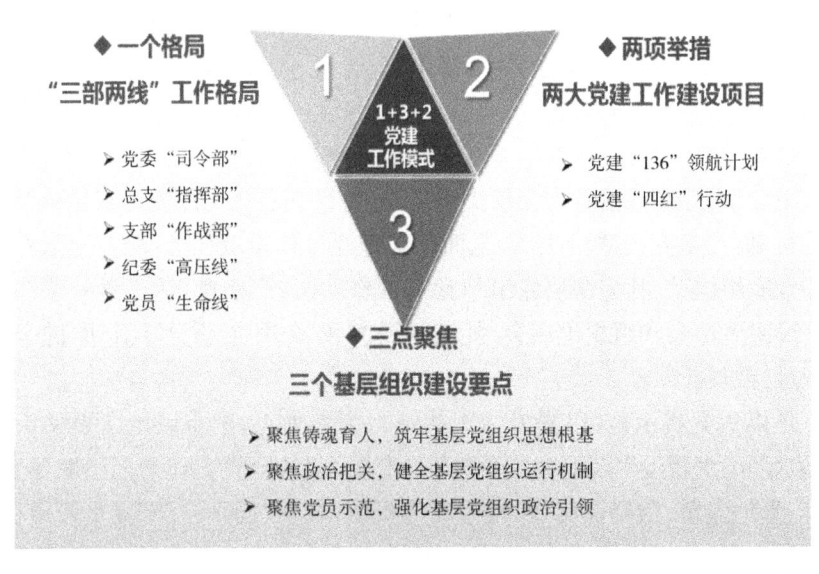

◆ **一个格局**
"三部两线"工作格局
- 党委"司令部"
- 总支"指挥部"
- 支部"作战部"
- 纪委"高压线"
- 党员"生命线"

◆ **两项举措**
两大党建工作建设项目
- 党建"136"领航计划
- 党建"四红"行动

◆ **三点聚焦**
三个基层组织建设要点
- 聚焦铸魂育人，筑牢基层党组织思想根基
- 聚焦政治把关，健全基层党组织运行机制
- 聚焦党员示范，强化基层党组织政治引领

图 5-1 学校"1+3+2"党建工作模式总体框架图

1. 谋篇布局：构建一个格局，架设党建工作"立交桥"

学校党委运筹帷幄，坚持党的教育方针，坚持社会主义办学方向，坚持中国特色高等职业教育办学定位,落实立德树人根本任务,在学校转设、升本、人才培养、干部人才选拔任用等办学治校和事关改革发展稳定大局上发挥领导核心作用,打造党建工作"司令部";党总支令行合一,落实上级党委决策部署,认真落实系部集体领导、党政分工合作、协调运行工作机制,完善议事决策规则,强化系部组织领导,围绕系部重大事项和师生切身利益方面严把政治关,发挥政治核心作用,打造党建工作"指挥部";基层党支部雷厉风行,始终坚持以"七个到位"为根本,严格对标党建工作重点任务目标要求,切实在教育管理监督党员、组织宣传凝聚服务师生上发挥战斗堡垒作用,打造党建工作"作战部";同时,加强纪委监督执纪,做到加强教育常提醒、防患未然建制度、持之以恒强监督、坚持不懈抓作风,架设党建工作"高压线";强化党员示范引领,引导广大党员立足岗位作贡献、立德树人做表率、志愿服务做模范,筑牢党建工作"生命线"。

2. 固本强基:围绕三点聚焦,把稳党建工作"风向标"

一是聚焦铸魂育人:将学习宣传贯彻习近平新时代中国特色社会主义思想作为基层党组织思想建设工作的主线,扎实有效开展"三进"工作,健全完善系部理论中心组学习制度,建立"四会三学"学习体系,全国首发立德树人质量年报,构建"一主两辅"思政育人体系,深入推进"三全育人"改革,筑牢基层党组织思想根基。

二是聚焦政治把关:各基层党组织严格按照新时代党的建设总要求,优化基层党组织建设标准,规范各项会议决策机制,完善基层党支部参与基层单位管理决策的机制,严肃党内政治生活,全面落实党建工作重点任务,配齐配强专职副书记和专职组织员,壮大基层党组织党务工作队伍,严格执行"三会一课"制度,落实好民主生活会和组织生活会,扎实开展"442"每月主题党日活动,健全基层党组织运行机制。

三是聚焦党员示范:以提升组织执行力为着力点,注重政治建设领头雁培养,实施好"组织带动"工程,建立健全"双带头人"教师党支部书记履职尽责、培养培育、管理监督、激励保障、示范带动等机制,夯实"四早三严"党员发展机制,开展党员亮身份、比贡献、评先进活动,打造基层党建亮丽名片,树立先锋模范人物,引领师生奋进有为。

3. 提质培优:实施两项举措,强化党建工作"红引擎"

一是奋力实施党建"136"领航计划,为学校事业发展保驾护航。学校按照党建示范创建和质量创优工作总目标、总要求,加强党的全面领导,以政治建设为统领,全面强化党的思想建设、组织建设、作风建设、纪律建设和制度机制建设。学校党委启动实施了党建"136"领航计划,即完善一套党建制度,优化党建信息化、院系两级党校、党建思政研究会等三个平台,实施政治统领、思想引领、组织带动、党员示范、正风肃纪、品牌创建六大工程,全面提升学校党建工作质量和水平。

二是倾力实施党建"四红"行动,扛好学校高质量发展大旗。国家双高校建设期间,学校坚持新时代党的建设总要求,发挥党建示范引领作用,实施"红雁"统领行动,强化党的政治核心作用;"红心"引领行动,把握社会主义办学方向;"红源"强基行动,发挥党组织的战斗堡垒作用;"红网"肃纪行动,营造"双高"建设的良好生态环境。以"四红"行动为抓手,完善体制机制,保证党的领导有效落实,把政治优势转化为行动引领,为学校发展提供了坚强的政治、思想和组织保证,集中力量办学校大事,以一流党建引领学校事业高质量发展。

近年来,学校党建引领高质量发展能力全面增强,培树了7个标杆院系、12个党建样板支部和7个"双带头人"教师党支部书记工作室。建成河北省首批"党建工作示范高校"并培育出国家级和省级样板支部各2个,省级"双带头人"教师党支部书记工作室2个。获评全国五四红旗团委、河北省先进基层党组织。学校高质量发展始终走在全国同类院校前列,继续书写着高职教育"南有深圳,北有邢台"的新篇章,得到了社会各界的广泛认可。

二、靶向发力　开新图强，
构建"三重两化"职业本科学校人才培养体系
——打造技术技能人才培养高地案例

随着数字智能化技术赋能各行各业,产业新业态、新职业层出不穷,数智化、创新性、复合型人才需求呈现主流趋势,高层次技术技能人才供需矛盾凸显。在国家政策引导下,培养高层次技术技能人才的职业本科教育从政策呼吁走向实践探索,成为职业教育的新生力量。截至 2023 年 12 月,共有 35 所职业本科高校获批设置,随着越来越多的双高校、优质校更名升级职业技术大学进入各省市"十四五"规划,职业本科办学规模将进一步扩大。如何构建高层次技术技能人才培养体系是职业本科高校共同面对的现实问题,是对职业本科"培养什么人、如何培养人"这一根本性问题的实践回应。

河北科技工程职业技术大学明确职业本科建设内涵和行动框架,坚持职业教育类型特征不变,突出本科层次高度,以"重技术、重实践、重发展"为理念,以产业转型升级需要长学制培养的职业工作为起点,明辨人才规格特征,靶向"一基四能"现场工程师人才定位,搭建了"两平台三模块"职业本科课程体系,建设以"能力进阶"为核心的实践教学体系,以"项目化、模块化"贯穿"卓越现场工程师计划"培养技术拔尖人才,形成了"三重两化"高层次技术技能人才培养体系。

1. 靶向高端,锚定"一基四能"现场工程师人才定位

学校先后组织 16 个本科专业调研 300 余家行业头部企业,深入分析产业变革对高层次技术技能人才的需求特征,突出了技术知识和实践技能的高层次,以学生发展为中心,确定了服务产业转型升级的"现场工程师"人才定位和"一基四能"人才规格。

培养扎实的技术知识基础、过硬的专业技能、较强的创新能力,能创造性地解决工程技术现场一线的复杂问题,毕业后可胜任科技成果与实验成果转化工作;具备数字化适应能力、可持续发展能力,能持续主动学习,适应产业基础高级化、产业链现代化发展需要,为其成长为大国工匠奠定基础。

2. 项目贯穿,构建"两平台三模块"课程体系

学校采用职业教育的工作任务与职业能力分析课程开发方法,构建以项目为链条的职业本科模块化课程体系。以本科毕业设计大项目作为贯穿全课程体系的主线,提升项目的创新挑战度和理实综合化程度,系统分解科学规划设置理论学习、技能训练和素质培养相融合的课程模块,通过模块化课程学习实现能力递升。

课程体系采用"平台＋模块"的结构,包括通识课程平台、技术知识平台和专业能力、技术方向、高阶拓展三大模块。两平台课程,注重通识教育和技术知识基础的积累,设置经典学科课程和专业基础课程,开齐开足公共选修课程。三大模块是专业培养的核心,一方面培养专业能力,另一方面兼顾学生个性发展,为学生提供在专业能力上的横向拓展和纵向提升的可选路径。

3. 校企并行,强化"能力进阶"的实践教学体系

学校在职业本科人才培养中强化实践,坚持"校企双线并行、实践进阶不断线",实施"课程—课程群—专业"三级实践项目,设置春、夏(小学期)、秋三学期,体系化设计课程学习、校内实训和企业实习,以成果产出为导向,从单一技能到综合能力螺旋式递进,构建"能力进阶"的实践教学体系,培养学生的专业实践能力。

三级实践项目按照任务挑战度、理论融合度,从简单到复杂依次完成,同时注重管理能力、工程思维、社会责任等可持续发展能力的培养。企业实习贯穿培养全过程,本科学生毕业设计基于企业岗位实习,选题来源于企业真实项目,由校企双导师共同指导,真题真做。

4. 两化主导,推行"卓越计划"拔尖人才培养路径

学校对接链主企业技术创新型人才需求,实施"卓越现场工程师培养计划",遴选数理基础好、动手能力强的优秀学生组建卓越现场工程师实验班,推行"2.5年模块化课程主导＋1.5年综合化项目主导＋企业实践不断线",项目化贯穿培养未来技术应用领导者。

学校携手汇川机器人等行业龙头企业联合培养卓越现场工程师,对接辅助研发试制测试、工艺改进等实践岗位90个。新能源汽车工程技术专业联合长城汽车股份有限公司推进实施了长城汽车质检和长征氢电重卡、昆易 VCU(Vehicle Control Unit,整车控制单元)测试现场工程师培养,申报教育部现场工程师培养项目

1项、立项教育部供需对接就业育人项目1项。

5. 示范带动,"三重两化"人才培养体系影响增强

"三重两化"体系支撑本科人才培养效果显著,发挥了示范引领作用。学校职业本科在校生规模近3 000人,招生分数线逐年上升,生源素质日益提高。本科学生获"互联网＋"大学生创新创业大赛金奖、全国大学生电子设计竞赛二等奖、"挑战杯"课外学术作品竞赛国奖。

学校职业本科人才培养经验凝练为核心期刊论文13篇,推动了职业本科教育教学研究,提升了职业本科办学影响力。截至2024年11月1日,《教育与职业》文章"职业本科学校人才培养定位与体系建设"被引52次,尤其是核心期刊发表的职业本科人才定位的文章均引用了该文章的观点,在学术界关注度影响力较高。《中国教育报》多次报道学校职业本科人才培养体系建设经验。60余所兄弟院校专程来校交流学习本科办学经验,人才培养理念和先进做法推广至省内外。

三、推动"产学研共生"平台往"高"攀升，打造高职院校科教融汇范式

——打造技术技能创新服务平台案例

中共中央办公厅、国务院办公厅印发的《关于深化现代职业教育体系建设改革的意见》指出，"以科教融汇为新方向，充分调动各方面积极性……切实提高职业教育的质量、适应性和吸引力"。基于生态学共生理论，学校对接区域产业布局，以适应产业延链补链强链需求为核心，汇集多方社会资源在科研创新、人才培养、技术服务、产教资源等方面形成合力，聚焦产学研深度共生，打造技术创新平台体系，探索科教融汇新模式，挖掘产教融合新动能，取得显著成效。

1. 构建"四链融通、共建共享"平台体系，产学研融合四方共赢

围绕邢台域内八大产业布局，扩大"产业链、创新链、成果链、育人链"交汇面，建设面向产业链的产业技术研究院、面向县域产业创新的技术创新中心、面向成果转移转化链的孵化平台、面向区域技术人才培养的科创平台。创新"校企共建-专家共用-项目共研-技术共商"平台运营模式，形成"资源整合对接产业集群—高端科研服务技术创新—成果孵化促进转移转化—师生科创培养创新人才"的"四链融通"技术创新平台体系，如图5-2所示。

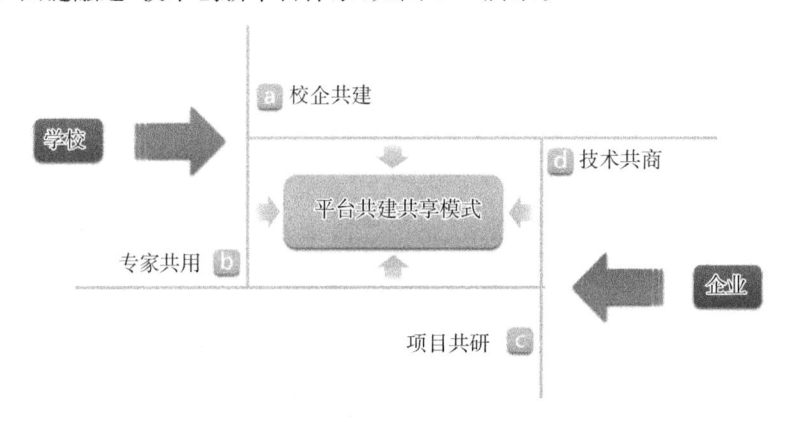

图5-2 学校技术创新平台体系"共建共享"模式

近五年，学校建设国家产教融合发展工程规划项目2个，主持的省重点实验室、省院士工作站、省工程研究中心等省级科研平台由0个跃升至6个，校企共建省市级科研平台累计18个；打造了国家级知识产权服务网点、省级产学研用示范基地、省级技术转移中心等成果孵化平台5个；新建区域高新技术研究院、军民融合技术研究院各1个，建设"守敬科坊"等师生科创平台35个。聘请冀中能源、纳科诺尔等龙头企业30名专家为产业顾问、客座教授，开展企业项目研究与科创指导；军地校企四方面向高端装备制造、新能源汽车、防护服等领域开展技术共商50余次。学校200余名技术服务专家深入企业开展技术服务累计625项，师生和企业专家联合攻关纵向产业共性技术难题250项。其中，学校与河北伊克赛吉科技有限公司联合攻关的低氮燃烧技术填补国内空白，打破了国外技术垄断。

2. 创新"内坊外站、引企入校"服务平台，产学研共生强基增效

在校内，建立"守敬科坊"人才培养与技术创新平台。面向新能源汽车、高端装备制造等产业，以企业真实项目为依托，以培育"守敬精神"人才为核心，以双导师指导为保障，以选拔的学生精英为主体，形成了"项目驱动、导师引领"的科坊运行机制，贯通了由基础到综合、从模仿到创新的科技能力上升渠道，分类造就拔尖创新人才。"守敬科坊"人才培养路径如图5-3所示。

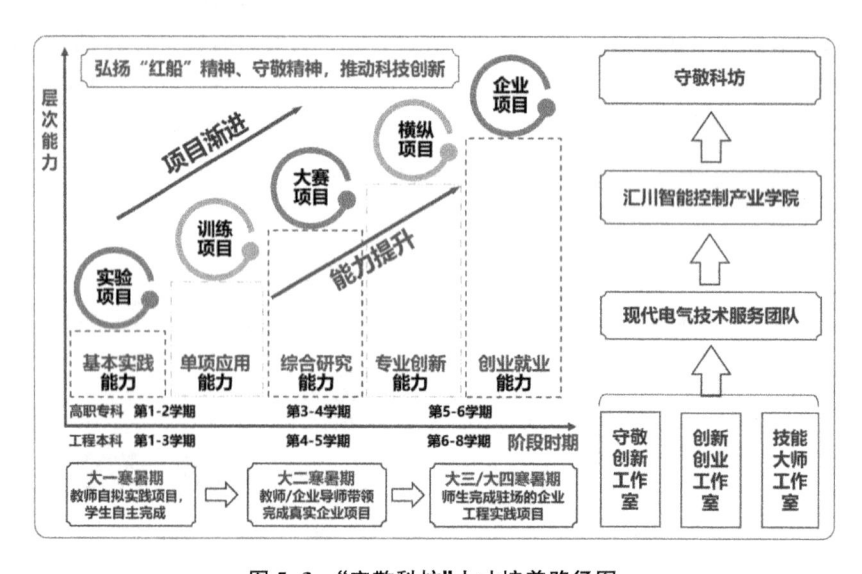

图5-3 "守敬科坊"人才培养路径图

在校外，在职业教育领域首创"设站进区"技术服务模式。深入邢台周边

及雄安新区县域工业园区设立 11 个"技术服务站",建立"政校企定期沟通""驻站巡站有机结合""服务记录备忘备案"等师生创新服务三机制,建成技术需求库、专家库、科技成果库,支持 11 个园区数百家中小微企业技术升级和产品研发。

面向冀中南制造业重点产业链主企业,实施链主企业承包制,打造"引企入校"校企创新联合体。将产业链一线产业技术与高端技术人才引进校园,3 批 30 家产业链链主企业长期入驻。师生在"进平台、进企业、进项目"的科研反哺教学、教学助力科研过程中,面向企业开展技术服务 320 项、帮助企业申请专利 150 件,参与企业技术研发项目 200 项,助力县域科技成果跃升、乡村产业振兴;学生工程实践能力、创新能力在实战中得到提升,获 2023 年"挑战杯"课外学术作品竞赛国奖、"互联网+"大学生双创大赛国赛金奖。

"内坊外站、引企入校"服务平台模式如图 5-4 所示。

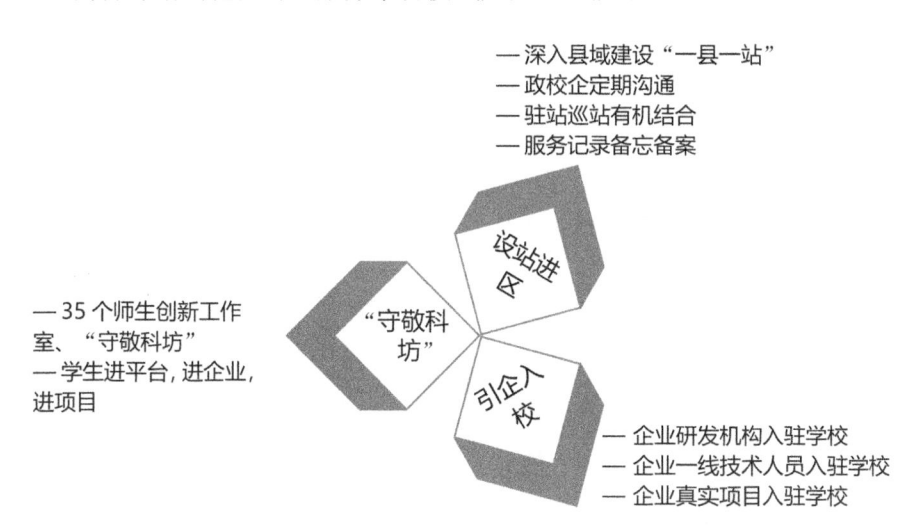

图 5-4 "内坊外站、引企入校"服务平台模式

3. 迭代"专家引领、校校联合"建设模式,产学研效能提质升级

吸纳高水平高校和科研机构科研优势及资源,促进高职院校科教融汇是提高职业教育适应性的关键要素。学校瞄准京津优势科研资源,引入"双一流"院校尖端力量,打造了系列产学研合作项目。2019 年柔性引进北京航空航天大学博导李运泽教授,组建高端科研团队,成立"先进热工与新能源技术研究中心";2022 年聘请俄罗斯自然科学院外籍院士檀润华教授,建设"河北省外国院士工

作站"(如图5-5所示),培育创新方法师资队伍,打造创新方法项目30余项;2023年柔性引进华北电力大学国家"优青"科研团队,指导科研平台开展高水平教科研工作;创新平台运行实现人才支撑、项目攻关、科研硬件和管理制度等四大保障。

联合邢台经济开发区等园区,学校探索了京津冀专家联合服务区域产业企业模式,实现校地合作项目量质齐升,打造了京津冀协同创新服务地方发展的亮点。近两年,省重点实验室和外国院士工作站师生承接京津科研项目30项,师生获批省市级纵向项目40余项、河北省大中学生科技创新能力培育专项14项,师生专利总数、成果转化量均居全省高职学校第一。学校教师在 *Nature Communications* 等权威期刊发表论文,结项北京冬奥会冰鞋科研专项,突破新能源汽车关键技术再获省科技进步奖。

图5-5　檀润华院士团队聘任及院士工作站成立仪式

四、以融提质创新"五融五进"路径，贡献高水平专业群建设范本

——打造高水平专业群典型案例

随着汽车"新四化"技术变革的到来，汽车专业人才的职业岗位能力和知识需求发生了深刻变化，且呈现出跨学科领域深度交叉融合的特点。如何创新专业群建设路径精准匹配汽车产业"新四化"发展趋势是我校建设中国特色高水平专业群需认真谋划和探索解决的重要问题。

汽车专业群携手整车及零部件"链主"企业，发挥其聚集产业资源的龙头优势，抓住专业群建设五个关键要件，创新"五融五进"路径，落实立德树人根本任务，着力提升专业群服务产业发展能力，面向产业新质生产力场景培养高层次技术技能人才，为高水平专业群建设提供可复制、可推广的范式参考。该范式被140多所国内外院校的同类专业借鉴与应用，应邀60多次在国内外大型会议交流推广，先后有90多所院校来学校进行专业群建设交流学习，为中国特色高水平专业群建设提供了实践范本。

1. 组群逻辑：融入产业新质场景，增进高端育人

适应汽车产业"新四化"布局，学校精准对接京津冀雄汽车产业发展对于新能源汽车、智能网联汽车、共享出行服务等方面的需求，以汽车产业学院为依托，开展汽车行业人才需求调研，形成汽车产业链人才需求调研报告。联合长城汽车股份有限公司人力资源部共同制订专业建设方案，聚焦企业急需和行业前沿，明晰汽车工程技术、新能源汽车工程技术、智能网联汽车工程技术、汽车服务工程技术的岗位定位，倒逼专业建设，同时建立专业动态调整机制，实现专业链与产业链紧密契合，校企合作"六协同机制"实践成果获河北省教学成果一等奖。

对接汽车制造与服务产业链中的原材料、技术开发、整车及零部件研发制造、后市场服务四大关键技术环节，由汽车工程技术、新能源汽车工程技术、智能网联汽车工程技术、汽车服务工程技术四个专业，组建本科引领的汽车专业群，专业群专业设置与区域产业对接度达到100%。汽车专业群组群逻辑如图5-6所示。

```
汽车
新四化  →  电动化    智能化    网联化    共享化

汽车
产业链  →  原材料   技术开发   整车及零部件研发制造   后市场服务

汽车
专业群  →  汽车工程技术  新能源汽车工程技术  智能网联汽车工程技术  汽车服务工程技术

职业
面向  →  面向汽车及零部件设计与试制、台架测试与试验、整车制造工艺设计、汽车性能测试与试验等岗位群 | 面向新能源汽车三电系统的机械设计、电气设计、工艺工装、产品测试、质量管理、技术支持等岗位群 | 面向智能网联汽车整车及零部件软硬件开发、仿真试验测试、工艺改进、生产管理、技术支持等岗位群 | 面向汽车性能检测评价、汽车故障诊断、汽车营销、汽车金融服务、共享出行服务等岗位
```

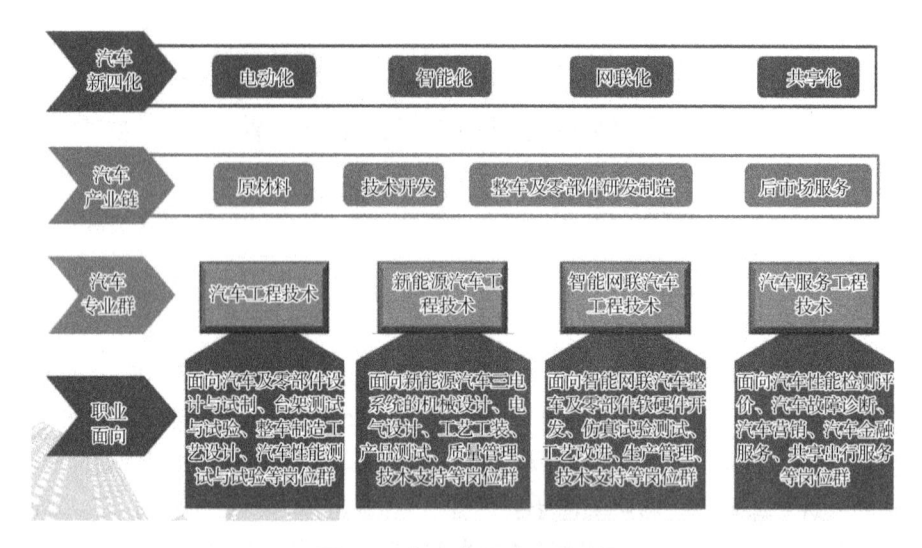

图 5-6 汽车专业群组群逻辑

2. 培养模式：融入产业链主需求，促进人人出彩

携手行业头部企业共建职业本科专业，秉持"重技术、重实践、重发展"的培养理念，形成校企学习场域本科培养方案，围绕链主企业对技术应用型人才和技术创新型人才的需求，匹配设计"高端定制""现场工程师""守敬科坊"三条发展路径，实施思政育德、军风育魂、文化育人、技术育才，动态调整人才培养方向，推动人才培养与企业需求精准对接，实现育人与育才的紧密结合。

与特斯拉等十大品牌车企开展高端定制人才订单班，有技艺绝活的技能大师传帮带培养企业急需人才；对接链主企业技术中试类综合性岗位，开设卓越现场工程师实验班，储备长城汽车质检和长征氢电重卡、昆易 VCU 测试的高层次技术技能人才；开展"守敬科坊"工作室培养技术创新战略人才模式，开发了校企精准对接的高素质创新型人才标准，引入企业项目、大赛项目，项目化贯穿培养未来技术领导者。专业群"三路径、四阶段"分流分类人才培养模式获河北省教学成果一等奖。双高建设期间，专业群学生获国家级奖项 15 项、省级奖项 23 项，近六成毕业生入职新能源与智能网联汽车领域的科技型企业，支撑了域内车企的转型升级。

3. 课程教学：融入产业先进技术，改进专业标准

依托校企合作项目及教学改革项目开展专业群教学资源建设，对接专业教

学标准、行业标准、技能大赛等级标准,将ADAS、高端传感器等汽车产业关键技术、绿色制造等新标准、共享出行等新规范融入教学内容,校企共建任务驱动、理实一体化式专业群课程教学资源,升级专业标准,从专业群建设源头规范校企共建、产教融合。

专业群牵头研制职业本科专业国家教学标准3个,并在全国汽车职教年会开展了标准宣贯,获得多方认可;联合长城汽车股份有限公司申报国家现场工程师专项培养计划,联合捷豹路虎等名企承接实施10项现代职业教育体系改革重点任务,迭代升级国家级专业教学资源库,建成全国首个汽车类职业本科专业教学资源库——新能源汽车工程技术专业教学资源库;建有国家精品在线课3门;入选国家规划教材8部并被320余所院校选用,其中3部教材推荐参评国家级优质教材。

4. 师资队伍:融入企业顶尖人才,精进双师结构

建立校企师资互通机制,柔性引进"链主"企业家、技术专家、技能大师等企业高层次人才,优化专业群师资结构,构建大师名师领衔的钻石结构校企混编双师队伍。培育"万人计划"教学名师、新时代国家级名师(名匠),引进外籍院士、专业领军人才、全国技术能手,引培企业技术专家、能工巧匠、技术骨干等各类专家,实行校企"双向导师"机制,互聘产业教授、企业导师,鼓励校企技术专家联合教学、共同攻关技术难题,建成国家首批教师教学创新团队,获评全国党建工作样板支部。

建设期间,专业群双师占比超过96%,教师教科研服务能力跃升,获得全国职业院校技能大赛教学能力大赛一等奖2项、三等奖1项,入选2020年全国职业院校技能大赛教学能力比赛优秀作品,面向全国200多所院校开展课堂教法改革培训,8 000多人次教师参与观摩研修;专业群师生自主研发的特种车辆变体车轮,获创新创业大赛全国铜奖,攻克军用保障车辆课外作业难题;校企双师团队联合攻关新能源商用车热管理关键技术获河北省科技进步奖;"超老师"汽车新媒体运营教师团队,拥有全网600万忠实观众,推介汽车专业知识,累计播放流量超10亿人次。

5. 平台基地:融入企业战略体系,推进服务产业

对接市域振兴"两汽一拖"发展战略,对接域内龙头企业技术创新战略体系,共建区域共享培训中心、生产性实训基地、产业技术科创平台。对接特斯拉、捷豹路虎等国际车企技术培训体系,共建区域新能源及智能网联汽车培训中心,建

成国内规模最大、功能最全的捷豹路虎培训中心，采用企业化运营管理模式，为学校和区域内汽车专业学生提供生产性实训，为企业员工提供培训，年均培训54 074人次。联合省内链主企业建成长城蜂巢传动、长征氢电重卡2个企业实践中心，实施高端定制培养、校企"双元"实践育人，培养面向新能源汽车紧缺领域的技术技能人才。建成国家级高水平汽车类产教融合实训基地、汽车专业省级职业技能大赛基地、汽车类专业"双师型"教师培养培训基地，累计培训"双师型"教师7 321人次。

经过五年的实践探索，"五融五进"建设高水平专业群取得了显著成效。汽车专业群与整车及零部件头部企业深度合作，共建国家级项目10余项，在人才培养、三教改革、资源开发、技术技能创新等方面有重大突破，取得了86项国家级标志性成果，建设域内首个车用先进复合材料重点实验室，先后申报和创立了5个技术创新中心，申报科研项目共计38项，共取得授权专利68项，实现技术成果转化共计13项，服务地方企业96家，实现技术服务到款1 611.43万元，有力支撑了域内整车及零部件产业向"新四化"转型发展。

五、构建"四五六"教师发展促进体系，培育高水平"双师型""金师"队伍

——打造高水平双师队伍项目案例

聚焦《国家职业教育改革实施方案》提出的深化"三教改革"任务，以及《深化新时代职业教育"双师型"教师队伍建设改革实施方案》提出的"培养造就高素质'双师型'教师队伍"目标，学校以教师能力提升为突破口，以培育"双师型""金师"为出发点，构建了特色教师发展促进体系：围绕"德—教—实—研"四维度搭建教师能力素质模型，划分"入职—发展—骨干—带头人—专家"五阶段，实施分层与个性化培养，以"标准—培训—比赛—诊改—激励—保障"六系统综合保障，不断提高双师教师队伍建设水平，职业教育"金师"培育取得显著成效。

1. 构建"四维度五阶段"模型，提供教师发展刻度尺

围绕有理想信念、有道德情操、有扎实学识、有仁爱之心、有教育家精神的"双师型"教师培养目标，借鉴亚太经合组织（APEC）的相关研究，学校从师德师风、教学能力、工程实践能力和教科研能力等四方面构建"德—教—实—研"教师能力模型，制定教师发展系列标准，加快提升教师新时代的教书育人能力素质。

基于"从新手到专家"的职业能力发展规律，学校将教师职业发展划分为"入职期—发展期—骨干期—带头人期—专家期"五个阶段（如图5-7所示），并确定了各阶段的达标标准。这为处于不同发展阶段的教师提供了"灯塔"和"刻度尺"，教师发展中心则指导教师准确定位自身发展现状、合理确定发展目标，逐步提升教师分阶段进阶的四维度"胜任力"。

2. 实施特色教师培训系统，提供教师发展全方位保障

基于教诊改理念及全面质量管理（简称"TQM"）方法，学校健全了教师发展促进体系：以目标标准系统为出发点，以教师培训系统为主体，以教学比赛系统为促进，以条件保障系统和制度激励系统为支撑，以诊断改进系统保良性运行。

在"纵向五阶段、横向四维度"的教师培训系统中，每个阶段均在四个能力

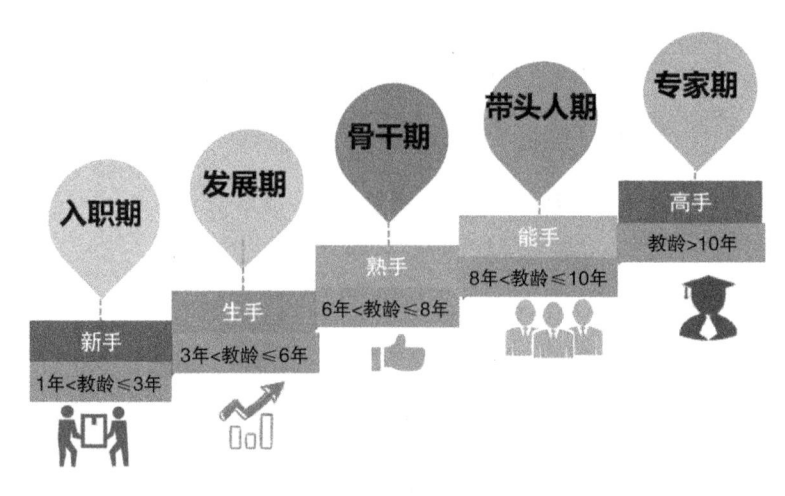

图 5-7　职教教师职业发展阶段划分图

维度上设置适宜的培训项目,每个能力维度均明确了牵头负责部门和指导"师傅",项目对应工作任务、内容聚焦系统方法、方式符合方法掌握规律,可帮助教师弥补差距、实现目标。如构建以技术为核心的递升型任务提升教师工程实践能力;对接技术专家职业成长历程,设置由技能训练到技术研发的 5 个发展性任务。其中,围绕课程体系开发、课程整体设计、课堂教学实施关键环节,教师发展中心贯通性设置 7 个培训项目,成果固化为河北省职业教育国培项目。

为全方位保障教师培育与发展的效果,学校制度激励系统在绩效考核、评优评先中设置教师发展阶段专项加分,为教师发展提供动力;诊断改进系统利用教师发展信息平台为教师进行"数据画像",提供检测与预警,服务"教师发展可见",实现个性化培训反馈;条件保障系统则致力培训项目开发及培训师团队建设,支撑体系顺利实施,实现全员覆盖和分层分类培育。这些支持与保障也解决了教师培训单一化、碎片化、不系统的问题。

3. 推进"126"精进工程,提供"双师型""金师"培育路径

在落地教师发展促进体系过程中,学校配套实施了"126"师资精进工程(即 1 个教师发展中心、2 类教师培养基地、6 类教师人员)。搭建从新教师、"双师型"教师、骨干教师到专业带头人等的金字塔式职业生涯发展路径,匹配开设卓越教师、专业带头人等 6 类师资培训班。依托双师教师培养培训基地、教师企业实践基地(流动站),创新"一企一师不断线""一课一兼职"机制,校企、内外互动

研修。同时,学校组建了由专业带头人、技能大师、产业顾问等名师名匠组成的汽车、服装、智能制造等领域结构化教师教学创新团队,实施跨组织团队管理,全方位支撑模块化教学,合力开展技术研发、产品升级、项目咨询等,也畅通了专业领军人物、技术技能大师跨界双路径成长通道。"一行动三工程"打造教师创新团队系统设计如图5-8所示。

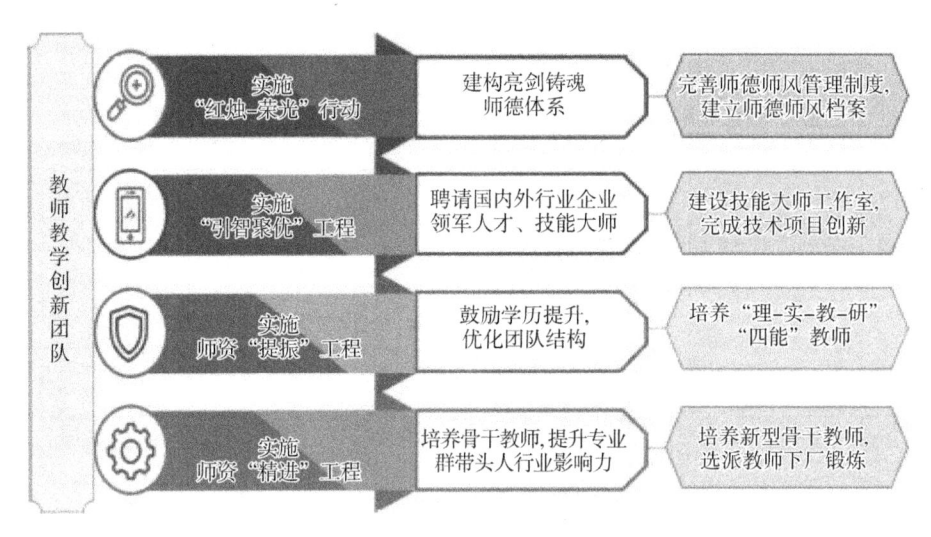

图 5-8　学校"一行动三工程"打造教师创新团队

得益于教师发展促进体系五年来的成功运行,学校打造了高水平"双师型"教师培育样板,引领了校企融通的结构化教师创新团队建设。建成国家级"双师型"教师培养培训基地2个、省级5个,培育国家级名师(名匠)、黄炎培杰出校长等国家级、省级人才12名;获全国职业院校教学能力比赛一等奖3项、二等奖4项、三等奖4项,总成绩位列全国高职院校第九位,如图5-9所示;获批国家级教师创新团队3个(含本科层次1个)、国家级课程思政教师团队1个、河北省黄大年式教师团队1支。教师发展促进体系案例入选教育部2022年教诊改典型案例集。学校连续两年入选高职院校教师发展指数优秀院校。

排序	学校名称	教学能力比赛 一等奖	教学能力比赛 二等奖	教学能力比赛 三等奖	技能大赛（高职组）一等奖	技能大赛（高职组）二等奖	技能大赛（高职组）三等奖	"互联网+"创新创业大赛 金奖	"互联网+"创新创业大赛 银奖	"互联网+"创新创业大赛 铜奖	加权得分	双高计划
		\multicolumn{13}{c}{"双高"建设以来，"三大国赛"获奖情况统计（高职）（2019-2022年）}
1	金华职业技术学院	12		1	18	28	16	1	8	9	222	学校A档
2	深圳职业技术学院		7		25	16	8	8	6	3	201	学校A档
3	重庆工程职业技术学院	2	1	2	12	11	14	1	3	14	120	专业群B档
4	重庆电子工程职业学院	4	3	2	6	9	10	5	5	2	108	学校B档
5	福建信息职业技术学院			3	12	14	16			6	101	专业群A档
6	江西外语外贸职业学院			4	4	14	5	3	6	21	98	专业群C档
6	陕西工业职业技术学院	1	3	2	7	11	27	1		5	98	学校A档
8	北京电子科技职业学院	5	6	3	5	11	13			5	95	学校A档
9	河北科技工程职业技术大学	3	4	4	3	9	19		3	11	90	专业群A档
10	潍坊职业学院		1		11	9	3	1	5	8	89	专业群B档

图 5-9 学校参加 2019—2022 年全国职业院校教学能力比赛获奖成绩

六、"四个共建"深化校企命运共同体，科教融汇推动服装产业高端转型

——提升校企合作水平典型案例

河北科技工程职业技术大学以牵头成立的河北省纺织服装职业教育集团、际华服装产业学院为支撑，依托发展改革委创意设计产业协同创新发展中心项目，校企协同推进"四个共建"，深化产教融合、科教融汇，共育中国特色现代学徒、职业本科高层次技术技能人才。近三年服务地方高成长型骨干企业比例近26%，推动区域服装产业由传统加工向高端设计研发转型。校企协同育人项目获评教育部产教融合校企合作典型案例，学校连续三年获评高职院校服务贡献典型学校。

1. 共建际华服装学院，打造共同体促进产教融合

学校和际华集团股份有限公司共建了际华服装学院，依托产业学院，校企双主体的办学由"单方需求与被动供给"深化为"双方深层次融合与供需平衡"。

一是按照"八个一"标准共建产业学院，包括：一个多元主体的理事会、一个创新研发基地、一个工学交替实训基地、一个以上技能大师、一支双向流通的教学与服务团队、一个以上高水平的专业教学标准、一个数字化专业教学资源库、一个专业群特色文化，以此打造校企命运共同体。

二是构建"人才共育、过程共管、成果共享、责任共担"的合作模式。学校设立"校中厂"，企业提供"厂中校"，以真实项目教学形式发布生产或研发任务，实岗育人。该模式后续拓展至冀中南区域智能制造、新能源汽车、智能控制、新交通建设等近10个领域产业学院的建设，成为促进高职教育与区域经济发展需求相适应的重要途径。

2. 共建协同创新中心，依托工作室深化工学结合

联合际华集团等知名企业共建创意设计产业协同创新发展中心，按照企业运作模式构建了"学生主体、课工接续、需求导向"的工作室管理运行机制，年均服务100余家中小微企业技术升级与产品研发，成为冀中南最有影响力的开放

性、共享型产教融合实训基地。

一是企业冠名、校企共建，工作室成为产教互通桥梁。际华、热风、安踏等知名企业在校内设立18个工作室，企业提供真实的服装款式设计和样板开发任务，工作室教师将其转化为教学项目，带领学生经历完整工作过程，在真实情境中将"教-学-研-用"融为一体。

二是"两方四向八步走"，工作室运行机制规范工学交替。中心实施"2-4-8-N"职业方向工作室工分置换运行系统（如图5-10所示），通过"学习学分＋工作学分"的置换式管理衔接课程学习和工作室任务，真题真做、真题仿做，提升学生岗位综合职业能力，在校生"挣工分"现象成为服装类专业育人的特色风景。

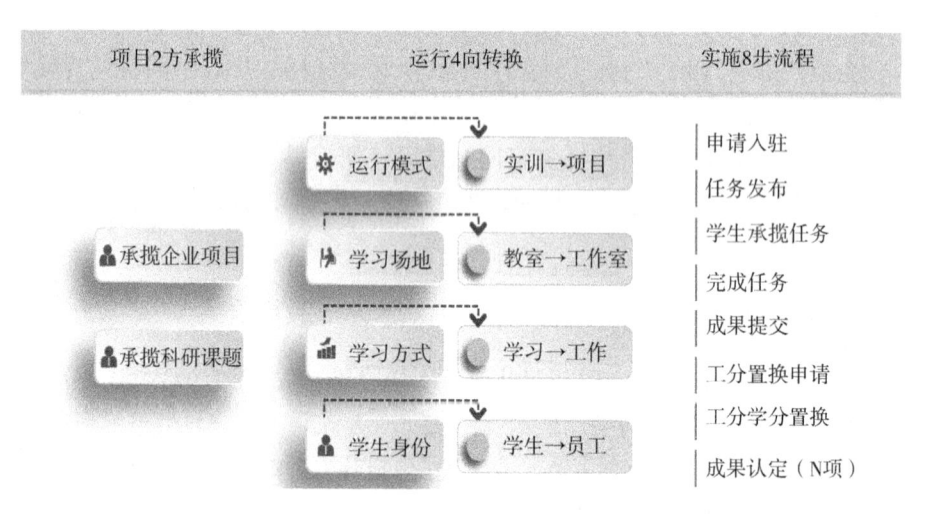

图5-10 "2-4-8-N"职业方向工作室工分置换运行系统

3. 共建学徒培养试点，创新机制促进互联互通

学校同际华三五〇二职业装有限公司联合开设了服装设计与工艺现代学徒制试点专业，创新了特色鲜明的"双轨互通、三段递进"学徒培养模式。

一是架双轨联通校企，互通式教学打破工学壁垒。校企之间架设了五条合作培养轨道，搭建了"双生源、双导师、双标准、双考核、双证书"共育平台，校企深度合作，共同培养复合型技术技能人才（如图5-11所示）。

二是筑三段成就工匠，递进式培养打造德技尖兵。在企业课程构建过程中，采用了"悟""精""承"三段递进教学设计（如图5-12所示），在学徒的工作态度、岗位能力、职业素养等方面总结了三阶段阶梯式培养的做法，解决了"只融不通""重技轻德"的问题。

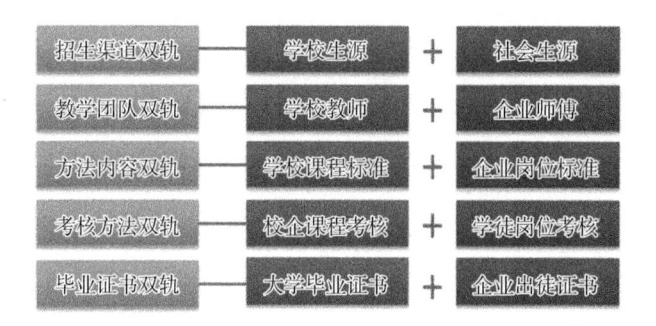

图 5-11 中国特色学徒制"双轨互通式"教学设计

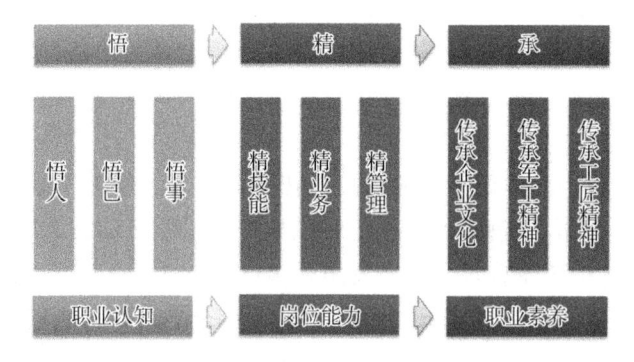

图 5-12 中国特色学徒制"三段递进式"企业课程设计

4. 共建科技研发平台,技术创新推动服装产业转型

以产业需求为导向,共建产业高端科研平台,着力推进军民两用技术的应用创新与转化,积极服务传统服装产业向后端设计、前端研发的高附加值、深加工方向转型。

一是突出军民融合特色,发力军民两用技术应用创新。政校企多方共建军警特种服新技术研究所,聘请军事科学院、公安部警用装备研究所资深专家开展高端防护服、军警特种服等研究,紧随产业前沿技术应用与转化。与军队保障性企业共建军教融合工作坊,引聘军工(军队保障性)企业导师,共建"专家型"双师教学创新团队,培育转化实践教学项目,科研反哺教学,培育军民两用高层次、复合型技术人才。

二是校企协同创新,服务传统服装产业转型升级。瞄准服装私人定制、服装团体定制、服装智能制造等五个方向创新研究,创建河北省服装个性化定制技术创新中心,助推清河羊绒深加工产业链实现以用户为中心的个性化、柔性化定制生产。融入冀中南棉纺织深加工产业链,设立雄安新区创新服务工作站,协助雄源服装、际华三五四三等雄安新区企业建立新产品研发中心,创新创意服装设计,助推其由"制衣车间"向引领潮流的时装制造升级。

5. 产教互融成果丰硕,服务产业转型升级能力增强

一是创新能力强,校企对接教科研资源成果丰硕。近两年创意设计产业协同创新发展中心完成创意设计类科研项目27项,横向课题66项,技术服务到款548.5万元,实施技术培训5 000余人次。开发了学生装棉服标准等,完成系列珠宝首饰非遗文创产品设计,携手天津鞋企开发老年脚型数据库等。获批教育部人文社科研究重点项目1项;出版标准规范2部,入选国家规划教材3部;入选国家级精品在线课程2门,建成省级专业教学资源库1个,受邀为国家开放大学开发课程6门;获全国职业院校教学能力比赛国奖2项,意大利"金剪刀"大师赛银奖1项。

二是发展特色亮,担当军民两用技术转化探路者。围绕工业用防护服产品研发,设计了阻燃服、防静电服、防飞溅服、电焊防护服等四类共8个系列产品。联合青岛思迈防护科技有限公司开发防弹服产品款式,携手河北润泰救援装备科技有限公司开发医用防护服,在疫情防控、军警巡查防护等领域实现协同技术创新;立项北京冬奥会科研专项"基于生物力学研究的订制化速滑冰刀鞋研发与应用",并荣获省级科研优秀案例。

七、打造市域产教融合新场景，在服务地方产业链提质升级上担当有为

——提升服务发展水平典型案例

产教融合是深化现代职业教育体系改革的关键任务，是实现"产业链、教育链、供应链、人才链、价值链"五链贯通融合的重要路径。紧密对接冀南经济社会发展需求，学校扎根太行大地办学，探索出了享誉全国的职业教育"邢台模式"。紧跟党中央职业教育工作部署，学校与邢台经济开发区共建市域产教联合体（以下简称"联合体"），针对园区装备制造、新能源等产业技能人才需求"量大类别多"、技术创新需求"面广频度高"、员工提升需求"点散变化快"等特征，创新"互融共生"运行机制，在技术技能人才培养、科技创新与服务、技能培训与继续教育等方面积极响应，向实向深打造产教融合生态圈，实现服务市域产业提质增效，打造了精准助推市域产业链延链补链强链的样板。

1. 构建"三中心"梯次培养体系，适配"量大类别多"人才需求

邢台经济开发区处在全产业链发展的关键期，产业创新驱动下，不同层次和不同专业的技能人才、技术人才需求量大。政校携手建设冀中南中小企业人才供需信息中心，畅通供需两端资源，为学科专业动态调整、人才需求快速响应提供资讯服务和重要依据，实现区域产业链、教育链、人才链等要素信息共享、互补。

依托职普融通试点项目打造市域协同教育中心，围绕开发区主导产业精准布局，晶澳、中煤旭阳等龙头企业深度参与，进行同领域、分阶段、一体化专业布点，专业布局与园区产业结构紧密对接。试点"3+4""2+2+2"等"中—高—本"三段贯通培养模式，创新校企协同育人模式，实施现场工程师、特色学徒制等校企"双导师、双场域、双评价"联合培养，年均分类培养"中—高—本"不同层次、规格适配的技术技能人才2万人。

产教融合试点项目牵引打造高水平实践中心，校企共建国家级发展改革委产教融合发展工程项目、省级产教融合型实训基地（中心）等产教融合实践中心21个，统筹园区企业岗位实践和学校课程教学计划，促进优质产学研资源深度

融通。实现了20%以上的学生深度参与技术创新项目，100%的学生全过程参与产业活动，约20%的毕业生成功进入五百强企业就业，就业率保持99%以上，用人单位满意度连续多年达98%以上。

2. 创新"一站两院一市场"服务模式，契合"面广频次高"技术需求

园区平台软实力不断增强的背景下，以创新培育新的增长点成为产业强链的关键举措。学校牵头搭建"一站两院一市场"科技服务平台，创新"ERM"机制（即紧急响应机制），实施"需求触发、快速响应、团队介入、高效解决"服务。

下沉县域运行科技服务工作站11个，启动百名企业服务专家计划，开展从需求对接、方向布局、任务承接、团队组建、协同攻关到成果转化的全链条有组织技术服务。建立"政校企定期沟通""驻站巡站有机结合""服务记录备忘备案"创新服务三机制，常态化驻站巡站解决联合体企业技术升级、工艺改进等技术服务"最后一公里"问题，"伴生式"服务园区上百家中小微企业技术升级和产品研发，学校年度技术服务到款超2 000万元。科技服务站"设站进区"如图5-13所示。

图5-13 科技服务站"设站进区"县域分布图

针对园区产业技术亟须突破共性核心技术的需求，联合体携手河北省科学院、河北工业大学等科研机构、双一流高校，建设智能制造、新能源两个科创研究院，实现"产业出题—院校解题—政府助题"，解决了开发区中高端装备制造、应急救援、新材料、新能源等5个主导产业部分共性难题。如现代电气技术博士团队为润泰救援装备开发"消防车A类泡沫车载控制器电路"，项目提升企业年经

济效益 500 万元。

对接产业前沿构建技术交易大市场和中试基地,学校牵头开展了 30 余项成果中试,构建"直通式"成果转化机制,促进科技成果熟化及二次开发。近五年,学校累计为开发区对接发明专利 90 件,成果转化项目数增幅 300%、到款额增幅 242.5%,建成冀南区域全链条成果孵化基地,赋能市域产业产品创新与技术增效,获 2023 年国家知识产权局全国典型案例。

近五年,学校完成联合体内企业技术攻关与服务 400 项,服务区域高新技术企业比例达 25%,年均提升企业经济产值效益 5 000 万元。协助中钢集团邢台机械轧辊有限公司(以下简称中钢邢机)、纳科诺尔等本地龙头企业建设智慧工厂、技术中心,支持德龙集团、中煤旭阳等"冀军"龙头企业优质产能"走出去"。

3. 创新"定制＋菜单"一站式培训模式,满足"点散变化快"培训需求

针对单个企业实施员工培训易出现"校热企冷"的问题,联合体整合员工成长培训需求,联合晶澳、中钢邢机等头部企业,共建高技能员工培训中心,打造"定制式＋菜单式"培训模式。建立员工培训、技能鉴定、"专本"课程之间学分互认转换标准,满足企业人力资源开发不同阶段的成长需要。

依托员工培训中心,针对企业岗前、岗中、岗后人力资源发展需求,创新"线上交互＋线下送教、育训后跟踪到岗、继续教育再规划"的"一站式"服务模式。开设"学历＋技能培训"企业定制班,开发学历与技能"双课程",提供"定制式"人力资源再开发解决方案,促进培训链精准对接岗位链。如图 5-14 所示。

近五年,学校主动担当冀南技能型"社会建设桥头堡"、市域产业人力开发的"续航能量补给站",建成国家级高技能人才培训基地 3 个,开设企业定制班 77 个(含 500 强德龙集团海外员工定制班),培训专技人才 2 万人,年度培训到款额达 1 301 万元。《光明日报》《中国教育报》分别报道了学校协助市域企业人力再开发、助力雄安新区建设的典型经验。

近五年,学校支持地方 7 个县域完成科技创新跃升计划,数量位于全省前列,加速了邢台市中高端制造业聚集城市的建成,助推了全国产业转型升级试验区的建设。学校连续三年入选《中国职业教育质量年度报告》全国高职院校服务贡献典型学校、服务贡献卓越高职学校,如图 5-15 所示。

图 5-14　学校组织龙头企业海外员工定制式、菜单式培训

图 5-15　学校入围《2023 中国职业教育质量年度报告》三大榜单

八、持续更新塑造学校治理新风貌，推进职业大学治理能力现代化

——提升学校治理水平典型案例

近年来，学校响应国家治理现代化改革要求，围绕职业本科学校建设新要求，坚持和完善党委领导下的校长负责制，围绕培养德智体美劳全面发展的社会主义建设者和接班人的根本任务，完善以章程为核心的现代大学治理体系，搭建"党委核心、内外融合、递进优化"的治理架构，通过师生合作参与、企业联合办学、政府部门协作等协同创新，增强共同治理能力，有力推进了院校治理能力现代化。院校治理案例被全文收录进《中国高职院校治理现代化报告（2022）》，学校入选2020年全国高等职业院校治理体系建设优秀案例50强、2022年高等职业院校治理体系建设典型院校，如图5-16所示。

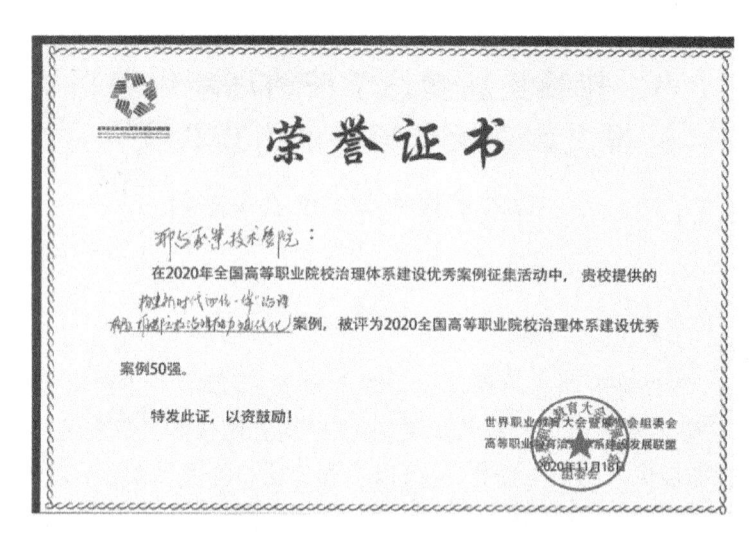

图 5-16　入选 2020 年、2022 年全国高职院校治理体系建设优秀案例

1. 优化现代大学治理结构，激发办学活力

围绕立德树人根本任务和职业本科学校建设标准，完善组织机构和岗位设置，切实做到分事行权、分岗设权、分级授权、定期轮岗。加强二级系部决策自主，修订《河北科技工程职业技术大学两级管理规定》，制定"院为实体"建设方案，促进管理重心下移，在教育教学、人事分配、科研管理和财务资产等方面进一步扩大二级系部办学自主权。实施职业本科教育改革，深化"分类管理、分级考核"人事分配制度改革，探索职称"评聘分离、能上能下"制度改革，营造人才"引得进、留得住、用得好"的用人环境。健全学术委员会、专业建设委员会、教学指导委员会、教材选用委员会等学术组织，完善各个委员会章程，确保学术权力与行政权力界限清晰，发挥专家治学功能（如图 5-17 所示）。统筹全校信息化基础设施建设，构建校园大数据体系，依托"智慧科工大"校园信息化平台，构建全覆盖的数据采集布局，形成内外联动的校园大数据体系，为学校管理决策提供依据。

图 5-17　学校召开年度教职工代表大会、学术委员会等

2. 完善现代大学治理制度，推进依法依规治校

坚持党委领导下的校长负责制，健全党委统一领导，根据《高等学校章程制定暂行办法》，修订《科工大章程》，完善《党委会议事规则》《校长办公会议事规则》，确保政治权力与行政权力界限清晰、责权统一，建立健全自主管理、自我约束的体制机制和制度体系。开展校内规章制度的全面梳理和修订完善工作，建设科工大规章制度管理系统(图 5-18)，对党建、教学、科研、人事、财务、后勤等方面的管理制度进行了"留、废、改、立"，编印《科工大制度汇编》，极大地推动了管理工作的制度化、规范化和科学化建设。在制度建设的过程中，坚持实事求是的原则，广泛吸纳教职工意见，融入特色、实践、法治的制度建设精髓，切实实现了理论联系实际，着力规范解决办学问题，突出办学特色的制度建设目标，全面提升了学校依法依规办学的管理水平。

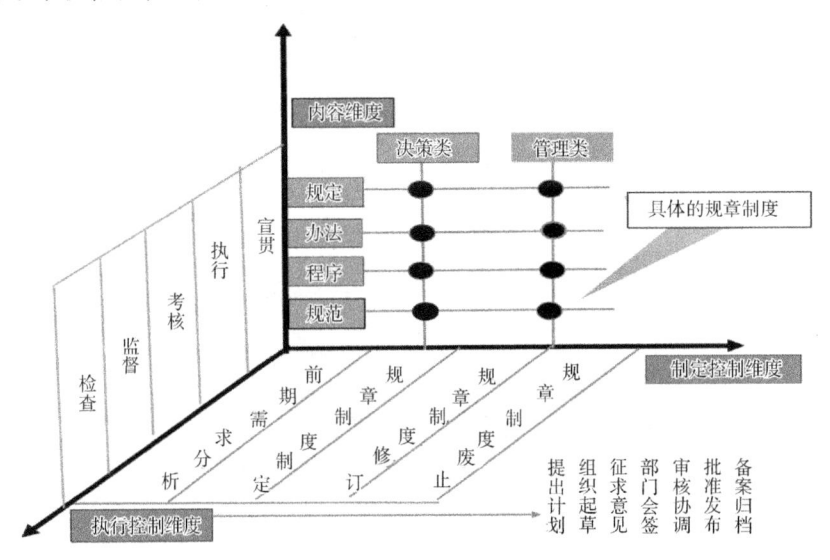

图 5-18　学校规章制度管理系统体系图

3. 创新现代大学治理路径,探索多元共治

按照"公办主导、市场参与、主体多元、国际合作"的思路,探索建立公有股份制、混合所有制的产教融合办学实体和产教融合平台,创新校企合作、国际合作协同育人机制。健全学校、行业、企业、社区等共同参与的学校理事会,健全理事会运行机制,充分发挥咨询、协商、议事和监督等外部治理作用,打造促进产学研紧密结合、共商合作发展建设事项的机构和平台,如图 5-19 所示。2012 年率先与际华服装集团校企共建"际华服装学院",探索二级学院理事会管理体制,组建

图 5-19 多元社会主体参与学校治理图

了由主管部门、地方政府、学校、合作企业、教师、学生、校友为代表的理事会,为后续开展多元主体办学奠定了良好基础。2019年以来校企联合共建混合所有制产业学院——路桥产业学院、鲲鹏产业学院、长城汽车产业学院、新大陆物联网产业学院、SMC智能制造产业学院、汇川智能控制产业学院等,以专业群为基础,校企成立产业学院理事会,探索校企新型合作模式,形成了良性的运行机制。充分发挥"双代会"在院校民主建设中的作用,建立健全《工会工作细则》《教职工代表大会工作细则》等规章制度,充分发挥了工会、教代会的民主管理、民主监督职责。

4. 营造现代大学治理文化,推进文化育人

坚持开放办学理念,系统建立全面对外开放、对师生开放的思想、制度、机制和平台体系,营造浓厚创新文化氛围,促进学校创新发展。对师生建立"开放包容、鼓励创新"的总体制度和激励机制,形成科研基地和科研创新项目,向学生开放师生协同创新机制,搭建开放式创新实验室和学生创新创业孵化平台。推进国际交流中心建设,大力引进国际先进教育资源,推动优质资源对外输出,提升学校国际化办学水平。发扬军队院校管理传统,探索出党建引领、军风塑行、文化铸魂的"三三三"学生教育管理模式,用好党建思政教育的学生辅导员队伍、教工党员包班队伍和学生带班员队伍三支队伍,推行军风塑行的一日生活、学生带班员和5S精细化管理三项制度,融汇铸造人格的军队文化、企业文化和郭守敬科技文化等三种文化,实现党建引领学生政治方向,军人作风伴随学生成长,特色文化培养意志品质。军风育人校园文化建设如图5-20所示。

图5-20 军风育人校园文化建设

近年来,学校坚持以习近平新时代中国特色社会主义思想为指导,围绕"高水平建设、高质量发展"办学目标强基固本、量质并重、稳中求进,取得了突出成

绩:学校成为全国创新创业深化改革示范校"国家优质校"和国家"双高计划"建设单位,入选全国职业院校教学管理、服务贡献、育人成效、创新创业等6个50强,合并转设成为职业本科学校,综合实力跃升明显,发展动力更加强劲,品牌特色进一步彰显。《光明日报》《中国青年报》《中国教育报》以及新华社等各级各类主流媒体近800次报道学校办学情况和办学成就,学校美誉度和影响力进一步增强。

九、锚定个性化学习变革，打造智慧教育教学新生态

——提升信息化水平典型案例

教育数字化转型成为全教育领域需高度重视并面对的新趋势，以新一代信息技术为代表的数字智能技术已经渗透到职业教育全过程，让因材施教、个性化学习成为可能，给传统教学模式、资源条件建设带来了诸多挑战。

学校深入贯彻落实国家教育数字化战略行动，坚持"平台为基、内容为本、应用为王"的核心理念，以促进大规模个性化学习为目标，依托智慧校园建设，以建设智慧教学管理决策平台为支撑，以提升师生信息素养和数字化适应能力为核心，"建用结合"构建跨界互联的优质数字资源体系，聚焦虚拟课堂、虚拟仿真实训、虚拟教研室等应用场景，深化三教改革，打造数字教育新生态。2023年学校获批教育部首批职业院校数字校园建设试点院校、首批数字校园建设省级示范校、省职业教育信息化标杆校。

1. 平台为基：升级智慧邢职 2.0 打造教育大数据中枢

"智慧邢职2.0"以数据为中心，升级硬件及系统，整合系统打通数据孤岛，跨界融合联通物理空间和数字空间，汇集教育教学大数据，精准化支撑教学管理决策。

一是升级校园信息化网络硬件及系统。以《智慧校园建设"十四五"规划》为指导，学校筹资投入2 000万元，以教育新基建为方向，新增虚拟和物理服务器50余台，完成IPv6链路升级改造，建成云探系统，搭建超融合平台，全面升级校园信息化网络硬件和资源管理系统。

二是内外数据互联完成一体化系统整合。自2022年开始积极参与数字校园试点，全面梳理学校、专业、教师和学生数据，向外对接全国职业教育智慧大脑院校平台，实现85张表格数据直连、信息直达；对内整合校内独立运转的30余个业务系统，消除信息孤岛、冗余数据，通过统一身份认证，一体化、交互式呈现教育教学数据，主动服务部门业务管理需求，推动教育决策由经验驱动向数据驱动转变。

三是智慧物联延展学习空间汇集场景数据。理论和实训学习空间从物理现实延展到数字虚拟,虚实学习空间互通互联。学校新增智慧教室60间、智能化升级多媒体教室110间,校企共建虚拟仿真实训中心14个。智慧学习空间终端连接智慧校园教学管理服务平台,上课全程自动生成录像视频,上传至学习空间,学生可根据个人需求反复观看教学内容。采用超星学习通实现13 000人次实践环节的数字化管理,启用维普毕业设计平台,结合企业岗位实习场景数据,规范毕业实习管理,强化毕业设计环节,严把人才培养出口质量。

2. 内容为本:构建资源互联体系勾勒个性化学习路径

以人才培养需求为牵引,建成内网应用、外网融合的"科工大在线学习体系"(图5-21),推动职业教育优质数字资源开发建设、交互应用与开放共享,构建形成了资源颗粒化、能力模块化、路径图谱化的个性化学习生态。

图 5-21 学校建成集在线课、专业教学资源库为一体的在线学习体系

一是需求牵引搭建三级优质课程资源开放共享。学校三年累计投入600多万元,牵头、参建9个国家级专业教学资源库,主持10个省级专业(群)教学资源库;校企协同推进数字资源建设与应用,建设了8门国家级、71门省级、126门校级在线精品课程,形成了"校—省—国"三级递进的优质课程资源开放共享机制,构建了"科工大在线学习体系"。在国家智慧教育平台共享优质课程133门,累计学习用户超192万人次。同时链接全网慕课平台的优质资源,鼓励教师使用资源及吸收养分、创新优化课程建设。获评国家级在线精品课8门、省级在线精

品课程 71 门、省级虚拟仿真实训课程 2 门;获批教育部中外语言交流合作中心教学资源库项目,优质数字化教学资源分享至"一带一路"沿线国家。

二是专业数字化改造勾勒能力图谱化学习路径。一方面,学校动态调整专业布局,新增人工智能技术应用等 17 个专业,融入专业群组建,构建形成信息技术为支撑的专业集群体系。另一方面,开展"信息技术+"专业升级,除了升级专业教学条件之外,每个专业借用知识图谱的方式对专业核心教学资源勾勒了个性化学习路径。在完成颗粒化资源的基础上,按照核心专业能力完成模块化重构,以图谱形式构建多元化的学习路径,形象清晰地表达专业人才培养目标的实现过程,助力不同层次学生依据自我实际情况实现个性化选择。

3. 应用为王:聚焦场景革命重构智慧教学课堂新生态

针对数字时代教育领域涌现出的在线课堂、虚拟课堂、虚拟仿真实训、虚拟教研室等教学新场景,以提升教学效能为目标,开展"五化"模式改革,提升教师信息化教学及创新能力,场景化革命赋能教学,打造智慧教学课堂新生态。

一是"五化"改革提升课堂教学效能。学校新增超星"一平三端"系统,联结教师、学生、教室、实训,以线上线下混合式教学为形式,实施"五化"教学模式改革,即教学组织小班化、教学内容项目化、教学空间场景化、教学评价结构化、教学过程信息化,利用智慧课堂环境提高学生的学习效率和质量。百分百专业课程在理实一体化场景实施线上线下混合式教学,形成了"六环八步""双擎四驱"等一批教师信息化教学创新成果,教师获全国职业院校教学能力比赛一等奖 3 项、二等奖 4 项,100 余人次教师在全国性课程研讨会上分享经验。

二是全面促进教师信息化教学及创新能力。学校拓展教师发展中心"线上学习共同体",与全国高校教师网络培训中心合作开设校本网络研修中心,培养胜任智慧教学时代的"未来职教教师"。建成 20 个校外教师培训研修基地,服务教师在线研修学习。70% 专任教师、30% 校外兼职教师系统地接受了信息化教学培训,近 400 名骨干教师深度参与在线课程建设、专业教学资源库建设。教师在教学实践中组建团队大胆创新,开展网络联合教研,攻关智能美育教学、数字化赋能劳动教育、信息化支撑学生综合素质评价等教学创新实践课题,学校连续三届获得国家级职业教育教师教学创新团队。

十、主动服务"职教出海"行稳致远 以改革创新打开职业教育国际化新天地

——提升国际化水平典型案例

教育国际化是高职院校建设的重要策略,是提高学校建设基础、接轨国际标准、激发学校办学活力的有效渠道。学校在教育对外发展的过程中,以服务"一带一路"共建、打造学校对外开放新高地为指导,布局境外办学发展格局;以核心专业群为标杆,完善优质教学资源;以区域需求为导向,探索校企协同发展,培养国际化技术技能人才。

1. 服务开放办学,成为共建"一带一路"的"参与者"

在"双高"建设背景下,学校服务国家政策发展大局,将内涵发展与服务"一带一路"共建紧密结合,使教育国际化成为学校发展的有机组成部分,提高教育输出质量,不断探索海外办学道路。一是发展海外办学项目。自与泰国敏布理技术学院创办第一家海外"守敬科坊"——中泰语言与技术中心以来,学校立足资源优势,陆续与素叻他尼技术学院共建"中泰汽车产业学院""长城汽车泰国人才培养基地"等海外办学项目,提高了学校教育影响力,服务当地社会发展。二是强化国际化内涵建设。选派专业教师和汉语教师赴海外教学,以"中文+职业技能"这一特色方式培养当地人才;搭建多元化境外培训项目,选派骨干教师参加学术交流、课程研讨会等国际活动,组织装备制造类专业教师连续多年参加德国施马卡尔登应用技术大学"国际工程周"学术研讨会,提升教师双语教学能力和国际素养。三是创建多元化交流舞台。深化国际交流,为学生定制多样化国际交流项目。汽车工程系学生参加俄罗斯多所理工大学汽车知识专业培训,扩展专业知识储备;建筑工程系、汽车工程系等多名学生参加大学生海外实习交流活动。丰富多彩的国际交流活动拓宽了学生国际视野,增强了人才培养国际竞争力。

2. 强化内涵,成为教学资源中国标准的"输出者"

依照合作院校教学标准,学校积极打造多元化、多平台、多形式的境外培训模式,共建专业教学资源。一是创建国际师资培训系列活动。学校以专业发展

为目标,以课程建设为导向,以"小组+个人"的方式开展多专业、多样化师资培训,累计开展培训3 500余人次。针对合作院校专业发展需求,学校发挥专业优势,为泰国、柬埔寨、老挝等国家开展旗袍技术、电子商务、新能源汽车等专业系列培训,培训课程获得合作院校认定,输出电子商务、新能源汽车技术、无人机等课程标准,并纳入合作院校教学大纲,是河北省首家为"一带一路"共建国家开展职业教育培训的高职院校。

二是建设双语课程资源。学校注重教育资源的数字化输出,建设建筑实用中文数字教材项目,推广国际中文教育,充实对外教育资源;依托境外办学项目,建设中泰汽车产业学院课程资源库,完成新能源汽车技术中泰双语课程资源200余个,为教育输出注入发展动力。

3. 授人以渔,做"中文+职业技能"的"探索者"

高职院校开展留学教育是海外技术、技能人才培养最直接的途径之一,是提高学校教育国际化水平的有效方式。学校以服务共建"一带一路"技术技能人才需求为导向,深化"专业+语言"国际化应用人才培养,推进"强中文+拓技能+融文化"(图5-22)的留学生教育教学模式创新。自2017年学校招收留学生以

图5-22 学校开展"中文+职业技能"教育活动图

来,累计培养来自喀麦隆、泰国等国家留学生100余名,开展中泰学生"汉语角"、与美国中弗吉尼亚社区学院开展汉语"一对一"帮扶学习,举办剪纸、京剧脸谱制作、陶艺手工艺等传统文化体验活动,线上线下开展"中文＋职业技能"培训7 500余人次,以"汉语素养塑造＋专业技术能力＋职业综合能力"的人才培养模式提升国际化人才培养质量,以"中华文化＋职业认知"的育人体系培养知华、友华的国际化复合型技术技能人才,为学生的全面化、个性化、最大化成长提供多元教学供给,实现留学生融合培养,实现文化交流和技能互通。

4. 凝心聚力,做企业海外发展的"服务者"

学校立足区域经济发展,对接行业企业发展需求,探索跨境合作,建立"订单式"校企合作海外人才培养方式。联合海外中资企业和泰国合作院校,共建"长城班"人才培养基地,系统培养服务当地经济建设的专业化技能型人才;发挥技能优势,联合头部企业,为中煤旭阳、德信钢铁等"走出去"中资企业开展"中文＋冶金""中文＋钢铁"项目培训,累计开展培训20 000余人次,开展学生服务"走出去"企业实习6 000余人次,借助校企双方的影响力共同搭建校企合作的交流平台,将企业技术实践反哺课堂教学,深化产教融合的深度和广度。

学校积极构建新时代高职国际交流平台,在探索对外发展的道路中,为"一带一路"共建国家建设发展输出"科工大"方案。获批河北省"中文＋职业技能"国际教育实践基地,中泰语言与技术中心入选"中国-东盟高职院校特色合作项目",泰国敏布理技术学院的中文教室被泰国职教委评为"最美中文教室",中泰汽车产业学院课程资源库、建筑实用中文数字教材项目入选教育部中外语言交流合作中心建设项目立项,如图5-23所示;连续四年获得河北省教育文化国际交流与合作协会国际教育交流先进集体,连续五年获得世界职教大会国际交流优秀案例,打造了学校国际化发展道路上的品牌名片。

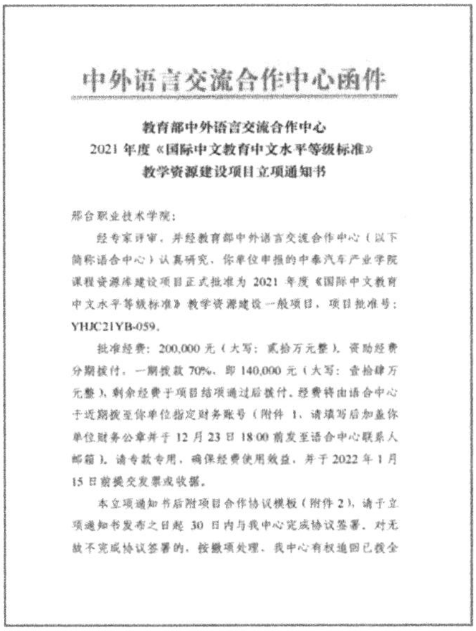

中外语言交流合作中心函件

教育部中外语言交流合作中心
2021 年度《国际中文教育中文水平等级标准》
教学资源建设项目立项通知书

邢台职业技术学院：

经专家评审，并经教育部中外语言交流合作中心（以下简称语合中心）认真研究，你单位申报的中泰汽车产业学院课程资源库建设项目正式批准为 2021 年度《国际中文教育中文水平等级标准》教学资源建设一般项目，项目批准号：YHJC21YB-059。

批准经费：200,000 元（大写：贰拾万元整）。资助经费分期拨付，一期拨款 70%，即 140,000 元（大写：壹拾肆万元整），剩余经费于项目结项通过后拨付。经费将由语合中心于近期拨至你单位指定财务账号（附件 1，请填写后加盖你单位财务公章并于 12 月 23 日 18:00 前发至语合中心联系人邮箱）。请专款专用，确保经费使用效益，并于 2022 年 1 月 15 日前提交发票或收据。

本立项通知书后附项目合作协议模板（附件 2），请于立项通知书发布之日起 30 日内与我中心完成协议签署。对无故不完成协议签署的，按撤项处理，我中心有权追回已拨全

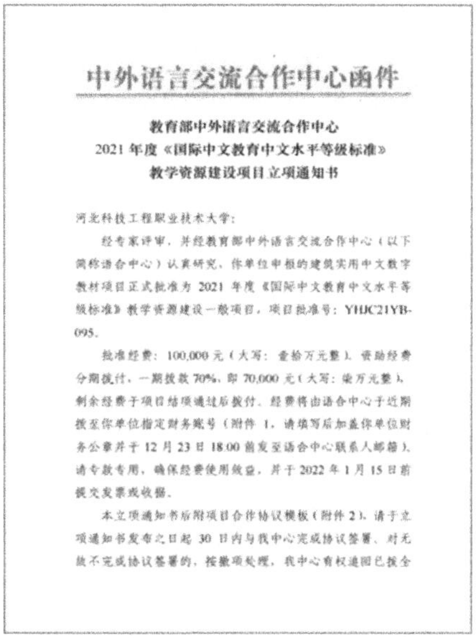

中外语言交流合作中心函件

教育部中外语言交流合作中心
2021 年度《国际中文教育中文水平等级标准》
教学资源建设项目立项通知书

河北科技工程职业技术大学：

经专家评审，并经教育部中外语言交流合作中心（以下简称语合中心）认真研究，你单位申报的建筑实用中文数字教材项目正式批准为 2021 年度《国际中文教育中文水平等级标准》教学资源建设一般项目，项目批准号：YHJC21YB-095。

批准经费：100,000 元（大写：壹拾万元整）。资助经费分期拨付，一期拨款 70%，即 70,000 元（大写：柒万元整），剩余经费于项目结项通过后拨付。经费将由语合中心于近期拨至你单位指定财务账号（附件 1，请填写后加盖你单位财务公章并于 12 月 23 日 18:00 前发至语合中心联系人邮箱）。请专款专用，确保经费使用效益，并于 2022 年 1 月 15 日前提交发票或收据。

本立项通知书后附项目合作协议模板（附件 2），请于立项通知书发布之日起 30 日内与我中心完成协议签署。对无故不完成协议签署的，按撤项处理，我中心有权追回已拨全

图 5-23　入选教育部中外语言交流合作中心建设项目

十一、标准嵌入　平台支撑　项目贯穿　军风育人：
打造高职院校"军教融合"人才培养模式
——深耕军民融合发展项目案例

为契合军民融合发展国家战略，学校联合河北省军民融合促进会，深耕服务军地办学特色，以"军教协同、军风育人"为理念，以军工精神培育融入专业建设为突破口，以军工特色专业为试点，以军教平台为支撑，以军工项目为纽带，实施军风育人，形成"标准嵌入—平台支撑—项目贯穿—军风育人"的"军教融合"特色培养模式，破解人才培养与军工企业需求脱节的问题。该成果荣获2021年河北省教学成果特等奖、2022年国家教学成果二等奖。

1. 标准嵌入："两维六质"军工特质融入培养目标

对比了70个军地大国工匠成长经历、分析了8个军工集团287个职位样本，研制了军地企业技术技能人才通用标准，编制了四类军地企业共有职业胜任标准，出版专著《"军地贯通型"技术技能人才标准研制与开发》。

对标军工企业用人要求，确立了具备军工精神和精工标准的"两维度六特质"培养规格，形成了七个行动标准、五项毕业条件的人才培养质量标准，确立了军地两用高素质技术技能人才培养目标，如图5-24所示。

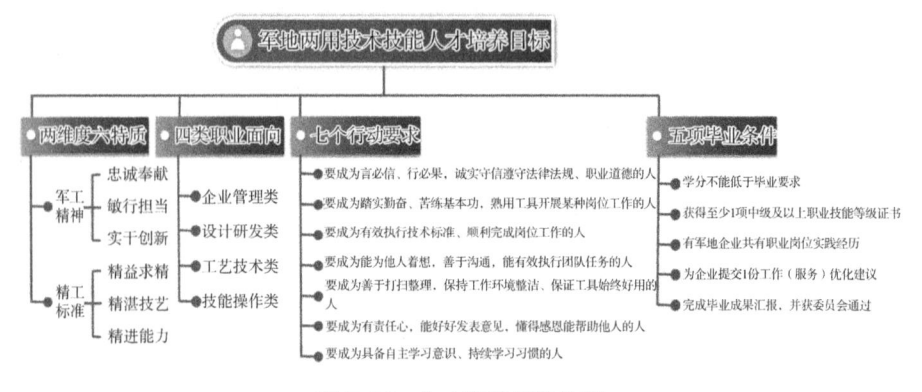

图5-24　人才培养目标分解

2. 平台支撑:"三层三联"平台纵深推进军教融合

一是联合160余家涉军企业成立"军民融合职业教育产学研协同发展联盟",搭建了要素联动基础平台,推动军工标准融入军工特色专业建设。

二是建成7个省级、8个市级科研创新平台,承接军民两用技术项目,搭建了技术联动发展平台,开展军民两用技术服务与成果转化,推动军工项目进入教学环节。

三是与军工企业共建军教融合教学工作坊,引入军工导师共建"专家型"双师队伍,共研课程230门、教材148部,培育转化了495个教学项目,助力军工企业深度参与育人全过程。

3. 项目贯穿:军工项目融入"平台＋模块"教学体系

坚持"理实交替课时对半、能力进阶不断线"原则,基于军工企业真实项目,提取军工情境和项目相关的知识、素质、能力,将"课程级—课程群—专业级"三级实践项目和"认知—专业—岗位"三类军工实习有机融入军工思政专题平台、通识课程平台、专业基础通用模块、军地共有职业能力模块、军工项目能力模块,有效支撑复合型技术技能人才培养,快速适应军工企业工作要求。

4. 军风育人:实施"双线三进"培育军工精神

课堂内外双线并行实施军工思政进课堂、军工文化进日常、军工精神进社团,时时处处营造军风育人环境,促进军工精神的培育。

一是军工思政进课堂,实施了军风立德。依托中国人民抗日军政大学旧址等10家红色教育实践基地,常态化校内外开展军工专题思政教育;建设军风特色课堂思政,强化军工情怀,荣获"国家级课程思政教学名师和团队"称号。

二是军工文化进日常,实施了军风塑行。实施"一日生活制度""学生带班员制度",军队作风强化学生日常行为。打造"匠心军魂"校园文化,军工文化浸润课堂内外。

三是军工精神进社团,实施了军风育魂。与驻地部队共建军风基地,重点打造国旗班、红星团等12个军风社团,形成以老带新、帮弱扶强的优良作风,军工精神在互助间传承。

5. "军教融合"人才培养模式改革成效

(1) 军工特质凸显,军工企业人才支撑力强

培养了一大批品格辨识度高、实践能力强、发展后劲足的军地两用人才。每年近20%的毕业生进入军工企业,如中国融通资源开发集团有限公司、际华集团、中国航天科工集团有限公司、中国航空发动机集团有限公司、中国电子科技集团有限公司等。近年来,涌现出"全国技术能手"齐耐斌、技术专家吴炳辉等一大批优秀毕业生。

(2) 军民两用研发,开创科教融汇新局面

学校河北省人机环境热控制技术与装备重点实验室联合北京航空航天大学李运泽教授团队承接航空航天攻关项目;学校被评为河北省军民融合产学研用示范基地,开展862仓库蓄电池检测管理系统开发等技术服务与创新项目258项,三年技术服务到款额年均1 800万元,其中军民融合项目占比23%。"电动汽车热管理关键技术的研究与应用"荣获河北省科学进步三等奖。

(3) 军风育人特色鲜明,社会影响力持续增强

毕业生兼具军人作风和职业素养,守纪律、讲规范、善执行,深受用人单位欢迎,吸引捷豹路虎、长城汽车、汇川机器人、北京精雕、SMC等知名企业与学校开展订单培养。学校军教融合特色鲜明,100余所兄弟院校前来交流学习,国防大学、军事科学院等专家多次到校调研。军教融合办学经验被《光明日报》《中国教育报》等权威媒体多次报道。

后 记

"察势者智,驭势者赢",在全面建设社会主义现代化国家新征程中,职业教育前途广阔、大有可为。在此背景下,《职业院校高质量建设方案与实践研究》专著凝聚了河北科技工程职业技术大学改革创新的经验和职教人不懈探索的智慧,是"双高计划"建设院校积极落实现代职业教育体系建设改革任务的具体体现。学校"双高计划"的高质量完成以及本专著的成功付梓,离不开河北省教育厅、财政厅等主管部门的鼎力支持,也得益于董刚、崔岩、邓泽民、高鸿、潘海生、李志宏、周凌波等职教领域权威专家的精心指导,他们为学校高质量发展的建设方案与实践成果提出了宝贵的建议。

在国家"双高计划"启动初期,马东霄、李贤彬、刘卫红等亲自带队研究,刘彩琴、张双会等进行了细致的审议;王学东、路建彩、鲍东杰、李潘坡、刘兴、马晓琨、石爱民、周福芹等细心钻研、潜心论证;鲍东杰、马英华等进行了细致的数据对标分析,提供了高质量的决策支撑;前后历经一年时间,项目团队高质量完成了"双高计划"建设方案、任务书等的编制。

在"双高计划"三级项目建设与自评验收中,褚建立、赵建光、王学东、鲍东杰、来臣军、路建彩、王傲冰、魏勇、柳国强、魏伟、刘京中、马烁、魏继华、加鹏飞、温斌、黄小林、刘庆华、祁凤华、曹新锋、卢磊、李磊、李潘坡、周福芹、马晓琨、雷前虎、梁伟豪、张鹏飞、石爱民、郭有才、罗文堽、刘清涛、高英敏、陈丽、辛东升、张广峻、杨志红、冯磊、王海宾、王文龙、申春峰、苗晋峰、崔玲玲、赵莉、马英华、赵良伟、燕艳、张萌、闫星元、崔莉萍、刘阳、刘强、岳爱鹏、何红升、王朴真、任源、王凯、薛颖、陈欣等同志分别做了重要的项目组织、任务推进和措施实施等工作;鲍东杰、马英华、李文静、张萌等同志实施了细致的调研问卷和评价分析工作。上述人员不同程度地参与了学校"双高计划"中期自评、终期验收以及案例编写、数据采集、佐证梳理等任务,诠释了"德能并蓄、敏行担当"的校训精神,做出了辛勤的实践和付出。

　　"为者常成，行者常至"。在本书的成书过程中，撰写者参阅了大量文献，由于篇幅所限，未能将所有参考文献一一开列，在此一并表示衷心的谢忱！最后，谨向为本专著编撰与出版做出贡献，以及关心河北科技工程职业技术大学事业发展的各界人士致以诚挚的谢意！

著　者

2024 年 6 月